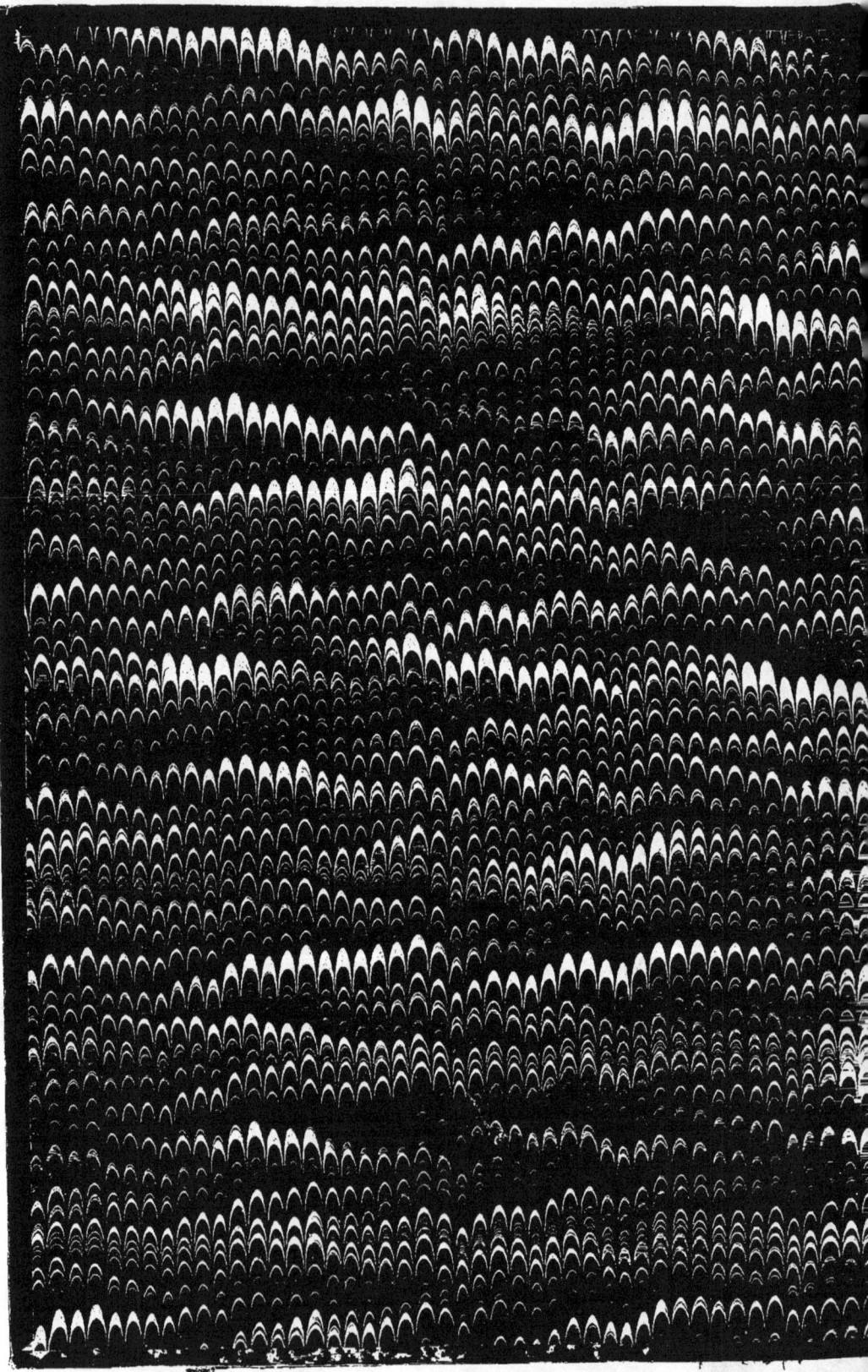

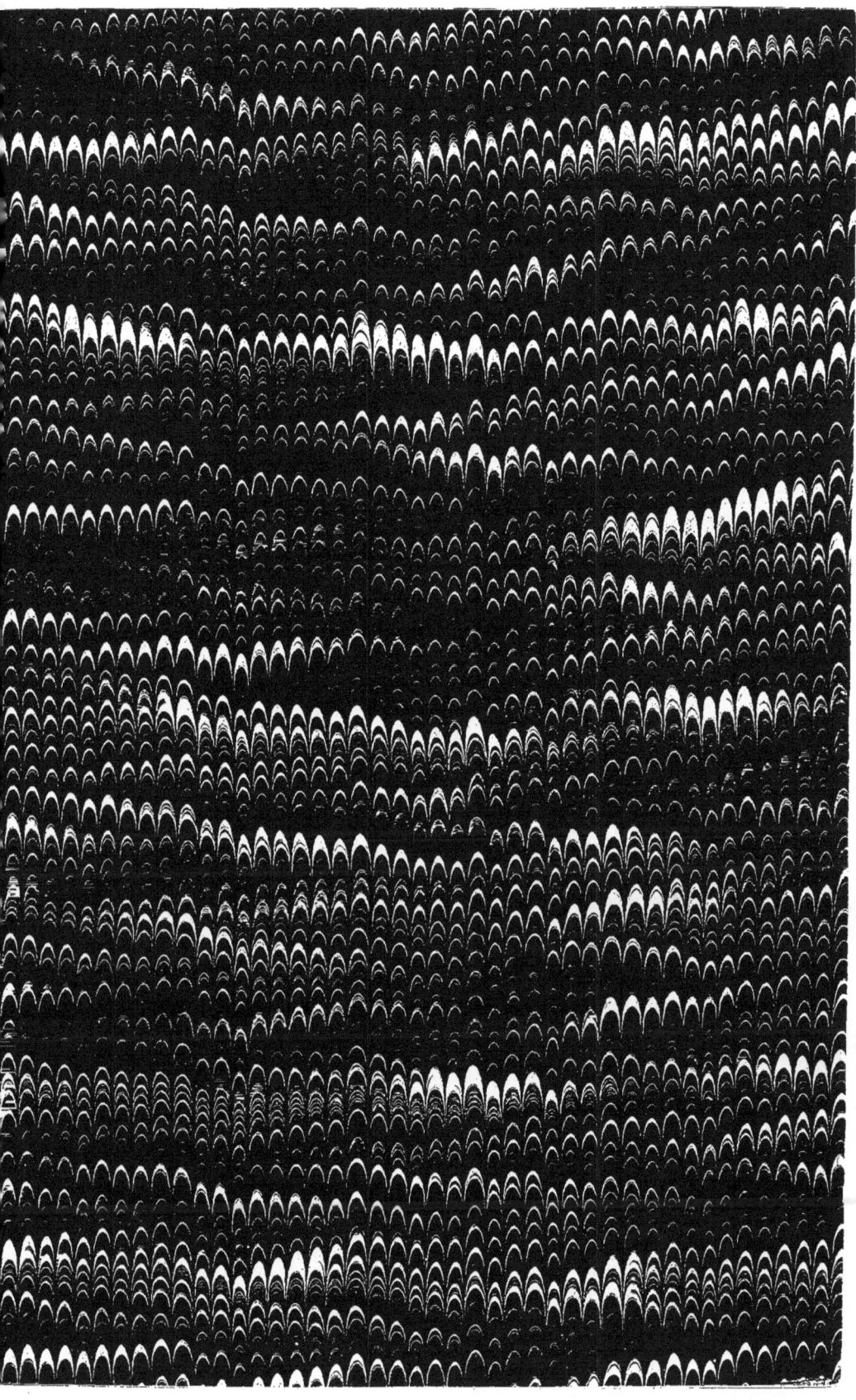

P. COCHERIS

Les Parures

Primitives

Jouvet et Cie ÉDITEURS

LES
PARURES PRIMITIVES

Paris. — Typ du MAGASIN PITTORESQUE. — (E. Best).

LES PARURES PRIMITIVES

AVEC UNE INTRODUCTION

SUR

LES TEMPS PRÉHISTORIQUES

PAR

Mme P. COCHERIS

Officier d'Académie

OUVRAGE ILLUSTRÉ DE 209 GRAVURES

D'après les dessins de P. SELLIER

PARIS
LIBRAIRIE FURNE
JOUVET & Cie, ÉDITEURS
5, RUE PALATINE, 5

M DCCC CXIV

A MON FILS

JULES COCHERIS

JE DÉDIE CE LIVRE

EN SOUVENIR DE NOTRE BEAU VOYAGE

AUX CATARACTES DU NIL

PRÉFACE

Avant de parler des ornements que l'homme inventa pour s'embellir, n'est-il pas utile de rappeler son origine, ses luttes, ses travaux et ses conquêtes dans l'ordre physique et intellectuel?

Tel est, du moins, le but de cette introduction précédant une étude sur les Parures primitives dont les documents ont été puisés aux meilleures sources et choisis avec un soin scrupuleux.

Les journaux et les revues scientifiques, les recueils des voyages de l'abbé Prévost, de Bougainville, de Baker, de Livingston, de Stanley; les publications qui font autorité, comme celles de Charton, de Figuier, de Racinet, de Ménard et autres, ont contribué à la composition de ce livre par leur contingent d'anecdotes et de faits curieux, sans omettre les observations personnelles de l'auteur sur les différents peuples qu'il a visités.

La fantaisie n'a donc pas, et c'est là son principal mérite, la plus petite place dans cette œuvre que des critiques trop sévères pourraient qualifier de simple compilation. Ce n'est, en effet, qu'une foule de notes prises un peu partout et coordonnées entre elles; nous en faisons humblement l'aveu, mais, prenant à notre compte le mot de Walter Scott : « Ces choses peuvent à peine être appelées nôtres », nous espérons obtenir du lecteur la juste part qui nous revient dans le travail suivant offert à sa curiosité.

INTRODUCTION

Parures primitives en Colombie. — Indiens Churoyés.

INTRODUCTION

Les poètes dont l'imagination créa tant de chimères ont divisé l'histoire du monde en périodes qui, symbolisées sous les noms d'âge d'or, d'argent, d'airain et de fer, désignent des degrés différents de vertu et de bonheur.

Ne s'appuyant que sur des faits réels, la science ne pouvait accepter cette classification toute fictive. Aussi les géologues, après avoir étudié les éléments qui composent la terre, adoptèrent-ils une autre méthode pour indiquer les points d'arrêt dans la marche du temps et les changements survenus dans le travail de la nature. Ils constatèrent que le feu et l'eau s'étaient disputé l'empire du globe et avaient donné naissance à deux couches distinctes, l'une ignée, dite primitive ou plutonienne qui forma les roches cristallines, soit : granit, basalte, porphyre, serpentine, bases fondamentales de la croûte terrestre ; l'autre aqueuse ou neptunienne qui accumula successivement sur l'assise ignée quatre sortes de terrains disposés en stratifications, représentant des époques d'une durée inappréciable, mais immense, qui eurent leurs plantes et leurs animaux spéciaux.

Ces terrains, connus sous le terme générique de sédimentaires, ont reçu chacun un nom particulier rappelant leur ordre d'apparition ; ils comprennent le *terrain primaire*, ou de transition, parce que son caractère se rapproche autant des roches plutoniennes que des roches neptuniennes; riche en mollusques, en crustacés, en poissons, il renferme des marbres, des schistes, des amas de phyllade et de la houille en grande quantité, provenant des restes d'une végétation générale et luxuriante, bien antérieure. Le *terrain secondaire* remarquable par la variété de ses reptiles monstrueux, possède du sel gemme, des bancs de craie, des grès, des pierres à bâtir et des minerais de fer. Le *terrain tertiaire*, dont l'élément prédominant est constitué par des mammifères de taille gigantesque, fournit d'innombrables fossiles de tous genres, de l'argile plastique, des calcaires grossiers, du gypse ou pierre à plâtre et des couches de marne. Le *terrain quaternaire*, ou d'alluvions anciennes, doit son origine à des actions mécaniques puissantes telles que des érosions de roches et des transports de matériaux à des distances plus ou moins grandes. Sa flore n'était autre que celle de nos jours.

A cette époque parurent les animaux actuels, puis l'homme, chef-d'œuvre de l'organisation et futur maître du monde. Ce sol, après avoir subi une dernière transformation, devint le terrain d'alluvions modernes sur lequel nous marchons.

C'est ainsi que, selon Cuvier, l'écorce terrestre aurait été formée en quatre fois et quatre fois peuplée.

Dans la chaîne de l'organisation universelle, les premiers anneaux sont les végétaux et, parmi ceux-ci, les plus infimes; naissent ensuite des animaux minuscules se rapprochant du règne végétal et appartenant par conséquent aux tribus les moins parfaites. Ces animaux, nommés infusoires ou microscopiques, sont à la fois les plus nombreux de la nature et les plus petits, puisque dans une goutte d'eau, on peut en compter plusieurs millions.

Au nombre des infusoires, les naturalistes ont classé un genre de coquilles infiniment petites, mais cependant visibles à l'œil nu, qu'ils ont appelées foraminifères ou porte-trous, dont les enveloppes, à l'état fossile, ont contribué largement à former la croûte terrestre.

A elles seules sont dues des chaînes entières de collines élevées et des bancs de pierre à bâtir.

Le calcaire grossier des environs de Paris en est tellement rempli, qu'un centimètre cube des carrières de Gentilly en renferme au moins

20.000, et l'on peut dire, sans exagération, que beaucoup de villes et de villages autour de la capitale sont construits avec des amoncellements de foraminifères.

Les camérines ou nummilines de la même famille formèrent les amas de Laon ; c'est avec des pierres de formation analogue et fondées sur des rochers de même genre que furent faites les Pyramides d'Égypte. Elles comptent maintenant 6.000 ans d'existence.

Rien dans le monde présent ne peut rappeler le monde d'autrefois. Des créations complètes, mers et terrains, flores et faunes, ont succédé à des créations disparues. La nature, pour nous servir de l'expression biblique, changeait ses vêtements, quand ils étaient vieillis.

La structure de notre planète expliquée par la géologie, ne répondait pas aux exigences de certains savants qui, désirant surtout pénétrer les secrets de l'origine des animaux et surtout celle de la grande famille humaine, fouillèrent le sol, plongèrent dans les eaux, et, au moyen de vestiges retrouvés presque par miracle, parvinrent à reconstituer la physionomie de l'être primitif, son caractère et ses mœurs.

Malheureusement leurs recherches n'ont pas été poussées dans toutes les parties du monde ; elles ont eu pour théâtre principal l'Europe occidentale, bien éloignée de la région que l'on considère comme le berceau de nos premiers parents.

Du développement de ces connaissances naquirent, il y a cent ans à peine, deux sciences nouvelles : la paléontologie et l'anthropologie qui, n'affirmant pas toujours, par prudence, présentent néanmoins des probabilités très vraisemblables. Les ossements d'hommes et d'animaux, les matières composant les outils trouvés dans les cavernes, les grottes sépulcrales et les cités lacustres, viennent corroborer une classification ingénieuse adoptée par les savants du nord, les premiers qui se soient occupés de ces graves questions ; n'est-ce pas en Danemark qu'on a pu tout d'abord remarquer une suite d'époques diverses, grâce aux antiquités découvertes sur les côtes de la Baltique ?

Thomsen proposa une division qui fut acceptée avec enthousiasme aussitôt par la Suisse, puis peu à peu par les autres pays.

Cet archéologue, en admettant des âges malheureux à l'origine des choses pour arriver successivement à la prospérité, renversa l'ordre allégo-

4 INTRODUCTION.

rique des poètes et, tout en conservant le système géologique, établit trois époques distinctes, correspondant chacune à des mœurs différentes auxquelles il donna le nom des matériaux employés par les hommes pour leurs instruments usuels, c'est-à-dire la pierre, le bronze et le fer.

L'âge de pierre, le premier des trois degrés, montre le commencement de notre race, réduite, pour vivre, à l'état des bêtes, mais qui verra sa

Mammouth, éléphant primordial ou antédiluvien, 16 pieds de haut (5ᵐ, 18).

situation s'améliorer d'une façon très sensible, avant d'arriver à celui du bronze ; cette seconde étape, dont le nom seul indique un progrès immense dans les connaissances humaines, sera suivie d'une troisième, appelée l'âge de fer qui préludera à la formation des grands empires et à l'aurore des temps historiques.

Les époques n'ont pas subi en même temps, ni partout à la fois, des changements identiques ; elles ont été reliées par des périodes intermédiaires ou de transition, pendant lesquelles se sont propagées les connaissances acquises.

On assure que les peuples, avant d'atteindre la prospérité, doivent tous traverser des phases semblables. N'y a-t-il pas actuellement, en Océanie, des tribus qui sont restées à l'âge de pierre, tandis que les Chinois l'ont connu dans un passé immémorial ? Ces derniers professent encore un culte superstitieux pour le jade avec lequel ils se font des amulettes.

Les Arcadiens, se disant plus anciens que la Lune, et les Grecs de l'Attique, se croyant créés avant le Soleil, n'en remontaient pas moins à des ancêtres qui avaient été soumis fatalement aux mêmes épreuves que les nôtres.

L'âge de pierre débute avec le terrain quaternaire. Bien que plusieurs savants aient cru reconnaître la présence de l'homme dans la dernière couche du terrain tertiaire, l'anthropologie ne s'est prononcée affirmative-

Mégathérium mammifère antédiluvien, 10 pieds de hauteur 16 de long (3ᵐ, 24 sur 5ᵐ, 18).

ment qu'en faveur du quaternaire qui, seul, en a conservé des traces incontestables.

Cet âge compliqué offre tant de variations dans son ensemble, qu'on a été obligé, pour l'étudier, de le partager en trois sous-époques, nommées : périodes de la pierre brute ou du mammouth, de la pierre taillée ou du renne et, enfin, de la pierre polie ou des animaux domestiques. Due à l'initiative d'Édouard Lartet, cette subdivision a été adoptée au musée de Saint-Germain.

A l'origine du terrain quaternaire, l'Europe jouit, sans doute, d'un climat brûlant, puisque les plantes et les animaux qui l'ornèrent et l'habitèrent appartiennent à des genres qui, quoique comparativement minuscules, vivent aujourd'hui dans les zones torrides. Au nombre des créatures phéno-

INTRODUCTION.

ménales de ces temps lointains, il faut citer le mammouth, le mastodonte, le mégathérium, l'iguanodon, l'hyène des cavernes, le grand ours, le plésiosaure, le ptérodactyle, des reptiles et des oiseaux d'une taille énorme.

L'homme destiné à vivre au milieu d'ennemis si redoutables dut avoir une existence terrible. D'une race inconnue, analogue, dit-on, à celle des indigènes de la Terre de Feu et offrant tous les signes de la bestialité, il disputa le sol aux monstres qui l'occupaient concurremment avec lui, armé

Plésiosaure, reptile antédiluvien, 40 pieds de longueur (12ᵐ,96).

seulement de ses ongles et de ses mains ; puis, cherchant à augmenter ses forces, il s'arma de bâtons et de pierres, employant celles-ci à l'état naturel, n'ayant ni l'idée, ni les moyens de les façonner. On présume que les habitants étaient alors peu nombreux et ne formaient pas une véritable population.

En Gaule, par exemple, on les évalue à un homme par 50 kilomètres carrés. Il faut ajouter que le préhistorique des cavernes de notre contrée n'est pas le type général de tous les peuples de la terre ; du reste, il serait absurde de vouloir prouver des faits qui ne reposent sur aucun document authentique.

Des os de mammouth et de mastodonte, pris longtemps pour des restes humains, semblèrent confirmer l'opinion erronée et assez répandue de l'apparition, à cette époque, d'une race de géants.

Les conjectures formulées sur les mœurs de l'âge de pierre, s'appuient

Grand Ptérodactyle, oiseau antédiluvien, 18 pieds d'envergure (5ᵐ,83).

sur ce que l'on sait de celles des sauvages observées depuis quelques siècles à peine.

Lorsqu'en 1395 on aborda pour la première fois aux îles Canaries, conquises plus tard par Jean de Bétancour (1417), les naturels, gouvernés par plusieurs chefs, n'avaient pour armes que des bâtons et des silex. La partie supérieure de leur corps était couverte d'une peau de bête et le reste, caché sous des feuilles de palmiers. Ils se faisaient la barbe avec des pierres tranchantes et se nourrissaient de lait, d'herbes, de lézards et de serpents.

Les mêmes coutumes régnaient en 1447, au Cap Vert, dont les habitants vivaient sous des tentes et se revêtaient de feuillages. Ils buvaient le lait de presque tous les animaux, mangeaient quelques plantes, des sauterelles séchées au soleil et une sorte de graine que la terre produisait sans culture. Les anciens insulaires de Bornéo ne labouraient pas le sol, ne connaissaient ni le pain, ni le sel; ils erraient nus dans les forêts, comme des bêtes sauvages.

L'époque du terrain quaternaire ou d'alluvion ancienne, subit d'importantes variations de température et de violents mouvements volcaniques. C'est vers le début de sa seconde moitié qu'on place la période glaciaire, la plus grande catastrophe du globe qui fit périr presque tous les êtres de nos régions.

Les naturalistes sont d'accord sur le fait sans apprécier de la même manière sa manifestation; il y eut, d'après eux, une série de phénomènes de ce genre, d'une grande puissance dont l'un coïncida avec l'affaissement du sol qui sépara l'Angleterre du Continent, permettant ainsi à la mer de couvrir la moitié de la Russie, du Hanovre, de la Prusse et la majeure partie de la Hollande. En Afrique, le désert du Sahara émergea des eaux.

Le sort de l'humanité, durant cette époque de froid, est énigmatique; les savants embarrassés n'ont pu combler cette lacune du chaos.

Tout semble prouver seulement que l'Europe devint, du nord au midi, un immense ossuaire comblé par tous les animaux qui moururent subitement, surpris ou dans leur fuite, ou dans les lieux de leur naissance. Après une longueur de temps inconnue, la température étant devenue moins cruelle, le nombre des glaciers diminua et le climat, quoique froid encore, permit cependant à la vie de reprendre ses droits. Les quadrupèdes géants qui avaient été anéantis furent remplacés par d'autres d'une nature moins extraordinaire dont la plupart des espèces existent encore.

C'est ainsi que le renne, l'urus, l'auroch, l'élan, le sanglier des tourbières, le loup, le renard et plusieurs races de petits mammifères, deviennent les hôtes de nos forêts.

INTRODUCTION.

Les hommes de l'époque quaternaire échappés à la destruction réapparaissent dans les contrées occidentales avec les animaux nouveaux. Quoique toujours très ignorants, ils semblent d'une essence supérieure à leurs devanciers. Ils cherchent des abris dans les cavernes naturelles, taillent la pierre pour en faire des outils appropriés à leurs travaux et se couvrent de peaux de bêtes. Les anthropologues, concluant avec Franklin que l'homme vraiment digne de ce nom est celui qui sait se fabriquer des

Habitants des Cavernes à l'époque du Renne ou de la Pierre taillée. — Grotte de Cromagnon.
(Section du Travail à l'Exposition de 1889.)

instruments de travail, considèrent ces êtres comme les aborigènes de la Gaule.

Se rapprochant des Mongoloïdes par leur structure vigoureuse et leur taille peu élevée, ces habitants ne cultivent pas encore la terre; adonnés à la pêche et à la chasse, ils pourvoient ainsi à leurs besoins d'existence. On croit que leurs mœurs étaient semblables à celles des peuples qui occupent aujourd'hui les régions australes du globe.

Des couteaux, des grattoirs, des polissoirs, des épingles, des hameçons, des aiguilles en arête de poisson ou en os d'oiseau, montrent leur participation au travail manuel. On donna à cette nouvelle période quaternaire le nom de pierre taillée, ou mieux encore du renne, à cause de l'apparition de cet animal, probablement aussi utile aux hommes primitifs, qu'il l'est aujourd'hui aux Esquimaux.

En inspectant la croûte terrestre, on peut assurer que l'âge du renne a été clos par un cataclysme diluvien, produit par une élévation subite de la température. Les neiges liquéfiées s'écoulèrent en masse dans les vallées ; les glaciers des hautes montagnes se fondirent et se changèrent en tor-

Instruments de l'époque du Renne ou de la Pierre taillée. — 1. Poinçon. 2. Couteau. 3. Racloir.
(Musée de Saint-Germain.)

rents, les mers franchirent leurs barrières, les fleuves, trop pleins, sortirent de leurs lits et les cataractes du ciel s'ouvrirent pour submerger le sol en détruisant tout ce qui se trouvait à sa surface ou s'opposait à leur fureur.

Cuvier, dont le génie créa la paléontologie, a observé plusieurs inondations partielles et fait concorder la dernière avec le déluge dit Universel, mentionné par Moïse, car la science n'est pas impie, et l'on peut dire avec Duruy : Laissez-la marcher, l'âme est au bout.

Après un nombre de siècles impossible à apprécier, l'ordre se rétablit de nouveau dans la nature ; les éléments se calmèrent, les fleuves rentrèrent dans leurs lits, la verdure reparut sur la terre séchée, tout fut soumis à un état normal et un climat tempéré, venant régner sur nos régions, en modifia l'aspect. Le renne et ses compagnons abandonnèrent les zones du centre pour remonter vers de plus froides, et les fils des anciens habitants qui avaient fui devant la puissance destructive des eaux, reprirent possession des territoires occupés autrefois par leurs pères.

C'est à ce moment qu'apparut en Europe l'avant-garde d'un peuple étranger, vigoureux, beau, de grande taille, apportant avec lui des connaissances nouvelles et des animaux domestiqués, tels que le chien, le

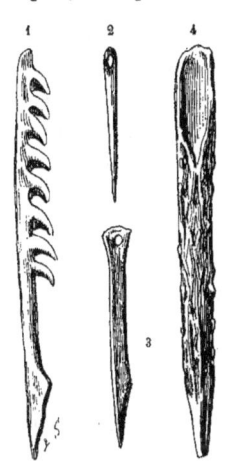

Vertèbre d'animal avec une partie de hache restée incrustée.

(Musée de Saint-Germain.)

Objets en os ou en bois de renne.
1. Harpon. 2. Poinçon. 3. Aiguille.
4. Truelle ou cuiller.

cheval, le bœuf, la brebis, la chèvre, le porc et l'oie, qui devaient être d'un grand secours à l'humanité.

Dispersant ceux qui se trouvaient sur leur passage, les envahisseurs s'établirent peu à peu dans l'Europe centrale, usant en cela du droit du plus fort. Ce fut le commencement d'une période qui reçut, de nos savants, le nom d'*animaux domestiques*, motivé par la présence de ceux-ci, ou de *pierre polie*, à cause de la perfection remarquable des ouvrages en silex, jusque-là très grossiers.

Dès lors, les hommes, quoique bien éloignés encore des temps historiques, vont s'y acheminer, sans arrêts désastreux, pour laisser des souvenirs authentiques.

D'où venait cette race conquérante si dissemblable des précédentes? De nombreux indices démontrent qu'elle sortait de l'Asie centrale. Sur le plateau de Pamir et dans les vallées de l'Oxus, se trouvait le vaste empire de l'Iran, ayant Bactres pour capitale, et dont tous les savants parlent avec admiration.

« A une date antérieure au témoignage historique, dit éloquemment Pictet, et qui se dérobe dans la nuit des siècles, une famille, destinée par la Providence à dominer un jour le monde, grandissait à l'ombre et préludait à son brillant avenir. Privilégiée entre toutes par la pureté du sang et le don de l'intelligence, au sein d'une nature grandiose et sévère qui livrait ses trésors sans les prodiguer, elle produisit un développement précoce de la réflexion qui prépare et de l'énergie qui accomplit; l'homme y naît dans la parfaite harmonie de ses facultés, doté de ce qui peut contribuer à son état physique et intellectuel. »

Un des plus nobles rameaux de la grande tribu Iranienne, qui occupait cet empire et devait, dans la suite, former tant de nations diverses, portait alors le nom générique d'*Aryas*, synonyme de noble, fidèle, ami, plein d'ardeur. Sous cette désignation, on groupa spécialement les peuples agriculteurs et sédentaires de la race blanche, auxquels on opposa les tribus Touraniennes, nomades par excellence, ayant comme richesse de nombreux troupeaux.

Une terre féconde amène nécessairement un accroissement continu et rapide de population. C'est ce qui arriva dans la Bactriane. La mère patrie, trop étroite pour contenir ses enfants, les força à des émigrations successives qui devinrent de plus en plus fréquentes.

La première dispersion s'est-elle opérée pacifiquement, ou a-t-elle été provoquée par des révoltes intestines? Aucune trace de ce grand événement n'est arrivée jusqu'à nous. On présume que cette division s'est accomplie quelques milliers d'années avant notre ère. Au début des temps historiques, la famille étrangère était déjà constituée en nations distinctes, appartenant néanmoins à un type unique, caractérisé par la couleur de la peau, le duvet du corps, la régularité des traits du visage, la flexibilité de la taille, la fine expression du regard, et, surtout par le nez droit et fort. Le principal dieu védique est toujours qualifié, pour cette raison, de divinité au beau nez.

Des deux groupes généraux qui sortirent de l'Iran, l'un se dirigea vers le soleil levant pour peupler l'Inde et la Perse, après en avoir chassé les Mongoloïdes, les premiers possesseurs; l'autre s'avança vers l'occident pour s'établir en Europe et ne s'arrêter qu'aux limites extrêmes en refoulant les aborigènes jusqu'aux zones septentrionales. Il est certain aussi que les immigrants asservirent les vaincus et s'unirent à eux par des mariages qui formèrent une souche nouvelle, celle de nos ancêtres.

En admettant que ces voyageurs conquérants aient connu les métaux

Homme et femme polissant des silex. — Age des Animaux domestiques ou de la Pierre polie.
(Section du travail à l'Exposition de 1889.)

en Asie, leur pays natal, la vie nomade ne leur permettait pas d'exploiter les mines, ni d'établir des fonderies et des forges; or, à mesure qu'ils avançaient dans des terres inconnues, après avoir surmonté mille obstacles, les voies se refermaient derrière eux; dans l'impossibilité d'entretenir des rapports avec les anciens centres, privés de ressources et d'instruments, ils durent se contenter, comme ceux qu'ils avaient vaincus, des pierres du chemin et des os des animaux pour se fabriquer des outils. Toutefois, intelligents et industrieux, ils les taillèrent, les polirent, les affinèrent, les décorèrent de gravures ou de peintures et en facilitèrent le maniement par des manches. On fait remonter à cette période l'origine de la poterie et les premiers essais de l'agriculture. Les canots en usage, dont la direction devait exiger une grande habileté, sont creusés dans des troncs d'arbres; les meules à écraser le blé, déjà employées, sont semblables à celles des temps primitifs de la Grèce. Les musées d'antiquités possèdent plusieurs spécimens de ces engins.

Ce qui distingue particulièrement la race nouvelle, c'est son respect

1. Hache en silex dans une gaine en bois de cerf et munie d'un manche en bois de chêne.
2. Hache polie en jadéite.
(Musée de Saint-Germain.)

pour les morts. Elle avait l'habitude de les inhumer ; considérant la terre comme la créatrice de toutes choses : son bien lui était restitué. Près du défunt étaient placés ses outils, ses parures, son cheval favori et parfois son chariot de guerre tout attelé.

Une idée philosophique avait d'abord porté les hommes à replier le

Fragment d'os avec une gravure représentant un renne.
(Musée de Saint-Germain.)

cadavre sur lui-même, de manière à ramener les genoux sous le menton en croisant les bras sur la poitrine, signe de complète immobilité. Les Japonais agissent encore ainsi; on a pu le constater à l'Exposition universelle de 1889, où ils avaient envoyé un modèle de ce genre d'ensevelissement.

Plus tard, on assit le mort : le tombeau étant un lieu de repos ; puis enfin, on le coucha dans toute sa longueur : la position du sommeil ayant paru plus appropriée à l'inaction éternelle.

Les dolmens, les menhirs, les allées couvertes, les alignements de pierres appelés à tort monuments celtiques et druidiques, sont ou des autels religieux, ou des tombeaux, ou des pierres commémoratives remontant à l'époque de la pierre polie. Imposants, quoiqu'informes, ces blocs de silex ont leurs légendes. Les Bretons, qui les revêtent d'un caractère

Polissoir en grès lustré, avec les traces de son usage, trouvé dans le département de la Vienne.
(Musée de Saint-Germain.)

gracieux et grandiose tout à la fois, disent que les hommes ne les ont pas touchés, mais qu'ils furent apportés par les bonnes fées du haut des montagnes, en filant leurs quenouilles.

Une ère nouvelle avait commencé avec les monuments mégalithiques; quelle en fut la durée? Comme celle des âges antérieurs, elle n'a pu être

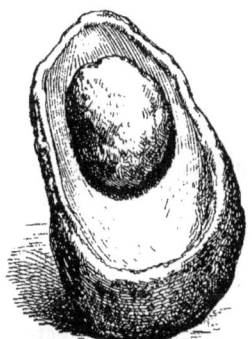

Meule en grès à écraser le blé, trouvée dans un cimetière gaulois.
(Musée de Saint-Germain.)

Céramique des dolmens, vases en terre.
(Musée de Saint-Germain.)

déterminée : très longue, sans doute, elle diffère d'une contrée à l'autre, selon les difficultés des communications. Peu à peu cependant, les familles étrangères continuèrent à venir de l'Orient, d'abord à de longs intervalles, puis, la voie des migrations étant ouverte, des groupes plus considérables suivirent et enfin, une véritable irruption s'avança, redoutable, apportant dans les pays envahis, ses mœurs, ses connaissances et son industrie.

On compte trois invasions principales dont les essaims, abandonnés derrière elles, peuplèrent l'Europe.

La plus ancienne porte le nom des Celtes, nombreuse population composée d'une foule de tribus à la tête desquelles était celle des turbulents et valeureux Galls.

Ces enfants de l'Asie semblent avoir donné le signal du départ et être les premiers qui se soient détachés de la branche des Aryas pour marcher en troupes vers le soleil couchant.

Gagnant le Caucase, les intrépides voyageurs contournèrent la mer Noire, entrèrent dans les vallées du Danube et du Dniéper et remontant le cours de ces fleuves, se frayèrent un passage dans les contrées appelées depuis Gaule, Pays-Bas, Angleterre, Écosse et Irlande.

L'exemple des Galls fut imité par d'autres peuples et successivement, les Pélasges, les Étrusques, les Hellènes, les Ligures, quittèrent leur berceau pour se répandre en Asie-Mineure, en Grèce, dans la péninsule italienne, en Espagne, où ils fondèrent des groupes nouveaux de populations.

Le progrès vient donc du fond de la mer Noire.

Une si longue pérégrination ne s'effectua pas sans repos; bien des noms de localités, de rivières, de montagnes, témoignent non seulement du passage de ces bandes aventureuses, mais aussi de leur séjour prolongé dans le pays.

La seconde invasion, dite Germanique, d'où sortirent plus tard les deux puissantes confédérations des Francs et des Alemans, comprenait les Scandinaves, les Kymris et les Goths, ces derniers formés des éléments Gépide, Lombard et Burgonde. Elle se jeta sur les parties septentrionales et orientales de l'Europe.

Les Slaves qui organisèrent la troisième invasion, entraînèrent avec eux les Thraces, les Hongrois, les Sarmates, les Phrygiens, les Finnois et les Russes. Ils s'établirent dans les contrées laissées libres, achevant ainsi de couvrir le sol européen.

Ces peuples divers qui se précipitaient vers l'Occident, poussés par la faim et le désir de trouver des régions fertiles, se chassaient souvent les uns les autres ou se décimaient par des luttes continuelles. Mais le flot envahisseur, renaissant sans cesse, finit par s'étendre et rester maître du territoire conquis.

De ces graves événements, il résulte que la majorité des peuples

Dolmen de Lokmariaker (Morbihan).

classés dans la descendance dite de Japhet, appartient à la race blanche la plus pure, la plus noble de l'humanité, connue sous le nom d'aryenne ou indo-européenne dont la science est parvenue à reconstituer l'unité originaire. En Europe, on compte : les Grecs, les Romains, les Germains, les Celtes, les Scandinaves et les Slaves ; en Asie, les Perses, les Mèdes, les Bactriens et les castes supérieures de l'Inde, comme étant les principales nations de cette grande souche divisée en deux branches, l'une occidentale, l'autre orientale, ainsi désignées d'après la partie du monde où elles terminèrent leurs migrations.

A notre point de vue particulier, trois types généraux ont concouru à engendrer la masse de la nation française.

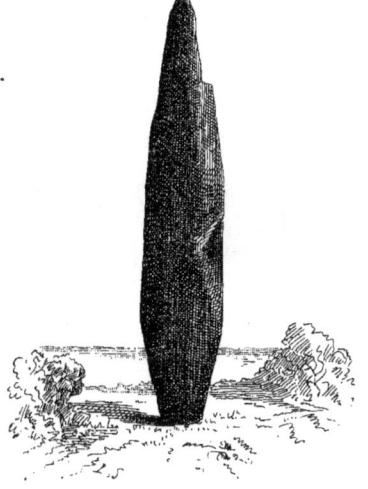

Menhir ou pierre levée de Lokmariaker (Morbihan).

Le premier remonte aux aborigènes de la Gaule, contemporains de la pierre taillée ; le second, par le sang et le langage, tient aux Aryas de la Bactriane, envahisseurs de nos contrées à la période de la pierre polie ; le troisième est dû aux

18 INTRODUCTION.

Germains venus de l'Asie septentrionale pour apparaître en Gaule, environ 2000 ans avant notre ère.

Avec la grande invasion celtique commence l'âge de bronze qui doit

Allée couverte, appelée Roche aux fées, près Saumur (Maine-et-Loire).

cette dénomination au métal importé par les immigrants et qui était le seul en usage pour la fabrication de leurs instruments. Le bon goût dont ces

État ancien de l'alignement de Carnac. 4.000 menhirs rangés sur 11 lignes parallèles dans un espace de 1.000 mètres.

instruments font preuve annonce que leurs auteurs connaissaient depuis longtemps l'amalgame du cuivre et de l'étain.

Le progrès industriel suit naturellement la marche des peuples; la pierre trop grossière n'est plus employée que comme enclume; la hache en silex est remplacée par la hachette de bronze, que les antiquaires appelèrent *celt* du nom des peuples qui s'en servaient. Prenant la première place dans l'outillage, cette hachette devient, à tour de rôle, le couteau, le ciseau, l'arme de chasse ou l'arme de combat. La verrerie est découverte, la poterie est perfectionnée, la laine des moutons se transforme en tissus qui s'ajoutent aux fourrures pour varier les vêtements; l'agriculture, source future de richesses, commence à se propager grâce aux secours des animaux domestiques et le commerce naissant à sa suite, oblige les nomades devenus sédentaires à se réunir en société. Enfin, un rayon de prospérité luit à l'horizon; l'aurore de la civilisation approche: les nations ne tarderont pas à inscrire leurs noms sur le livre d'or de l'histoire.

Les Celtes avaient des rites funéraires opposés à ceux des anciens habitants de la Gaule. Considérant le feu comme le principe de l'Univers, ils brûlaient les morts pour les faire rentrer au plus tôt dans l'élément reproducteur et servir à d'autres créations.

En Cochinchine, on brûle encore les corps; cette coutume a toujours été pratiquée dans l'Inde, et, si elle a disparu en Chine, on l'a remplacée, chose étrange, par la crémation de poupées en paille ou en bois.

A l'origine, chaque peuple conserva son autonomie; malgré les efforts des vainqueurs pour imposer leurs croyances aux vaincus, le changement ne se fit qu'avec lenteur, si bien que les monuments funéraires de ce temps portent les traces des opinions différentes, contenant tantôt des cendres et tantôt des ossements, — ce qui donna lieu à plus d'une erreur de la part des érudits.

Les Anciens connurent donc le cuivre longtemps avant le fer et surent lui donner une trempe qui le rendit propre aux mêmes usages que ce dernier. Hésiode, parlant de la génération de l'âge de bronze, dit : « Les armes étaient en cuivre, les maisons en cuivre; on cultivait la terre avec le cuivre, puisque le fer était inconnu ».

Lucrèce, dans son *De natura rerum*, ajoute : « C'est avec le cuivre que les hommes remuent la surface du sol, qu'ils bouleversent les flots et font de larges blessures aux combattants ». On conduisait les bœufs du labourage avec une baguette en cuivre, les miroirs des élégantes étaient de simples plaques polies de ce même métal.

La métallurgie parvint à un si haut degré de prospérité que la substitution d'une matière supérieure à celle employée jusque-là dut s'opérer sans secousse. Les hommes en découvrant le moyen d'utiliser le fer, entrèrent dans une phase nouvelle de prospérité; dès ce moment, ils n'éprouvèrent plus de retard dans leur ascension progressive.

Si le fer, qui donna son nom à la troisième époque préhistorique, paraît après le bronze, c'est parce que l'étain et le cuivre faciles à extraire du sol, avaient pu être fondus ensemble tels que la nature les offrait, pour former un alliage dur, flexible et convenant parfaitement à la fabrication de toutes espèces d'objets.

Guerrier de l'âge du bronze.
(Type du Musée d'artillerie.)

Le hasard même s'était chargé d'instruire les hommes sur ce point.

D'immenses forêts ayant été détruites par un incendie, le terrain sur lequel elles se trouvaient devint incandescent et servit de foyer à la fonte des métaux qui, contenus dans son sein, s'en échappèrent en ruisseaux limpides pour se solidifier par le refroidissement. Cette fonte accidentelle est placée, d'après la tradition, dans la Phrygie.

Arraché avec peine de la mine, le fer ne pouvait être travaillé que par des ouvriers expérimentés; il fut même pour cette raison longtemps délaissé. Hésiode attribue aux Dactyles appelés aussi Idiens, la découverte du fer dans l'île de Crète.

A l'époque de l'emploi du fer se rapportent, dit-on, la fondation des vastes empires, l'extension des guerres désastreuses, l'asservissement des peuples et les grands brigandages. C'est pourquoi l'antiquité le considéra toujours comme un métal maudit; aussi, ce fut un soc d'airain qui continua à circonscrire la place où allait s'élever une ville. Les armes des dieux et des héros, les forces qui, d'après une loi de Numa Pompilius, devaient couper les cheveux des prêtres, les clous servant à river les ponts romains, tous étaient en cuivre. Cet usage subsista même jusqu'en l'année 687 de Rome. Gardiens des bois sacrés, les douze frères Arvales, charge créée par Romulus et qui existait encore à la fin de la République, restèrent fidèles au culte du bronze; lorsqu'ils étaient forcés d'abattre avec une hache de fer un des arbres de leurs forêts, ils prenaient soin de le purifier par des sacrifices expiatoires.

Soucieux de dérober les procédés de leur industrie à la curiosité des profanes, les premiers forgerons la placèrent sous la protection immédiate des Dieux et en firent un objet de terreur superstitieuse. C'est ainsi que les Dactyles, les Cyclopes, les Corybantes, les Curètes qui travaillaient les métaux et appartenaient à des sectes religieuses, furent considérés comme des enchanteurs ayant des rapports constants avec les Divinités supérieures dont ils fabriquaient les armes et les parures.

Le pouvoir magique des anciens métallurgistes asiatiques n'est-il pas encore attribué, par la crédulité ignorante, à ces vagabonds que nous appelons du nom générique de Bohémiens! Ils semblent perpétuer dans nos campagnes le souvenir des divers talents de leurs ancêtres en raccommodant les chaudrons des ménagères et en prédisant l'avenir aux naïfs paysans.

Guerrier de l'âge du fer.
(Type du Musée d'artillerie.)

Secondée par de bons outils, l'agriculture prit un essor rapide, car les céréales étaient connues. Le froment originaire des régions comprises entre les montagnes de l'Asie centrale et la Méditerranée avait été importé par les Aryens, de même que l'orge, natif de la Perse et du Caucase.

Le nom du premier signifie épi blanc; le second était très estimé des Orientaux qui l'appelaient le roi des grains.

On disait encore, du temps de Pline, que la Bactriane produisait du blé dont chaque grain était aussi gros qu'un épi entier dans les autres pays.

L'antiquité reconnaissante le qualifia de grain divin, et les Romains le comptèrent parmi les graminées réservées aux consécrations religieuses.

Combiné avec le houblon, l'orge donna la bière brassée par les Celtes et très goûtée en Gaule.

La poire, la pomme, la framboise, la mûre, la figue, la cornouille, la noisette, la châtaigne viennent également de l'Asie.

Le travail est représenté, dans l'âge du fer, par une foule d'instruments que nous employons encore aujourd'hui : la faux, imaginée pour couper les moissons ou orner les chariots de guerre, le harpon en métal, la fourche, la faucille, le ciseau à ressort, le mors du cheval, l'étrille sont des pièces de cette époque.

Des pesons de fuseau, des peignes à carder le lin, des aiguilles en laiton et des tissus de laine ou de fil attestent les progrès immenses de l'industrie.

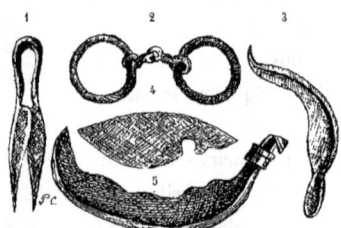

Instruments de l'époque du fer, trouvés dans les restes d'une cité lacustre en Suisse.
1. Ciseaux à ressort; 2. Mors de cheval; 3. Faucille; 4. Rasoir; 5. Faux à couper le blé.

La culture du lin, en honneur dans l'Inde, aux temps les plus reculés, fut propagée par les immigrants qui connaissaient également le chanvre avec lequel ils faisaient des javelots et des cordes pour leurs arcs. Cette dernière plante, surnommée par eux le souverain des roseaux, leur rendit des services sans nombre. Les Scythes étaient passionnés pour la fumigation de ses feuilles; ils faisaient avec sa graine une liqueur enivrante.

D'autres envahisseurs venus également de l'Orient établirent des cités lacustres dans les divers pays occidentaux où ils s'arrêtèrent; car, tandis que des bandes intrépides s'avançaient dans les plaines verdoyantes ou sous les épaisses forêts de l'Europe, des populations non moins courageuses, mais pauvres, sans doute, puisqu'elles étaient obligées d'emporter avec elles leurs instruments de travail, leurs animaux domestiques, leurs meubles et des vivres, descendaient sur de lourdes pirogues, le cours des fleuves dans des directions opposées : les unes vers la Méditerranée, les autres vers le golfe de Finlande.

Tout en suivant les contrées ouvertes, entraînés par le courant ou dirigés par des rames, ces sortes de radeaux devaient s'arrêter de temps en temps pour laisser paître les troupeaux et reposer les voyageurs. Utiles contre les attaques des hommes ou des bêtes féroces, et d'ailleurs si nécessaires à de longues explorations, ils furent conservés par leurs propriétaires, autant que le permettait une navigation difficile. Lorsque, par hasard, se présentait un endroit propice à l'établissement de la famille, on renonçait alors à la vie errante et les embarcations étaient métamorphosées en demeures fixes. Plus tard, pour neutraliser les efforts destructifs des tempêtes, les nouveaux habitants des lacs, exhaussèrent leurs bateaux au moyen de pilotis placés sur le fond solide des eaux et y apportèrent dans la suite, tant d'améliorations, qu'ils en firent de véritables bourgades aquatiques, s'inspirant probablement des connaissances acquises dans la mère-patrie où ce genre de constructions existait déjà.

Habitant d'une cité lacustre à l'époque de la Pierre polie.
(Type du Musée d'artillerie.)

Quelques savants ont dit que les stations lacustres n'étaient que des lieux de réunions temporaires ou des temples dédiés aux divinités. On fait remonter à cinq ou six mille ans, par conséquent au delà de l'édification de Babylone et de Ninive, l'origine des cités lacustres en Helvétie.

Par les ruines qu'elles ont laissées, il a été facile de reconstituer ces demeures. Voici la description qu'en donnent les archéologues : « A quarante ou cinquante pas du rivage, le plus souvent dans une anse abritée, près d'un bois ou d'une source potable, étaient enfoncés un certain nombre de pieux sur lesquels on mettait une plate-forme en madriers recouverts de terre battue ; sur cette aire s'élevaient des huttes en troncs d'arbres calfeutrées avec de l'argile, les unes coniques, les autres quadrangulaires, ayant pour toiture des joncs entrelacés. La porte toujours béante servait tout à la fois de fenêtre et d'entrée ; le foyer, simple dalle fixée au milieu de la chambre principale, voyait sa fumée s'échapper par un trou pratiqué au-dessus du toit. Dans un angle s'ouvrait une trappe donnant sur le lac, où l'on jetait les immondices du ménage. Des peaux d'animaux servaient de vêtements, de couvertures et de lits. Coupés par des ruelles et des carrefours, les petits villages se reliaient à la rive par une passerelle facile à enlever au moindre danger. »

Ces maisons flottantes, qui coïncident dans les pays occidentaux avec la présence des premiers Asiatiques, apparurent dès le commencement de la période dite : pierre polie. Appelées lacustres ou palustres, selon qu'elles sont sur des lacs ou sur des marais, ces constructions se retrouvent dans toutes les parties du monde. On a le droit de penser, étant d'un style analogue, qu'elles sont dues à des peuples de commune origine.

Des changements survenus dans leur installation ont donné naissance, pour les désigner, à des noms différents. L'Italie a ses terramares et ses palaffites, l'Irlande ses crannoges, l'Allemagne ses ténevières, la Suisse ses steinbergs, le Danemark ses kjoekken-moeddings et le Brésil ses marnières.

On n'a pu établir la durée des cités lacustres en Europe, ni le nombre d'années écoulées depuis leur disparition. Il est probable que les Celtes envahisseurs incendièrent d'abord celles qui se trouvaient sur leur passage. Tant que les peuples purent conserver leur indépendance, ces cités restèrent debout ; une fois soumis, ils furent forcés de les abandonner étant devenues incompatibles avec la vie nomade ou n'opposant qu'une trop faible résistance aux tentatives de leurs ennemis.

Peut-être aussi, les familles, s'étant multipliées et n'ayant plus à craindre les bêtes féroces qui avaient fui les lieux habités, purent-elles sans danger quitter les lacs pour se disperser sur la terre ferme qui leur offrait l'espace et des ressources multiples ; on ne peut rien préciser.

L'âge de pierre est représenté, en Suisse, par cinquante-deux stations lacustres : la partie orientale fut la première à les voir anéanties parce que la première elle se trouva sous les pas des émigrés. L'âge de bronze compta soixante-huit villes de ce genre dans la Suisse occidentale qui y jouirent d'une grande prospérité ; par malheur, les étrangers qui s'avançaient sans cesse, pénétrèrent dans l'intérieur de la Suisse et les détruisirent à leur tour pour ne laisser derrière eux que les ruines aujourd'hui si intéressantes pour les archéologues et les touristes.

Ces habitations qui offraient de réels avantages en cas de danger, furent reprises dans les circonstances difficiles, et restaurées longtemps

Cité lacustre reconstituée.

après leur premier abandon. La tradition les mentionne jusqu'au XVIIIe siècle. En Irlande, dans quelques cantons, chaque chef de clan avait son crannoge où il mettait en sûreté, pendant la guerre, ses gens, ses richesses, et ses troupeaux ; d'autres servirent de refuges à des brigands ou à d'innocents fugitifs qui en firent de véritables forteresses; celles de l'Euphrate, malgré leur vétusté, devinrent, au XIVe siècle, une retraite tranquille pour des chrétiens persécutés par les Musulmans et le bassin de la Syrie, alimenté par l'Oronte, porte encore le nom de Lac des chrétiens à cause de la cité aquatique qui y avait été élevée et dont les restes servirent longtemps de demeures à des pêcheurs catholiques.

Les pays en Europe qui possèdent le plus grand nombre d'habitations sur pilotis sont peut-être la Suisse et le nord de l'Italie; mais, ainsi que nous venons de le voir, ces deux contrées n'en ont pas le monopole et la France même eut les siennes qui laissèrent des traces très intéressantes. On les signale jusqu'à présent, surtout dans les départements des frontières du sud-est, et il faut citer en première ligne celles du Bourget, au nombre de cinq ou six, qui remontent à l'âge du bronze et dont les trois principales sont à Tresserne, à Grésine et à Châtillon. Elles ont fourni de nombreux débris d'instruments en os et en silex, des fragments de poterie et de bijoux, des spécimens d'objets de ménage et d'industrie, des bois et des ossements d'animaux et aussi des provisions de bouche, telles que noisettes, glands, châtaignes et noyaux représentant des fruits.

De semblables résultats ont été donnés par le lac Paladru (Isère) et par une autre station signalée au pied des Pyrénées, qui n'avait pas moins de quatre bourgades aquatiques.

On suppose qu'il en existe dans d'autres parties de la France et il est probable que si l'on faisait des recherches savamment dirigées dans les tourbières et les étangs répandus dans un certain nombre de nos départements, on découvrirait encore des vestiges de ces singulières cités appartenant à diverses époques des temps reculés, car les Gaulois bâtirent des maisons de ce genre consacrées aux dieux des eaux, auxquels ils rendaient de fréquents hommages, et si le nombre en était restreint au moment de la conquête romaine, c'est que les invasions barbares et le cours des connaissances avaient inauguré des coutumes contraires aux leurs; mais, bien avant cette date, les agissements des peuples appartenaient déjà aux temps historiques, et si l'écho des événements antérieurs est arrivé jusqu'à nous, c'est à la science patiente et laborieuse de savants dévoués que nous en sommes redevables.

CHAPITRE PREMIER

BIJOUX PRÉHISTORIQUES. — TATOUAGES. — PEINTURES CORPORELLES.

La première famille.

LES
PARURES PRIMITIVES

CHAPITRE PREMIER

BIJOUX PRÉHISTORIQUES. — TATOUAGES. — PEINTURES CORPORELLES.

Sommaire. — Ornementation primitive. — Bijoux en os, en coquillage et en pierre, retrouvés dans les cavernes préhistoriques, les tombeaux anciens et les cités lacustres. — Du goût de l'homme pour la parure à travers les âges. — Tatouage chez les peuples de l'Antiquité. — Tatouage moderne en Europe, en Asie, en Afrique, en Amérique et en Océanie. — Tatouage religieux et populaire. — Peintures corporelles au Nouveau-Monde, chez quelques tribus africaines et océaniennes, en Chine et au Japon. — Traces des mêmes coutumes chez les Mèdes, les Juifs, les Égyptiens, les Grecs, les Romains et les Gaulois.

Les mystérieux événements qui présidèrent à la formation du globe terrestre et à l'apparition de ses habitants ont été expliqués par les religions anciennes et les découvertes modernes de diverses manières. Mais le bon sens a suffi pour écarter les unes, et la science, en discutant les autres, s'est rapprochée de plus en plus de la vérité dont une part, encore inconnue, reste immense et ensevelie dans le passé des âges.

Quelque dissemblables que soient les opinions émises, toutes, cependant, s'accordent pour affirmer qu'à l'origine des siècles, l'homme fut jeté nu sur la terre et qu'il ne put acquérir que lentement, par des efforts souvent infructueux, les notions du simple bien-être. « Jupiter, dit Virgile, en faisant du labour une œuvre pénible, y excita les mortels par l'aiguillon de la faim. L'expérience et la réflexion devaient enfanter les arts, comme le travail faire sortir l'épi du sillon et jaillir l'étincelle du caillou. »

La sainte Bible ne nous enseigne-t-elle pas que Jéhovah, pour punir Adam de sa désobéissance, le condamna à gagner son pain à la sueur de son front? Cette sentence, si dure en sa brièveté, signifie que Dieu, en donnant l'existence à une créature intelligente, voulut que, libre et responsable de ses actes, elle s'élevât par elle-même à une destinée meilleure.

Trois phases graduelles marquèrent le développement des sociétés naissantes, car celles-ci, d'après une loi naturelle, passèrent toutes de la pêche et de la chasse à la vie nomade et de la vie nomade à l'agriculture, premier échelon vers la civilisation. Ces transformations demandèrent des milliers d'années dont on ne peut percer l'ombre formidable; néanmoins, aussi loin qu'on remonte dans les âges du monde, on y observe l'amour de la parure, et, fait remarquable, c'est qu'au lieu d'être l'apanage exclusif de la femme, les ornements furent d'abord employés par l'homme comme un des signes distinctifs de sa puissance.

« L'idéal, dit avec raison Théophile Gautier, tourmente la nature la plus grossière, et le goût de l'ornementation distingue l'être intelligent de la brute plus nettement que toute autre particularité ; en effet, aucun chien, n'a songé à mettre des boucles d'oreilles et les Fuégiens stupides, qui mangent de la glaise et des vers de terre, se font des colliers avec des coquillages et des bois coloriés. »

La passion des colifichets se fit sentir avant le besoin des vêtements. Les contemporains des grands mammifères se faisaient des bijoux en réunissant des coquilles et des dents d'animaux percées d'un trou et enfilées avec des crins de mammouth.

Les cavernes qui abritaient les hommes de l'époque du renne, les dolmens, les stations lacustres, montrent, par les objets divers qu'on y a retrouvés, les progrès survenus déjà à ce second âge de l'humanité, dans l'art de la parure. Le doute n'est pas possible si l'on considère les joyaux de ce temps réunis dans nos musées ; ce sont des colliers, des anneaux, des pendeloques, des épingles de tête, soit en silex, en nacre, en os, en vertèbres de poissons, soit en rondelles de bucarde dont la mode s'est continuée sans interruption jusqu'à l'époque du bronze.

Nous pourrons voir, dans le cours de cet ouvrage, que les peuplades sauvages ou demi-civilisées n'ont pas agi et n'agissent pas différemment. Aujourd'hui encore, les Touaregs donnent à leurs enfants des bracelets de pierre qu'ils gardent toute la vie.

Au Brésil, les Mazuranas se coiffent d'un bonnet pourvu de coquilles nacrées et ont des colliers d'os ou de graines végétales au bout desquels pendent des dents de singe et des crânes d'oiseaux.

En Nouvelle-Calédonie, les indigènes se fabriquent une foule de parures avec des disques troués et disposés sur plusieurs rangs qu'ils taillent dans l'enveloppe solide de mollusques.

Les coquilles marines provenant d'espèces vivantes ou depuis longtemps fossiles furent utilisées de la même manière par les hommes préhistoriques. Des exemples de cette coutume sont fournis par des découvertes récentes. En 1867, on trouva à Champigny, qui fut une station de l'époque de la Pierre, des anneaux en silex entiers ou brisés, de dimensions différentes.

L'un d'eux, par la perforation que l'on voit à chacune de ses extré-

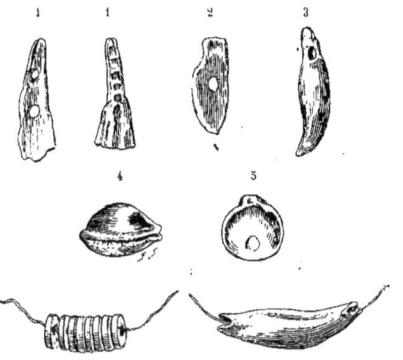

Bijoux de l'âge de la pierre trouvés dans les cavernes du Périgord.
1. Dents incisives de bœuf; 2. Fragment de bois de renne; 3. Incisive de loup; 4. Coquille de Cyprée; 5. Valve de Pétoncle; 6. Rondelles en coquille pour colliers; 7. Canine d'ours, ayant servi de pendeloque ou d'amulette. (Musée de Saint-Germain.)

mités, semble bien indiquer qu'il a été porté, suspendu comme amulette autour du cou. Il est en phyllade satiné avec paillettes de nacrite qui ressemble à une des variétés d'Angers.

Un fragment de bracelet ramassé au même lieu, était en calcaire qui rappelait certaines roches du Boulonais.

Près d'un squelette trouvé à Laugerie-Basse (Dordogne), et qui reposait sur une couche de terre avec des ossements de renne, étaient disséminées des coquilles ayant probablement décoré le costume. Deux étaient sur les temporales, un couple presque en contact avec chaque humérus, quatre au-dessus des genoux et deux sur le cou-de-pied. Enfin à côté du fameux géant de Menton, découvert en 1874 par M. Rivière, gisaient beaucoup de petits coquillages de la variété *Nassa Nerita*, percés d'un trou et quelques dents de cerf, également perforées qui avaient dû servir à orner ses habits.

On sait que les anciens habitants des bords de la Lesse, les *Belgæ* ou *Bolgæ*, issus d'une autre race que celle des hommes du midi de la Gaule, et dont plusieurs essaims détachés préludèrent à la formation des peuples primitifs de la Scandinavie, allaient chercher les coquilles fossiles qui leur servaient de bijoux, bien en dehors de leur pays, soit sur le territoire de la Champagne ou de l'Ile de France, soit en particulier sur celui où est situé aujourd'hui Grignon, près Versailles.

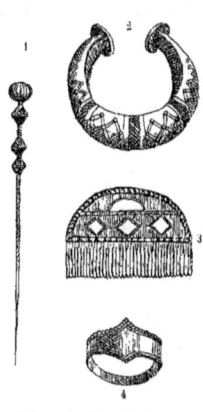

Bijoux de l'âge du bronze.
1. Épingle à cheveux; 2. Bracelet;
3. Peigne; 4. Bague.

A mesure que les connaissances se développaient, des matières nouvelles se joignaient à celles déjà connues pour la fabrication des ornements. Ce furent les ammonites des terrains secondaires, le jais, la calaïte, turquoise d'un vert tendre, l'ivoire seul ou mélangé de jais, le jade, l'obsidienne, l'argile durcie, le bois, les andouillets de cerfs, en morceaux plus ou moins réduits, des noyaux, des noisettes ou de petites graines percées de part en part et dont on fit des perles, des bagues, des bracelets, des épingles, des anneaux, etc.

Le bois d'if était choisi de préférence pour les peignes. Le corail, l'ambre, la néphrite avec lesquels les lacustres confectionnaient des objets de luxe, semblent attester que les préhistoriques étaient en relations commerciales par le moyen d'échanges avec les riverains de la Méditerranée et de la Baltique.

Ce fut dans les tourbières du Jutland qu'on trouva le plus grand nombre de grains d'ambre pour les colliers ou les pendants d'oreilles. L'une d'elles en donna 4.000 renfermés dans un coffret, ce qui fit supposer que c'était le fonds de quelque joaillier des âges primitifs.

A l'apparition des métaux, l'arsenal de la toilette s'enrichit de joyaux de bronze, d'étain, de fer, d'argent et d'or, mélangés de pierres naturelles ou taillées. Plusieurs bijoux de ce genre venant des tombes de Hollstadt, dont les moulages sont au château de Saint-Germain, offrent une exécution

BIJOUX PRÉHISTORIQUES.   33

remarquable ; ce sont des colliers avec des pendeloques, des bracelets, des épingles et des fibules, travaillés avec art. Les sépultures de Saint-Jean-de-

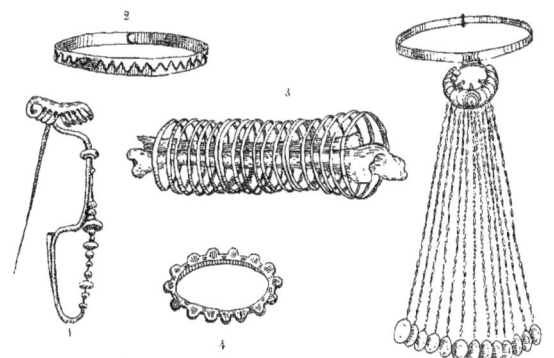

Bijoux de l'âge de fer.
1. Fibule ; 2. Ceinture ; 3. Bracelets entourant des ossements trouvés dans les tombes de Belleville (Savoie) ; 4. Bracelet ; 5. Collier avec pendeloques, provenant des tombes de Hallstadt.

Belleville, en Savoie, renfermaient plusieurs squelettes dont l'un portait vingt-quatre bracelets et les autres des bagues et des objets précieux.

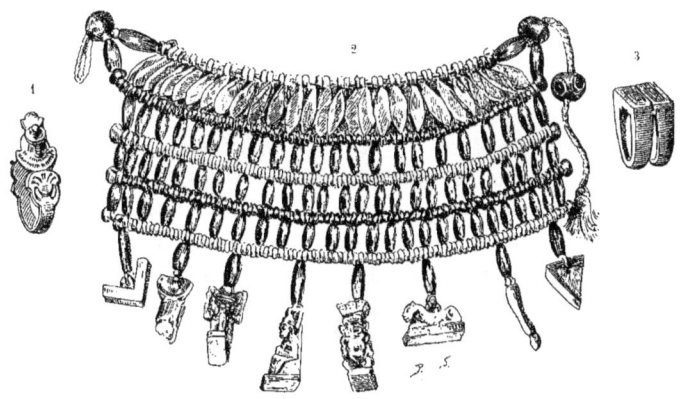

Bijoux égyptiens.
1. Pendants d'oreilles ; 2. Colliers ; 3. Bague.

La section de l'Histoire du travail (Exposition universelle de Paris, 1889) possédait plusieurs spécimens d'objets de l'âge des métaux et l'on pouvait voir sur un guerrier danois, une belle fibule retenant son grossier manteau, et sur une femme un collier orné d'une large plaque de cuivre, des bracelets, des bagues et une ceinture ayant pour boucle une grande rondelle ciselée de 25 centimètres de diamètre.

Les Égyptiens avaient un goût particulier pour les bijoux. Ils portaient de lourds colliers, des bracelets, des boucles d'oreilles, des épingles et des bagues à tous les doigts, particulièrement à ceux de la main gauche. Parmi les antiquités diverses du musée de Boulaq, près du Caire, se trouvent des momies et des statues de chats ayant des boucles d'oreilles. Le cuivre, l'or, le corail, les perles, l'agate, l'onyx, l'acier damasquiné, les émaux, les

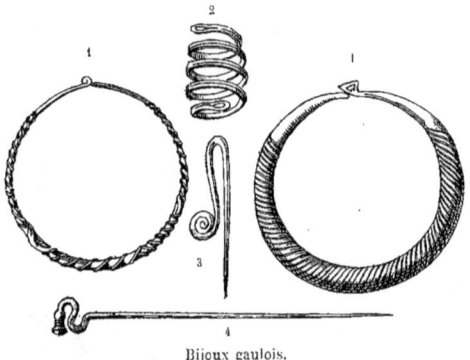

Bijoux gaulois.
1. Torques; 2. Bracelet; 3. Fibule; 4. Épingle.
(Musée de Saint-Germain.)

pierres précieuses gravées en creux ou en relief, étaient tour à tour employés par les joailliers de Memphis et de Thèbes.

D'autres peuples, tels que les Étrusques et les Gaulois, se firent aussi remarquer par leur passion pour les ornements. Ces derniers, amis des couleurs voyantes, chargeaient leur large poitrine et leurs membres robustes de massives chaînes d'or. Michelet en a tracé un portrait saisissant : « Les Galls étaient au cœur de l'Étrurie, à trois journées de Rome, lorsque leurs ennemis offrirent la bataille. Aussitôt les plus ardents se placèrent au premier rang mettant bas, par bravade, tout vêtement. Il y avait quelque chose d'effrayant dans la contenance et les gestes de ces corps gigantesques n'ayant que leurs armes et leurs boucliers, mais parés de chaînes, de colliers et de bracelets reluisant au soleil ».

Les Druides fabriquaient des talismans, semblables à nos chapelets,

TATOUAGES. — PEINTURES CORPORELLES.

avec des perles d'ambre que les guerriers portaient sur eux aux jours de bataille et qu'on retrouva souvent à côté de leur corps dans les tombeaux. Les Gaulois décoraient de corail leurs casques et leurs instruments de guerre. Les Anciens regardaient ce produit sous-marin comme une matière de grand prix et lui attribuaient des vertus merveilleuses. Les Romains en faisaient des amulettes et des colliers pour leurs nouveau-nés dans l'espoir de les préserver des maladies contagieuses.

Plus tard, les Francs Mérovingiens se distinguèrent aussi par le luxe de leurs bijoux.

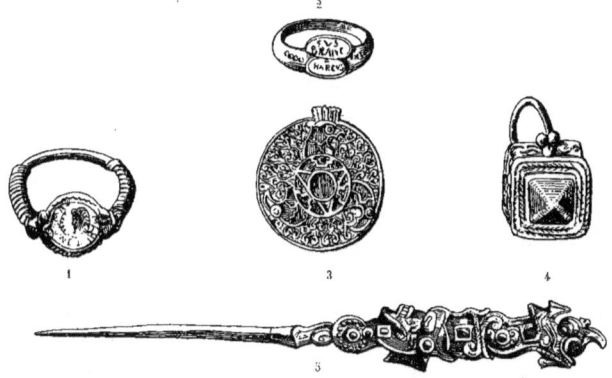

Bijoux mérovingiens.
1. Bague; 2. Bague de funérailles; 3. Médaillon; 4. Boucle d'oreille; 5. Épingle.
(Bibl. Nat., Cab. des Médailles.)

L'homme des temps reculés n'en resta pas à ces simples éléments de la parure; croyant s'embellir, il eut recours à bien d'autres procédés. En général, très peu vêtu, il songea d'abord à décorer les parties de son être qui s'y prêtaient le mieux : avant de peindre ou de sculpter des objets étrangers, il peignit et sculpta son propre corps. Ce fut une des premières manifestations du sens esthétique, et, en réalité, la révélation du dessin et de l'écriture.

Les cavernes préhistoriques recélaient des fragments d'une pierre rouge avec laquelle on devait préparer une couleur destinée à peindre la peau. Plusieurs savants ont cru reconnaître, au nombre des instruments des âges primitifs, des poinçons et des godets contenant encore de la pyrite de fer propre au tatouage; selon eux, les dessins gravés sur une main et un avant-bras sculptés en bois de renne, ne sont que la reproduction de cicatrices décoratives portées par les hommes.

Simple onomatopée, le mot moderne *tatouer*, emprunté à la langue anglaise, dérive de la racine polynésienne, *Ta* signifiant *frapper*, et fut adopté pour la première fois par Cook qui l'écrivit *Tattow* dans une de ses relations de voyage à travers les mers du Sud.

L'opération du tatouage consiste à imprimer des dessins sur la chair vive par des piqûres ou des fers chauds qui en rendent l'empreinte ineffaçable.

Remontant à la nuit des temps et pouvant être regardé comme une des plus singulières idées sorties du cerveau humain, le tatouage est encore en usage dans les basses classes de quelques nations civilisées et chez la plupart des habitants de l'Océanie et de l'Afrique, dont il voile pour ainsi dire la nudité.

C'est de l'Asie que se propagea, dans l'antiquité, cette mode bizarre ; l'Europe, à sa suite, l'accepta, s'il faut en croire les écrivains des époques anciennes. Au nombre des peuples qui la conservèrent le plus longtemps, après leur établissement dans les pays occidentaux, il faut nommer, en premier, les Celtes.

Celte tatoué, personnifiant l'Europe occidentale dans le monument funéraire de Biban-el-Malouk (Égypte).

On en trouve des preuves intéressantes dans la décoration de vieux tombeaux égyptiens qui, véritables musées archéologiques, donnent mille éclaircissements sur les hommes, les animaux, l'industrie et les mœurs des siècles passés. C'est ainsi que l'on remarque sur le bas-relief d'un monument funéraire de Biban-el-Malouk, au nombre des nations conduites par Horus, un personnage qui a la peau blanche, le nez busqué, les yeux bleus, la barbe rousse et la taille élancée, signes caractéristiques du Celte, symbolisant l'Europe; or, la dépouille du bœuf, cachant imparfaitement le corps du héros, laisse voir un tatouage rouge et noir assez compliqué.

Les soldats d'Attila étaient couverts de cicatrices bourgeonnées, produites par le feu; les Germains se tatouaient aussi et se peignaient le corps en indigo; de même les Pictes, population primitive de l'Écosse, qui affectionnaient les dessins d'animaux et soumettaient leurs enfants à ce supplice dès le jeune âge. On dit que les couleurs des plaids portés par les Écossais, et servant à distinguer les clans des anciens Highlanders ne sont qu'un souvenir ou une imitation des tatouages des premiers ancêtres de ce peuple.

Le tatouage était sûrement pratiqué en Asie aux siècles les plus reculés, puisque les émigrants l'introduisirent avec eux dans les contrées qu'ils envahirent. Délaissé peu à peu dans les Gaules, il n'y était presque plus connu au moment de la conquête romaine par Jules César; on le retrouvait seulement en Grande-Bretagne, dernier rempart des Celtes et des Galls, où il persista jusqu'au troisième siècle de l'ère chrétienne.

Les anciens Égyptiens, nés de la famille orientale, gravaient sur leur peau d'une façon indélébile des emblèmes empruntés aux rites d'Osiris et d'Isis. Ils communiquèrent ce goût aux peuples africains avec lesquels ils furent en rapport.

Moïse le défendit expressément aux descendants d'Abraham, comme indigne des enfants de Dieu, et, pour les en détourner avec plus d'efficacité, leur fit porter des petits carrés de cuir avec une inscription sacrée rappelant leur longue servitude sur les bords du Nil.

Issus de la même tige que les Hébreux, mais n'ayant pas leurs raisons pour s'en abstenir, les Arabes pratiquaient le tatouage. Cette coutume n'existe plus guère aujourd'hui que parmi les tribus nomades; seules les femmes mauresques, et surtout celles de la Kabylie, en ont la passion. La reproduction des êtres vivants leur étant interdite par la religion, elles se bornent à porter des lignes géométriques.

Quoique le Coran y soit hostile et qu'il le considère comme la marque du diable, ceux qui l'aiment passent outre et se tirent d'affaire en disant qu'avant d'entrer au paradis, chacun subira une purification par le feu qui enlèvera toutes les empreintes terrestres. Malgré ce faux-fuyant, un vrai Marabout n'imprimerait, à aucun prix, un trait quelconque sur son corps.

Le tatouage n'a donc pas, chez le peuple arabe, une valeur ethnique;

l'opération en est faite ordinairement par les mères dans l'espoir d'embellir leurs enfants ou de les préserver des maladies des jeunes années ; souvent les petits garçons se tatouent entre eux en se servant d'une épine de figuier de Barbarie.

Chez les Thraces, on considérait le tatouage comme une marque honorifique. C'était ainsi qu'on distinguait les nobles du vulgaire.

Pour d'autres nations, il fut, au contraire, une preuve de servitude.

L'histoire raconte que les habitants de Samos, voulant se venger des Athéniens avec lesquels ils étaient en guerre, appliquèrent sur le front de leurs prisonniers, l'empreinte d'une chouette, oiseau consacré à Minerve, et que les Grecs prirent aussitôt leur revanche, en imprimant au fer rouge, sur le visage des soldats capturés, une proue de navire ; cette partie de vaisseau ayant été inventée par Policrate, de Samos.

Bacchante tatouée au bras.
(D'après une coupe antique du Musée d'Athènes.)

Aristote voyant, dans le tatouage, un stigmate d'opprobre, en éloigna ses concitoyens.

Une légende mythologique dit que les Bacchantes, meurtrières d'Orphée, furent tatouées par leurs maris en punition de l'odieux forfait dont elles s'étaient rendues coupables.

Les esclaves antiques portaient souvent le nom de leurs maîtres gravé sur la poitrine ; les soldats, celui de leur général ; les prêtres, l'image d'un des dieux qu'ils servaient. A Carthage, les interprètes avaient un perroquet tatoué sur la poitrine. Lors d'une calamité publique, tout zélé patriote se faisait, en signe de désespoir, des incisions sur diverses parties du corps.

C'est une raison identique qui, plus tard, fit marquer les malfaiteurs, afin de les désigner ouvertement au mépris public.

Il y a peu d'années encore, nos forçats avaient une fleur de lis ou les lettres TF inscrites sur l'épaule gauche ; ceux d'Angleterre, les initiales des mots *Bad Character* (criminel) ; et les Russes faisaient estampiller au fer rouge, par le bourreau, le mot *l'or* (voleur) sur le front et les joues des coupables. Pendant que le sang coulait, on enduisait les plaies de poudre de chasse qui leur donnait pour toujours une teinte bleuâtre; puis, après cette flétrissure, on arrachait au prisonnier l'une des narines. Ce surcroît de barbarie fut supprimé par Alexandre Ier.

Au Japon, les accusés convaincus d'avoir dérobé la valeur de 100 francs sont marqués d'une croix au bras et ils reçoivent autant de ces marques qu'ils commettent de larcins, ce qui les désigne évidemment à la justice comme voleurs de plus ou moins d'importance.

S'ils subissent vingt-quatre fois la même flétrissure, ils sont condamnés à la peine capitale.

Le tatouage est opposé aux superstitions des Russes qui le considèrent comme une alliance avec les mauvais esprits.

Faire de son corps, au prix de cruelles souffrances, un tableau vivant, doit être inhérent à la nature humaine,

Habitant de la Nouvelle-Zélande.

puisqu'on a constaté la même pensée chez presque toutes les nations primitives du vieux monde et chez celles du nouveau continent, surtout en Océanie.

Dans quelques îlots du grand Océan, le tatouage, apanage exclusif des mâles, est plus qu'un ornement : idéographique, il donne au guerrier un aspect redoutable et désigne sa famille, ses qualités et ses faits d'armes. Les chefs de tribus pourraient aisément dessiner un fac-similé de leur face dont les hiéroglyphes augmentent à chaque époque principale de la vie.

Certaines incisions spéciales répondant à des espèces d'armoiries personnelles deviennent, pour leur propriétaire, une écriture figurative qu'il appose dans les cas importants, comme une signature.

Cette décoration s'effectue de plusieurs manières : 1° par piqûres ; 2° par cicatrices ; 3° par brûlures ou bourgeonnements et 4° par pointillés sous l'épiderme.

Le tatouage par piqûres est le plus répandu ; on le retrouve dans les diverses parties de l'univers ; il a persisté en Europe, depuis les temps préhistoriques jusqu'à nos jours.

Les Mélanésiens et les Polynésiens procèdent différemment dans cette parure corporelle ; chez les premiers, elle consiste en une simple incision sans peintures, chez les seconds, elle se compose de piqûres enduites de matières colorantes. Les deux systèmes existent en Nouvelle-Zélande, patrie par excellence du tatouage. Les hommes sacrifient volontiers leurs cheveux et leur barbe pour fournir un canevas plus étendu à cette glorieuse ornementation qui est le véritable habit du sauvage. Outre ces marques ordinaires, les naturels en ont souvent d'affreuses, d'un demi-centimètre de largeur, telles qu'on en voit sur un arbre auquel on a fait des incisions vingt ans auparavant. Rien n'est plus douloureux à supporter que l'exécution de ce tatouage appelé *moko*. Les jeunes gens ne commencent à le subir qu'à l'âge de vingt ans, et encore sont-ils rarement admis à cet honneur sans avoir assisté à un combat. Il est impossible de prétendre à aucune considération ou d'avoir une influence dans la tribu sans s'être soumis à l'opération du moko. L'homme qui s'y refuserait, appartiendrait-il à une famille distinguée, serait considéré comme efféminé, pusillanime et indigne de participer aux récompenses militaires.

Après une campagne, les chefs se font faire de nouveaux dessins pour en perpétuer le souvenir et deviennent d'autant plus respectables qu'ils sont chargés de cicatrices plus nombreuses. On creuse les mêmes incisions jusqu'à cinq fois dans la vie, ce qui les rend très profondes. Le fameux guerrier Chougen, visité par Dumont d'Urville, avait reçu tous ses mokos, car sa figure avait subi cinq tatouages. Doués d'une féconde imagination, les sauvages océaniens varient leurs arabesques à l'infini ; sur cent individus qui paraissent à première vue porter des dessins semblables, il n'y en a pas deux pareils. Les signes géométriques du visage sont d'une grande précision, généralement en spirale et identiques des deux côtés, tandis que ceux du corps, le rendent semblable à un ouvrage en filigrane. Le moko est aussi le tatouage préféré des habitants de la Nouvelle-Calédonie qui s'ornent le ventre et la poitrine, de lignes ou de dessins en saillie comptant un centimètre de diamètre. Ces hideuses parures s'obtiennent par ulcérations ou par brûlures. Dans le premier cas, on coupe la chair avec un roseau aiguisé, puis l'on verse sur les blessures saignantes le suc d'un euphorbe qui en relève les bords en bourrelets et les colore. Dans le second, on brûle la peau avec un charbon enflammé, ou parfois, avec des nervures de feuilles de cocotier qu'on allume sur le tissu cutané, et dont on active la combustion en soufflant avec la bouche.

Habitant de la Nouvelle-Calédonie.

Si les cicatrices se ferment trop vite, on en arrache les croûtes afin d'en retarder la guérison et assurer le résultat. L'opération de ce tatouage est très douloureuse ; on est obligé de l'interrompre plusieurs fois avant de l'achever, de sorte que, pour être complète, elle exige souvent des mois entiers, voire même des années. L'une des parties du corps où elle se supporte le plus difficilement, est le dessus des mains et des pieds. A la naissance des orteils, la souffrance devient intolérable et peut causer la mort.

De pieux missionnaires catholiques ont élevé et gardé près d'eux des enfants pour essayer de les soustraire à cette torture. Malgré leurs soins, à quinze ans, les petits néophites les abandonnaient et couraient avec joie s'y soumettre.

Placé sous la protection du dieu *Tiki*, son inventeur supposé, le tatouage des Australiens n'exige que des instruments peu dispendieux : un ciseau pour couper la peau, un léger marteau pour frapper et une spatule pour ramasser le sang des blessures.

Le ciseau ressemble à une lancette de vétérinaire ; il peut être fabriqué avec un os d'albatros, avec un éclat d'écaille de tortue ou de coquille, avec une dent de requin, un morceau de verre ou un caillou très tranchant à son extrémité et ajusté à angle droit dans un manche. Quelquefois aplati et pourvu de pointes, l'instrument a l'apparence d'un peigne.

En frappant sur le ciseau avec le marteau, on ouvre la chair plus ou moins profondément et l'on n'a plus qu'à passer sur les incisions un pinceau trempé dans une résine calcinée, teintée en noir ou en blanc, pour leur communiquer l'une de ces deux couleurs ; certains topiques appliqués sur la peau, tels que décoctions de plantes irritantes, eau salée, urine et jus de tabac, occasionnent des accidents nombreux, tels que la syncope, l'inflammation, la fièvre et la gangrène, qui peuvent nécessiter l'amputation du membre malade.

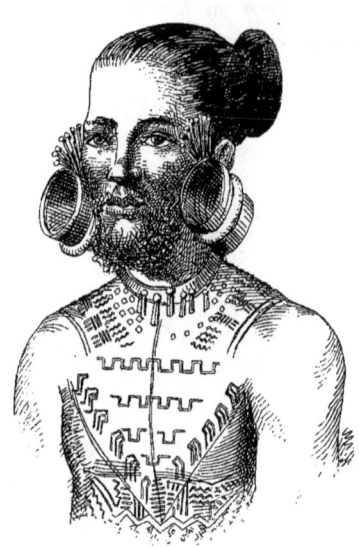

Australien orné de ses tatouages et de ses bijoux.

Afin de faire diversion à la douleur du patient pendant l'opération, *l'artiste marqueur* chante des ballades dont la suivante est citée par M. Taylor *(Voyage en Nouvelle-Zélande)*.

En voici la traduction :

« Celui qui paiera bien sera magnifiquement décoré.

« Mais celui qui oubliera l'opérateur sera fait négligemment et avec des lignes écartées.

« Frappons ferme, que le marteau en tombant résonne sur le chemin.

« On ignore le talent qu'il faut pour conduire cet instrument avec adresse. »

Les souillures de la malpropreté, les traces des maladies, les rides de la vieillesse, comme l'a dit Dumont d'Urville, sont peu sensibles sur les

TATOUAGES. — PEINTURES CORPORELLES.   43

peaux gravées, endurcies et enduites d'huile. Elles résistent aux morsures des moustiques, aux stigmates des maladies, aux outrages des saisons, aux ravages du temps, en un mot, à tous les accidents auxquels l'homme sauvage est exposé.

Il y a des artistes tatoueurs renommés pour leur talent ; le plus célèbre, aux îles des Amis en 1830, était Aranghi. Ce personnage qui par sa naissance appartenait à la classe des esclaves, s'éleva peu à peu, grâce à son habileté de marqueur, au faîte des honneurs et devint l'égal des premiers dignitaires du gouvernement; il recevait sans cesse des présents de ses concitoyens enthousiastes et reconnaissants. La tête d'un chef tatoué par lui représentait une valeur plus considérable qu'un portrait à l'huile dû au pinceau d'un de nos meilleurs maîtres. Cette estime alla si loin qu'un sauvage, ayant vaincu son ennemi dont les cuisses avaient été décorées par Aranghi, après l'avoir écorché, en fit soigneusement tanner la peau, et s'en servit pour recouvrir son étui à cartouches, qui devint dès lors le plus précieux objet de son attirail de guerre.

Rutherforth.
Matelot anglais tatoué en Nouvelle-Zélande.

Un navire américain s'étant arrêté, en 1826, près de la côte orientale de la Nouvelle-Zélande, les naturels, afin de s'entretenir avec les passagers, vinrent à bord. Parmi eux était un homme ayant les cheveux blonds et les yeux bleus, fait extraordinaire dans ces parages ; sous les nombreux dessins zébrant son corps, se laissait deviner une peau blanche. C'était un matelot anglais du nom de Rutherforth, capturé tout jeune, dix ans auparavant, qui, à la condition d'être tatoué, avait seul été épargné dans le massacre du malheureux équipage échoué dans les mers polynésiennes.

Ce n'est pas le seul exemple de ce genre. Un convict, évadé depuis huit ans du lieu fixé pour sa relégation, avait été recueilli par une tribu australienne, où sa force, son adresse et son courage l'avaient fait élever au rang de chef ; la plume de faucon maintenue au-dessus de son oreille gauche par une fine tresse de joncs et le bracelet de dents de serpent qu'il avait au bras, étaient les marques de sa haute dignité. Il était écossais, originaire du comté de Dumborton et s'appelait Joë Mac-Knight ; sa peau était tellement tannée par le soleil qu'on ne pouvait en reconnaître la couleur entre les bariolures du tatouage ; seule sa barbe gigantesque et du plus beau roux laissait deviner sa nationalité.

Indigène des îles Marquises.

Il fut enchanté de revoir des Européens.

Les habitants des îles Marquises ne sont pas moins remarquables par leurs décorations que les Néo-Zélandais.

Dignes par leur beauté plastique de servir de modèles aux statuaires, ils ont le corps entier couvert d'incisions coloriées.

Les dessins indiquent non seulement la tribu des individus, mais encore leurs castes et leurs fonctions officielles. Il y a des signes spéciaux pour les guerriers, les nobles, les mercenaires, les artisans et les veufs. Vus de loin, ces naturels paraissent porter des habits collants ; à une distance moyenne, ils ressemblent à des soldats bardés de fer ; de plus près, on dirait des arlequins. Les paupières, les oreilles, les lèvres, voire même les gencives et la langue sont ornées d'empreintes.

En temps de paix le costume masculin consiste en une ceinture d'étoffe blanche appelée *maro*, à laquelle vient se joindre souvent un manteau fait avec l'écorce du mûrier à papier. Pendant la guerre, les combattants portent des hausse-cols d'huîtres perlières, des pendants d'oreilles de dents de cachalot et des colliers d'ossements humains. Un casque de plumes et de feuilles de bananiers, ou une couronne de coquilles blanches habilement travaillées alternant avec des écailles de tortues, couvre leur tête, tandis que leurs jambes et leurs bras sont ornés de touffes de cheveux arrachés aux ennemis.

Quant aux femmes, elles peuvent être citées comme les plus belles de la

Femme de Nouka-Hiva (îles Marquises).

Polynésie; malheureusement elles frottent leur peau, qui est peu cuivrée, avec une huile safranée pour la jaunir, suivant la mode de ces pays. Évitant, du reste, tout ce qui pourrait nuire à leur beauté, elles se garantissent des rayons malfaisants du soleil au moyen de feuilles de palmier.

Aux jours de fêtes, elles ont autour du cou des touffes de lianes odorantes et, aux oreilles, des fleurs de jasmin jaune. Dans leurs cheveux sont placés des ornements fabriqués avec des fruits et des graines.

Considérées comme étant d'une condition inférieure à l'homme, elles n'ont le droit que de se tatouer les mains, le bas des bras, les lèvres et les oreilles.

A Nouka-Hiva, le tatouage est un signe de distinction. Quand le célèbre, navigateur russe Krusensthern fit son voyage autour du monde, sur l'ordre de l'empereur Alexandre Ier, il aborda dans cette ville et y vit le roi, son père et son grand-père, couverts de dessins de la tête aux pieds. En 1594, époque de la conquête de ces îles par Mendana, le chef souverain fit mettre ses sujets en ordre de bataille et se servit d'une grande feuille de palmier en guise de bâton de commandement.

Une foule de peuplades océaniennes sont soumises à l'usage du tatouage, quoique d'une manière moins terrible que les farouches Australiens. On peut en juger par les indigènes d'une île du Pacifique qui sont décorés de traits réguliers simulant les cuissards de nos anciens preux. Chez d'autres, le ventre et les reins sont sillonnés de courbes festonnées où le noir tranche avec agrément sur les parties intactes de la peau, tandis que la poitrine et les bras reçoivent une ornementation différente : autant la première est remarquable par sa masse, autant celle-ci se distingue par sa légèreté. Ce sont des poissons volants, des fleurs, des étoiles et maints objets délicats. Beaucoup ont sur les jambes des rangées de points noirs, et sur les épaules des cicatrices en relief. Pour eux le tatouage est un acte saint qui exige le consentement des divinités. Celui qui veut le subir doit passer la nuit dans une maison consacrée et y attendre la volonté suprême du Grand-Esprit. Elle se manifeste par un sifflement. Quiconque se dispenserait de cette importante formalité s'exposerait aux plus grands malheurs et au mépris général.

Lorsqu'on découvrit les îles Sandwich, on y rencontra des guerriers tatoués d'une façon bien bizarre. Il n'y a pas certainement de pays au monde plus curieux à étudier que celui des Sandwichiens. Leurs usages, leurs caprices dans les ornements, sont des plus étranges. La variété des dessins dont leur corps est bariolé, paraît infinie; ici, c'est un nom aimé, un damier, des triangles, des losanges, des carrés ; là, un éventail, des roues, des croissants, des oiseaux, des quadrupèdes. Tantôt ils se font des piqûres imperceptibles ou des cicatrices profondes; tantôt des plaies qui rident la peau ou des brûlures qui donnent à leur visage des teintes livides. Voulant avoir le privilège d'inconcevables extravagances, leurs femmes se tatouent la langue et la plante des pieds. Les jeunes filles partagent cet amour pour la décoration ; on en voit dans toutes les demeures, sur les places publiques, sur les plages, sous les bananiers, subir cette opération sans témoigner ni fatigue, ni souffrance. Elles ont surtout une prédilection pour les chèvres et se croiraient déshonorées si elles n'en possédaient sur elles au moins une demi-douzaine; après les chèvres, ce ce sont les damiers et les oiseaux qui ont le plus de succès; le front les joues, les épaules et la poitrine de ces coquettes en sont ornés. Anciennement les hommes portaient une coiffure d'une forme pittoresque qu'ils ont abandonnée depuis : c'était un casque d'osier qui seyait bien à leur physionomie.

Ancien chef des îles Sandwich, paré de son casque en osier.

Plusieurs associations occultes de la Polynésie prennent des signes extérieurs de ralliement, au moyen du tatouage. C'est ce que font à Tahiti les Aréoïs qui, adonnés au vol, au pillage, à toutes sortes de désordres, forment une secte divisée en sept classes distinctives ayant chacune une marque spéciale.

Dans la première, qui est la plus puissante, les affiliés n'ont que les jambes tatouées. Dans la seconde, ce sont les bras et les mains; dans la troisième, le haut du corps, depuis les oreilles jusqu'aux hanches, et ainsi de suite jusqu'à la septième, qui fournit les danseurs pour les réunions publiques. Ceux-ci ont un serpent gravé sur le front. Le candidat à la secte des Aréoïs se présente à l'assemblée générale, les reins ceints de feuilles de dracœna, la figure barbouillée de rouge, et le front couvert d'une visière en feuilles de cocotier tressées. Ses cheveux sont oints d'huile parfumée ou ornés de fleurs odorantes.

Le tatouage ne jouit pas dans tous les pays d'une égale faveur. En Afrique, par exemple, les nègres libres ne l'ont adopté dans leur parure que comme accessoire; mais les esclaves y sont forcément soumis; tous ont, sur le visage, les épaules ou les bras, le nom ou la marque de leurs maîtres; pouvant changer plusieurs fois de propriétaires dans leur vie, il en résulte que les empreintes superposées sur leur corps laissent deviner par combien de mains ces serviteurs ont passé.

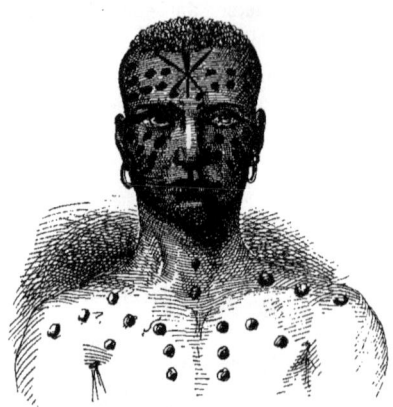

Habitant de la côte de Mozambique (au nord de la Cafrerie) avec un tatouage boutonné.

Quelques tribus cependant ont recours, pour s'embellir, à un tatouage qui leur est particulier et qui consiste en d'effroyables cicatrices dont le relief a des teintes plus ou moins sombres dues à un détail d'opération. Après avoir saupoudré les plaies fraîches de charbon de bois pulvérisé, on les frotte doucement avec une feuille de bananier.

Tel le naturel de la côte de Mozambique, dont nous donnons le type. Les dessins les plus recherchés appartiennent à la géométrie : ce sont des carrés, des cercles et des croix.

Les Nyams-Nyams du Soudan remplissent de points blancs, les petits carrés qu'ils se font sur le front, les tempes et les joues; l'X, qui est le blason de leur tribu, est tracé sur la poitrine de chaque individu.

En Sénégambie, le beau sexe se bleuit les gencives et les lèvres en les piquant avec des épines d'arbustes colorants ou avec des pointes de fer trempées dans de l'indigo.

Les Yambanas se distinguent des autres naturels de la Cafrerie, par une rangée de boutons ou verrues artificielles, grosses comme

Nègre Yambana de la Cafrerie.

des pois, qui s'étendent de la partie supérieure du front à l'extrémité du nez; les dandies des bords du Zambèze, sont reconnaissables par leurs cicatrices hideuses.

Pour les habitants de l'Amérique méridionale, le tatouage n'a jamais eu une grande importance.

Deux anciennes peuplades, l'une péruvienne, l'autre brésilienne, seules exceptions à la règle générale, l'avaient adopté officiellement. Dans la première, les hommes dont le teint rappelle le vieil acajou, se faisaient sur les joues plusieurs incisions qu'ils coloraient en bleu sombre avec le suc du pseudo-anil-indigoféra. Leur plus curieuse décoration consistait en deux grands plumets retenus par des bracelets au haut des bras. Dans la seconde, ils se couvraient entièrement le corps de lignes représentant les mailles d'un filet,

Dandy des bords du Zambèze
(Afrique australe.)

et avaient sur la figure, depuis les yeux jusqu'à la lèvre inférieure, un masque bleu garni d'une dentelle en tatouage, d'un effet singulier. Leurs femmes, pour paraître belles, devaient porter un pointillé sur le bas du visage et une large bande indigo qui, placée sur les yeux et le nez, ne s'arrêtait qu'aux oreilles et fai-

Sauvage d'une tribu péruvienne, tatoué et paré de plumes.

sait l'effet d'une paire de lunettes. La partie supérieure de leur poitrine était sillonnée de traits réunis à la hauteur des épaules, et simulant la broderie des bords d'une chemise.

Quelques autres peuples du nouveau continent pratiquent le tatouage, mais, contrairement à ce qui se passe en Polynésie, les hommes l'abandonnent volontiers aux femmes; au Paraguay, il se réduit, même pour elles, à quelques lignes légères ; lorsqu'une jeune fille sort de l'enfance, on lui fait, à l'aide d'une épine trempée dans le fruit du génipayer, une raie bleuâtre d'un centimètre de largeur, qui commence à la racine des cheveux, passe sur le nez et finit à la lèvre supérieure. A l'époque du mariage, la bande est prolongée jusqu'au-dessous du menton. La nuance de cette peinture est tantôt bleue, tantôt violette.

Sauvage d'une tribu brésilienne avec des tatouages sur la figure et le corps.

Les Fuégiennes se tatouaient les doigts, les coins de la bouche et le haut des jambes. Leur religion les y forçait.

Crevaux, dans le compte rendu de son voyage aux Andes, fait, sur les amazones de ce pays, un récit auquel nous empruntons le passage suivant :

« Étonné de ne voir aucun homme dans le village que je visitais, je demandai aux femmes qui ne rappelaient nullement les fameuses guerrières de l'histoire ancienne, où étaient leurs maris; l'une d'elles, me répondit : Nous sommes seules; ils nous ont abandonnées. — Combien avez-vous d'enfants, ajoutai-je ? Elle me montra alors trois lignes rouges parallèlement tatouées au-dessus de ses genoux et qui ressemblaient aux chevrons de nos soldats gradés. Ses compagnes avaient des signes semblables en nombre égal aux garçons qui leur devaient le jour. Dérogeant à l'habitude indienne en la forçant d'accepter des couteaux, des aiguilles et d'autres menues choses, je la quittai après avoir perdu mes dernières illusions sur les belles amazones de l'antiquité. »

Hormis la Virginie où l'usage de se tatouer le corps entier était répandu, les naturels septentrionaux de l'Amérique ne se faisaient que quelques incisions aux endroits exposés à l'air, moins comme parure que pour se défendre contre les attaques des moustiques.

Au Canada, chacun était libre de choisir les images qui lui convenaient; les principales étaient des serpents, des quadrupèdes et des feuillages. La plupart des femmes se pointillaient la figure, en particulier le bas des joues, pour éviter les maux de dents. Une arête de poisson, ou une aiguille d'acier servait à cette opération qui n'était pas sans danger, car parfois, il se formait sur la peau gonflée, une gale, accompagnée d'inflammation, qui pouvait, pendant la chaleur, entraîner la mort.

Dans les régions arctiques, les Esquimaux, n'ayant aucune raison pour recourir au tatouage, puisqu'ils sont très vêtus, le recherchent néanmoins avec empressement. Ils en ont un tout spécial qui s'appelle *kakkim*. Une aiguille en arête de poisson et un nerf de renne, en guise de fil, préparé à belles dents, car ils ont l'habitude d'employer souvent leurs canines comme ciseaux, sont les outils nécessaires à ce travail. On délaie dans une goutte d'huile et un peu de salive, de la suie qui se trouve sous un pot noirci à la lumière d'une lampe et après avoir esquissé les dessins du tatouage avec un fanon de baleine, on fait dans la peau des points très courts, quoique profonds, en ayant soin d'appuyer aussitôt le pouce sur chacun d'eux.

Le *kakkim*, d'un bleu pâle, décore le visage, la poitrine et les jambes de ces demi-sauvages.

Toute jeune fille qui aspire à la suprême beauté doit avoir, sous le menton et le long des joues, une légère broderie noire ressemblant à la barbe d'un homme mal rasé. Elle supporte l'opération, quelque pénible qu'elle soit, dans l'espoir d'augmenter ses attraits et de trouver plus facilement un mari. Néanmoins, celles qui reçoivent le baptême abandonnent cette vanité mondaine : « cause de tentation et de péché ».

En somme, l'ornementation par empreintes indélébiles est assez rare dans le nouveau continent.

Il n'en est pas de même en Asie. C'est surtout dans l'extrême Orient, au

Japon, en Chine, dans les régions indo-chinoises et aux Indes que le tatouage est répandu. Les femmes du Dekkan (Hindoustan) ont des fleurs gravées sur le front, les bras et la poitrine; les prêtresses du culte du serpent, des cicatrices en festons qui les rendent vénérables aux yeux du peuple; dans ces

Fakir indien.

contrées, les bonzes se chargent d'inciser les dessins destinés à distinguer les castes les unes des autres.

Les Fakirs indiens qui par fanatisme religieux endurent volontairement tant de souffrances, s'enlèvent des lambeaux de chair à la figure, aux bras ou à la poitrine; les plaies, après la guérison, laissent des traces horribles.

L'historien Ma-Touan-Lin cite un exemple assez bizarre de l'emploi du tatouage : « Un empereur en lutte avec ses voisins faisait appliquer, sur le corps des voyageurs qui traversaient les territoires amis, des signes indélébiles pour les garantir de toute agression. C'était un véritable passeport ou plutôt un sauf-conduit. »

On trouve également au Japon de nombreux spécimens de tatouage merveilleux ; cependant l'usage en est limité aux classes inférieures, aux ninsokus ou coolies, sorte de portefaix, et encore, l'influence européenne fait-elle tomber cette coutume en désuétude, le gouvernement japonais ayant décidé que tous les habitants de l'empire devaient s'habiller ; mais les coolies de la génération précédente étaient vraiment des objets d'art.

On voit sur leur peau les portraits des héros nationaux, des figures de femmes, des sujets historiques devenant, pour les légendes japonaises, ce que les panses des vases étrusques sont pour la religion de l'antiquité classique. Ces originalités, qui pourraient figurer avantageusement aux premières pages d'un recueil de curiosités, donnent

Coolie japonais.

souvent l'illusion d'un châle de l'Inde dont le coolie se serait fait un fourreau collant.

Lindau, pendant son séjour au Japon, était servi par un robuste garçon qui avait trouvé moyen d'être à la fois nu et habillé. Son tatouage simulait une jaquette bleue à boutons d'or avec des coutures en fils rouge ; et son pantalon, une étoffe à carreaux noirs et blancs. Jamais Européen ne put se vanter d'avoir porté une culotte aussi collante.

Les plongeurs et les plongeuses de Yési, les pêcheurs de coraux ou d'éponges, se font tatouer tout le corps dans l'espoir d'effrayer les poissons qui s'attaquent à l'homme. C'est un moyen de reconnaître la secte des individus, s'ils meurent subitement pendant leurs occupations, loin de la famille.

Dans la Birmanie, située au nord-ouest de l'Indo-Chine, les indigènes se tatouent en noir et en rouge. Le tatouage noir est commun à tous et constitue, en quelque sorte, le vêtement national; le rouge sert à tracer des figures magiques sur les bras, la poitrine et les jambes, déjà illustrés de dessins noirs, pour éloigner les maladies, suivant la croyance populaire. On peut avoir une idée de ce tatouage compliqué par le portrait ci-joint d'un homme, né à Amoy, sur la côte chinoise, 1871, qui, étant passé en Birmanie, fut pris et réduit en esclavage. Son maître, le considérant comme un joyau rare, le soumit à un tatouage particulièrement soigné qui n'exigea pas moins de trois mois de travail. A l'exception du nez et de la plante des pieds, son corps entier fut couvert d'illustrations représentant des animaux bizarres et mystiques, des armes, des objets de fantaisie et quelques mots en caractère birman.

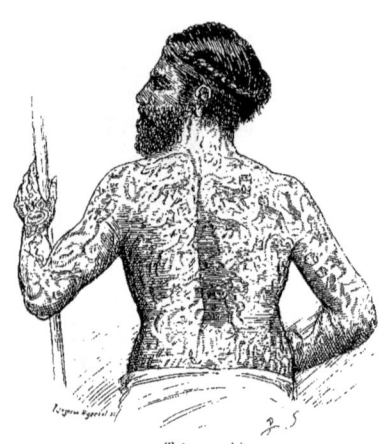
Tatouage birman.

Il s'appelait Albanèse Constanti. (Voir l'article de M. Hector Gamilly. *Journal des Voyages.*)

Dans nos armées, le tatouage reste limité aux soldats; il n'en est pas de même en Angleterre. Lorsque les deux petits-fils de la reine Victoria firent leur tour du monde, en 1882, sur le navire l'*Inconstant*, les jeunes altesses et quelques-uns de leurs compagnons subirent, au Japon, un tatouage dont l'opération fut décrite par un officier du bord. « Pénible, dit-il, curieuse et procurant la beauté pour toujours, cette décoration est faite par un marqueur de peau autorisé et diplômé; sa maison est remplie d'images fantastiques : dragons vomissant des flammes, poissons ailés, oiseaux fabuleux, monstres humains qui s'en disputent les murailles. Le client couché sur une natte, la tête appuyée contre un petit billot, fume une pipe bourrée d'un léger narcotique et abandonne

Maison d'un maître-marqueur au Japon.

son bras au maître de l'établissement qui, avec un poinçon *ad hoc*, commence son travail, tandis qu'une jeune dame chante des airs mélancoliques et qu'une autre prépare les poudres qui doivent être répandues dans les plaies. Le sang des piqûres est enlevé avec une spatule ou essuyé avec la main. »

Sur la demande des voyageurs, les tatoueurs, en général au nombre de trois ou quatre, se rendent à domicile avec des albums contenant des modèles à choisir aussi étranges que variés ; ce sont des fleurs, des figurines, des trophées d'armes, des pavillons américains ou français, le *God save the Queen* au milieu d'étoiles ! Quand, par hasard, le sang du patient, embrouille le dessin, l'un des artistes se précipite pour l'étancher avec ses lèvres et non avec sa main, en signe de respect.

Quant aux marques que nos soldats, nos marins, nos ouvriers se font imprimer sur le corps comme souvenir d'un

Tatouage populaire.

événement capital de leur existence, ou comme symbole de leur métier, de leurs opinions politiques et religieuses, des sociétés secrètes auxquelles ils appartiennent et de leurs sentiments intimes, on les obtient en piquant la peau avec une aiguille et en versant sur la blessure de la poudre à canon que l'on brûle sur place. L'encre de Chine et le vermillon, quelquefois employés, laissent des empreintes moins durables.

Un professeur de tatouage qui avait l'habitude d'opérer à Marseille, ayant été enfermé pour vol à la prison de Poissy, le directeur constata sur lui un si grand nombre de gravures, qu'il fallut trois heures pour les détailler et quatre feuilles de papier écolier pour les annoter.

On cite, parmi les excentricités de ce siècle, le testament d'un aventurier américain. L'auteur, riche, célibataire et prudent, au moment d'entreprendre un voyage périlleux, fit inscrire sur sa poitrine, en caractères ineffaçables, ses dernières volontés. Elles furent reconnues valables et exécutées en temps et lieu.

Voici une anecdote curieuse au sujet de Bernadotte, fondateur de la maison royale de Suède. L'ancien officier de fortune de Bonaparte n'avait jamais voulu se faire saigner. Un jour qu'il était très souffrant, ses amis insistèrent tellement que l'illustre malade s'y résigna, après cependant avoir forcé le chirurgien de jurer qu'il ne divulguerait à personne ce qu'il verrait. La manche de sa chemise, ayant été relevée, laissa à découvert, imprimé sur le bras: un bonnet phrygien avec cette devise ultra-républicaine : Mort aux rois !

Le paragraphe suivant, détaché d'une revue littéraire et relatif au tatouage des deux princes anglais dont nous avons déjà parlé, pourra intéresser nos lecteurs.

La suprême élégance consiste, de l'autre côté de la Manche, à se faire tatouer. Ne vous récriez pas ! l'exemple vient de haut et nous citons nos autorités.

Le feu duc de Clarence — prince Albert-Victor — et le duc d'York — prince Georges de Galles — se sont fait tatouer au Japon.

Le récit de l'opération se trouve relaté tout au long dans un ouvrage officiel intitulé : *Croisière à bord d'un navire royal* :

« Aujourd'hui 28 octobre, nous sommes rentrés pour déjeuner à neuf heures trente et le tatoueur a terminé nos bras. En trois heures, il dessine un grand dragon bleu et rouge, qui se déroule de l'épaule au poignet.

« L'opérateur pince notre peau entre le pouce et l'index de la main gauche et nous pique avec son instrument qu'il tient de la main droite. Notre tatoueur a le corps tout entier couvert de merveilleux tatouages, qui donnent à sa peau l'apparence d'une étoffe de soie richement brodée. »

Ajoutons que le duc d'Édimbourg a été également travaillé sur diverses parties du corps par un artiste japonais et que plusieurs membres de l'aristocratie anglaise se sont fait tatouer sur la poitrine leurs armes, devises et écussons.

C'est la réhabilitation des torses plébéiens où sévit, avec les ornements d'usage, la classique inscription : « A toi pour la vie, Ernestine ! »

Il y a à Paris, à Lyon, dans les grandes villes maritimes, des individus qui vivent de la profession de tatoueurs. On les connaît par les camarades d'atelier et de régiment, ou chez les marchands de vins qui souvent leur prêtent leur boutique. Ils se servent de fines aiguilles et, tendent fortement la peau pour éviter les trop vives douleurs, l'écoulement du sang et donner plus de netteté à leurs dessins. Le prix de chaque motif, étant environ de 50 centimes, si l'artiste est habile, il peut gagner jusqu'à 100 francs par jour, surtout aux époques des foires, alors que la pratique abonde.

En 1871, à New-York, un *marqueur de peau* très en vogue avait des

Maître tatoueur opérant sur une place publique à Marseille.

planches toutes préparées à l'avance, c'est-à-dire gravées, coloriées, armées de pointes, qu'il appliquait sur la partie du corps à décorer, de sorte que le travail était fait instantanément.

Les sujets représentés par ces hommes ne sont pas toujours, il faut l'avouer, du meilleur goût. Il y a peu d'années, on retira de la Seine un cadavre qui avait sur le bras droit une balance, une pelle, un fléau, le millésime de 1842 et un évêque muni de la crosse sacerdotale. Un autre, retrouvé dans le même fleuve, portait le costume de grand amiral : bottes à revers, aiguillettes, épaulettes, jusqu'au chapeau qu'il portait sous le bras, rien n'y manquait.

Les grades d'amiral et de général sont, du reste, les plus souvent choisis par les gens du peuple.

Deux autres exemples de tatouages étranges ont été publiés par les journaux. Les voici *in extenso*.

« Un ouvrier, qui mourut en 1857 dans un hospice de Paris et dont le buste seul constituait un musée, avait, sur le côté droit de la poitrine, teintés en bleu, une rose et un nom de baptême, au-dessus deux palmiers surmontés d'une main tenant un lis et un bracelet; sur le côté gauche, se trouvait un dragon coiffé d'un casque; sur l'un des bras, une pensée et une grappe de raisin; enfin, sur le pouce de la main droite, s'épanouissait un œillet. »

« Le 10 juin 1887, des mariniers repêchèrent de la Marne un homme tatoué d'une façon vraiment extraordinaire : une cantinière de zouaves était dessinée sur les reins; un poignard semblait traverser le côté gauche de la poitrine; un cœur, un bracelet, un poids de 20 kilos, un soldat, une femme assise sur une chaise, un mousquetaire, deux mains entrelacées tenant des stylets, une pensée, les initiales L T et d'autres signes, se trouvaient sur les épaules, le dos, la poitrine, les jambes et les bras de ce malheureux. »

On a observé que les individus appartenant à certaines classes de la société et livrés à de rudes travaux ou dont l'humeur était grossière, avaient la passion du tatouage et en supportaient aisément l'opération douloureuse.

Les physiologistes ont vu, dans ce fait matériel, la preuve d'une insensibilité physique qui, pouvant avoir une influence directe sur le moral, pousserait les hommes de cette nature à des actes sanguinaires sans qu'ils en eussent une notion exacte.

Les premiers chrétiens de l'Orient, selon Procope, étaient tatoués. Loin de s'élever contre le tatouage, le catholicisme semble l'avoir encouragé. On en trouve la preuve dans la plupart des lieux de pèlerinage. En Palestine, ceux des habitants qui ont embrassé notre religion ont tous, sur la main ou dans l'intérieur, un signe de la passion, afin qu'on voie immédiatement à quelle croyance ils appartiennent, ou pour les ensevelir selon leurs désirs, s'ils venaient à succomber sans témoins dans le désert, victimes d'un crime ou par accident.

En Italie, la coutume du tatouage s'est perpétuée par suite de l'intensité du sentiment pieux. Aux environs de Naples, les catholiques portent surtout les images du Saint-Sacrement, du crucifix ou d'une tête de mort;

on préfère, en Calabre, le monogramme du Christ surmonté d'une croix.

Lors de la première croisade, toutes les étoffes et les vêtements rouges furent mis en pièces pour façonner le signe de notre rédemption que devait avoir chaque pèlerin; mais comme le drap ne suffisait pas au nombre des croisés, beaucoup se firent marquer, au fer rouge, une croix sur l'épaule.

Les *maîtres-marqueurs* attachés aux stations saintes exécutent souvent leurs sujets avec tant d'art que ce sont de véritables trompe-l'œil. Thévenet raconte qu'un jour, dans les rues de Jérusalem, il fut arrêté par un homme d'une figure souriante qui voulait à toute force lui faire un tatouage pour constater qu'il était venu en Terre-Sainte. Il lui montra des modèles très bien faits, tels que des croix grecques et latines, un fer de lance, des clous et autres emblèmes du supplice de Notre Seigneur. Thévenet résista cependant, malgré un certificat exhibé par l'obséquieux personnage, attestant que le prince de Galles s'était laissé imprimer sur le bras, le 3 avril 1862, une croix de Malte.

Anciennement, cette mode était le privilège de groupes ethniques, tandis qu'aujourd'hui on ne le remarque que sous forme erratique et à titre de souvenir d'une vieille tradition. C'est avec ce caractère qu'il persiste dans les classes inférieures, dans certains corps de métier et quelques associations politiques ou charitables.

Au siècle dernier, les sages-femmes des hôpitaux tatouaient les nouveau-nés, pour permettre plus tard aux mères qui les abandonnaient de les reconnaître et de les reprendre.

Beaumarchais rappelle cette habitude dans le *Mariage de Figaro* : « Monseigneur, répond le fils de Marceline au comte Almaviva, quand les langes à dentelle, les tapis brodés et les joyaux d'or trouvés sur moi par les brigands, n'indiqueraient pas ma haute naissance, la précaution qu'on a prise de me faire des marques distinctives, témoigneraient assez combien j'étais précieux. » Une spatule était dessinée sur son bras.

Les peintures et les enduits coloriés, moins répandus que le tatouage par incision, viennent cependant rivaliser avec lui dans les embellissements corporels imaginés par les hommes. Pour beaucoup, ces substances augmentent la beauté tout autant que les cicatrices enluminées, et offrent même le grand avantage de pouvoir varier les effets à l'infini sans causer aucune souffrance. Dans le nouveau continent, cet usage était le seul pratiqué et, sur les bords de l'Orénoque, c'était un signe obligatoire d'opulence ; aussi, disait-on avec mépris, d'un malheureux dont on voulait indiquer l'extrême misère, qu'il n'avait même pas les moyens de se peindre la moitié du corps. Dans ces régions, les deux sexes éprouvaient une sorte de honte à se laisser voir sans couleur, un sentiment de pudeur s'y opposait.

Les Peaux-Rouges peignaient leurs prisonniers de guerre destinés au supplice et leurs morts dont ils dissimulaient la pâleur cadavérique avec du vermillon. Ils n'avaient garde d'oublier de mettre près du défunt un pot de rocou pour qu'il puisse se parer en arrivant devant *le grand chef des terres inconnues*. Schiller s'inspira de cette pensée en disant : « Donnez-lui des couleurs vives pour peindre son corps, afin qu'il brille d'un beau rouge au pays des âmes. »

Les Indiens poussent l'amour de l'art jusqu'à l'exercer sur leurs chiens et leurs chevaux.

Quand ils perdent un de leurs parents, ils en prennent le deuil soit en se barbouillant de charbon, soit en s'appliquant sur la figure un dessin noir imitant un treillage.

Les peintures d'apparat, chez les Sioux, exigent parfois beaucoup de temps : la toilette d'un élégant, commencée à huit heures du matin, est à peine terminée le soir.

Une vieille coutume contraignait ceux qui se séparaient de la nation mère pour former une nouvelle famille, d'adopter des variétés dans les peintures corporelles et les ornements du costume.

Les anciens Mohaves des Montagnes Rocheuses, d'une taille gigantesque, offraient une image des plus bizarres. Peints, depuis les cheveux jusqu'à la plante des pieds, en blanc, en jaune, en rouge ou en bleu, ils surveillaient sans cesse leur toilette au moyen de petits miroirs suspendus à leurs poignets. Quelques-uns n'avaient pour vêtements que des dépouilles de rats et de lièvres.

A l'est de la Nouvelle-Californie, dans la partie arrosée par le Rio-Colorado, les habitants qui ont la peau cuivrée, tracent sur leur figure, avec du charbon, une raie perpendiculaire du front au menton. Leur épaisse chevelure pend sur le dos, divisée en tresses retenues par de l'argile mouillée. L'état constant de bonne humeur de ces sauvages donne à leurs traits, malgré la décoration qui les enlaidit, un air séduisant. La plupart des femmes se peignent les lèvres en bleu et ornent leur menton, d'un coin de la bouche à l'autre, de points de même couleur.

Les Carijonas, petite tribu au sud du Venezuela, ne partent jamais en voyage sans enduire leur corps d'une couche épaisse de rocou et de génipa, afin, disent-ils, d'avoir moins chaud. Ce sont leurs épouses qui se chargent de cette besogne et à peine l'ont-elles terminée, que les coquettes s'enduisent à leur tour avec le reste de l'onguent.

Le rocou forme l'article principal de la toilette des Yahuas des Andes. Hommes et femmes s'en couvrent de la tête aux pieds. L'emploi de ce fard éblouissant donne aux Indiens, dont le crâne est scrupuleusement rasé, l'apparence de gigantesques homards cuits. La prunelle des femmes pétille de mille feux et leurs dents blanches se détachent du fond rouge de leur visage, comme autant de perles de rosée sur un large coquelicot.

Pour préparer cet enduit, on jette dans un récipient rempli d'eau des graines de rocou qu'on

Indien de l'Amérique du Nord avec ses peintures de guerre.

écrase avec un pilon. Le jus passé au tamis est reçu dans une marmite placée sur le feu où on le remue sans cesse ; après quelques heures d'ébullition, on a une pâte épaisse, d'un rouge intense, légèrement huileuse, dont on fait des pains analogues à ceux que les créoles obtiennent avec les amandes pilées de cacao. Au moment de s'en servir, on verse un peu d'huile dans la paume de la main que l'on passe ensuite sur le bâton de rocou ; celui-ci se dissolvant au contact de la matière grasse, il suffit de passer la main sur le corps, pour le rendre rouge comme un habit de cardinal.

Les femmes de Cumana (Venezuela) répandent sur toute leur personne une résine noire, provenant d'une espèce de caoutchouc qui, employé au sortir de l'arbre à l'état liquide, fonce et durcit à l'air; elles y appliquent ensuite des figurines jaunes ou blanches d'un effet singulier, ou des plumes de diverses couleurs.

L'habitude de se peindre, dans certaines peuplades du Pérou, quoique commune aux deux sexes, est plus générale chez l'homme que chez la femme. Le rouge est affecté au visage, le noir aux autres parties du corps qui est sillonné de grecques, de losanges, de zigzags et d'imitations de broderie. Un grand nombre de sauvages à l'aide de dessins coloriés figurent des cothurnes s'arrêtant à la cheville, des bottes à l'écuyère montant aux genoux, ou des justaucorps ouverts sur la poitrine et festonnés autour des hanches. Les plus modestes se contentent de gants ou de mitaines simulant les mailles d'un filet.

En dehors de ces ornements pour les temps ordinaires, les hommes se font, les jours de fête, des arabesques d'un ordre plus compliqué, qu'ils fixent par un procédé d'estampage pareil à celui qu'employaient les Étrusques pour leurs poteries. A ces parures viennent se joindre des perles blanches et noires, des colliers emboîtant le cou et descendant sur la poitrine comme le rabat des pasteurs protestants, des anneaux en coton tressé sur les membres mêmes et qui retiennent des crins, des dents de singe ou de brillantes écailles azurées provenant d'un poisson spécial à l'Amazone.

Lorsque Schouten doubla, pour la première fois, le cap Horn, en 1616, auquel il donna le nom de sa ville natale, les habitants pratiquaient la coutume de se peindre de diverses manières. Les uns avaient le visage, les bras ou les jambes rouges et le reste du corps au naturel ; les autres étaient noirs d'un seul côté avec les yeux entourés d'un cercle blanc.

Ces pauvres gens, presque nus, malgré la rigueur du climat, n'avaient pour vêtements que des petits morceaux de fourrures et pour bijoux, quelques coquilles autour du cou et une arête de poisson à la cloison du nez. Les femmes chargées des plus rudes travaux du ménage, passaient une grande partie du jour dans l'eau, à réparer les engins de pêche et les bateaux de leurs maris.

Enfin, les Patagons, aux jours de gala, se font aussi des peintures d'un effet étrange.

Si nous avons dit précédemment que le tatouage tenait une place secondaire dans la toilette des Africains, c'est que les peintures y occupent la première. Les jeunes filles surtout y ont recours pour s'embellir. A Sakatou, elles teignent leurs dents, leurs mains, leurs ongles et leurs pieds, en rouge. Celles de Nyffé font mieux encore : elles en arrivent, par l'emploi des caustiques, à avoir les sourcils et les cheveux bleus, les cils noirs, les dents jaunes, les lèvres, les mains et les pieds écarlates. Cela passe pour le *nec plus ultra* de l'élégance ; la peau rosée n'y excitant que la pitié, la terreur et l'étonnement.

Lors d'une éclipse de soleil ou de l'apparition d'une comète, la population nègre d'Assinie (pays situé entre la Côte d'Ivoire et la Côte d'Or) frappée de terreur, se frotte tout le corps d'argile blanche espérant ainsi apaiser les dieux.

Patagon paré pour une fête.

Dans la province de Fernando-Po, la fiancée, le jour de son mariage, plie sous le poids des anneaux, des guirlandes de fleurs et des bandelettes d'étoffe qui la parent. Couverte d'un vernis d'une odeur pénétrante, elle ressemblerait à une momie, si sa figure couverte d'un blanc mat, en signe de pureté, ne lui donnait encore un air cent fois plus étrange.

Les femmes Kabyles augmentent par artifice la teinte foncée de leurs cheveux, de leurs sourcils et de leurs cils. Elles se servent en outre d'un fard particulier dans lequel la salive tient un rôle important.

Ce fard est composé de gomme laque rouge qui, réduite en poudre, est mélangée avec de l'alun en parties égales et des raisins secs écrasés, le tout humecté de salive qu'on obtient à profusion en mâchant de l'écorce de noyer.

Roulée dans une matière odorante, cette pâte devient un opiat dont on se frotte les joues, les lèvres et les mains.

Les jeunes filles exagèrent un peu cette peinture qui contraste avec le bistre naturel de leur peau d'une manière choquante ; les matrones, au contraire, plus expertes, en usent avec tant d'art, que leur incarnat ressemble à celui de l'adolescence.

Utiles et luxueuses, les pommades employées journellement par les

Africains en protégeant le corps contre les ardeurs du soleil, rendent la peau brillante et grasse, deux si grands avantages, que le plus gracieux compliment qu'on puisse adresser aux femmes est de leur dire qu'elles sont luisantes à l'excès.

Dans l'intérieur du Soudan, les hommes se servent d'un enduit qu'ils conservent dans des œufs d'autruche et dont ils usent largement. Le meilleur genre est de s'en mettre un morceau sur la tête et de le laisser fondre sur le corps qu'il couvre peu à peu. D'autres se l'appliquent avec une grande plume qu'ils ont constamment sur eux, renfermée dans une corne de buffle, en guise d'étui.

Les Hottentotes se *boughouent*, c'est-à-dire étendent sur leur peau de l'huile qu'elles saupoudrent d'ocre rouge ou d'une poussière verdâtre, changeant à volonté l'aspect de leurs attraits.

Leur nez, affreusement camus, ne doit pas cette forme à la nature, mais aux soins que les parents prennent de l'aplatir à leurs enfants dès l'âge le plus tendre.

En Océanie, il n'est pas rare de rencontrer le cumul des peintures et des tatouages. La couleur la plus en vogue chez les Mélanésiens est le vermillon pour les gens du commun et le jaune pour les hauts dignitaires et les princes.

Avant d'aller à la danse ou de faire des visites à ses amis, tout Australien, qui tient à sa réputation d'homme bien appris, trace, sur sa poitrine et sur ses jambes, des lignes rouges et blanches se croisant en lacet. Pour combattre, il se couvre d'une matière colorante où domine le jaune clair.

Les Néo-Zélandais s'étudient à donner à leur chevelure le ton écarlate, d'une façon permanente.

Dans la Malaisie, les plus courageux, en récompense d'un fait d'armes, ont seuls le droit d'être tatoués. Le vulgaire se teint des pieds à la tête. Les femmes, ne jouissant pas du même privilège, ne peuvent se peindre que la main gauche ou la moitié de la main droite.

Le safran indien, d'un beau jaune paille et d'une odeur agréable, vient se joindre, dit Dumont d'Urville, à cent autres procédés employés par les jeunes filles de Java pour plaire à leur prochain.

Voici, du reste, le portrait d'une Malaise décrit par un poète grand ami des hyperboles.

« Son visage a l'éclat de la lune, le soleil est éclipsé par sa présence, elle en a dérobé les rayons. Elle est tellement belle qu'on ne peut définir sa beauté; rien ne manque à sa taille. Ses cheveux, lorsqu'ils sont déroulés, tombent à ses pieds en boucles ondoyantes. Ses yeux sont étincelants, son nez est aquilin, ses dents sont noires, brillantes et bien rangées. Ses lèvres sont de la couleur de l'écorce du mangoustan; ses joues ressemblent à un fruit arrondi; ses bras sont comme un arc; ses doigts, longs et flexibles, ressemblent à l'épine des forêts; ses ongles sont des perles; sa peau est d'un jaune éblouissant; son pied est aplati sur la terre, sa démarche est majestueuse comme celle de l'éléphant! »

Cette dernière comparaison n'est peut-être pas très heureuse : le géant des pachydermes représentant plutôt la force qu'une gracieuse désinvolture.

Imitant une sorte de culotte courte, les insulaires de l'Archipel des Navigateurs se colorent en bleu depuis les hanches jusqu'aux genoux.

Chinoise avec sa grande épingle de fiancée dans les cheveux.

Les Chinoises détruisent de bonne heure leur originale beauté par les fards dont elles abusent; suivant leur goût, elles ont tantôt le visage entièrement blanc ou tout rose. Elles commencent l'étude du maquillage dès l'âge de sept ans, aussi, rien n'est plus hideux que leur aspect, quand elles sont vieilles. L'embonpoint excessif recherché par les hommes et signe d'une belle prestance est, au contraire, très redouté des personnes du sexe féminin qui placent leur idéal dans la souplesse : « Une femme doit ressembler à un jeune saule et en avoir la flexibilité ».

C'est surtout le jour de son mariage que la Chinoise déploie la plus grande élégance : imprégnée de musc, parée d'habits somptueux brodés d'or et d'argent, maquillée de rouge, de noir, de bleu; mystérieusement enveloppée d'un voile qui la dérobe aux regards indiscrets, l'épousée est reçue, au seuil de la demeure conjugale, par son mari qui ne l'a pas encore vue. Ses longues nattes diaprées de pierreries et de fleurs, sont traversées par une épingle d'argent qui, en Chine, a la même signification que la bague d'alliance en France; dès qu'elle est fiancée, la jeune fille doit porter cette épingle, preuve évidente de l'engagement de sa foi. Du reste, on reconnaît vite par sa coiffure, la situation morale d'une Chinoise. Avant le mariage, elle a les cheveux relevés sur le front en forme de croissant et nattés par derrière en une longue tresse tombant jusqu'à terre. Le lendemain des noces, elle se fait un chignon appelé « à la théière » qui est souvent orné de fleurs naturelles ou artificielles, suivant la saison. Lorsqu'une femme devient veuve, elle se rase une partie de la tête et porte le reste de ses cheveux dans un réseau soutenu par une forêt d'épingles. Ces modes ne sont pas les mêmes pour tout l'Empire; dans quelques provinces, on décore la chevelure d'un éventail en papier ou on l'enveloppe de bandelettes de coton bleu, surmontées d'un oiseau, qui rappelle la coiffure des Égyptiennes dite « à la pintade ».

L'époux, à son tour, pour la cérémonie de ses noces, endosse une tunique de satin rouge avec une large écharpe en sautoir. Il pourrait toutefois, s'il le voulait, prendre l'habit de mandarin, puisque les lois le lui permettent, preuve de l'estime des législateurs pour l'institution du mariage et le symbole de l'autorité absolue du mari dans son ménage; car, si pauvre soit-il, tout Chinois est mandarin dans sa maison; ce qui revient à notre dicton : « Charbonnier est maître chez lui ».

Les Japonaises, imitant les Chinoises, font, elles aussi, un usage immodéré de cosmétiques. Leurs cheveux reluisent d'huile de camélia, leur front est couvert de céruse, leurs joues sont colorées avec les coroles du carthane, leurs lèvres sont enduites de carmin, et souvent elles appliquent sur cette partie de leur visage, une dorure qui produit le plus étrange effet.

Comme bijoux, elles ne font guère usage que d'épingles de grande dimension, en bambou, en écaille ou en métal, pour soutenir leur volumineuse chevelure.

La blancheur et la petitesse des dents sont une de leurs beautés; il est fâcheux qu'elles les cachent aussitôt mariées, sous une couche de laque noire cent fois plus choquante que la dorure des lèvres. Cette couleur donnée aux dents est l'indice d'un abandon complet des vanités humaines : le seul désir de l'épouse japonaise devant être désormais de plaire à son mari par un bon caractère et des qualités morales.

Elles ont toutes une foule de sachets odorants cachés sous leurs habits : leurs mouchoirs en papier les empêchant de faire usage de parfums liquides.

La coquètterie des dames riches est d'avoir soin, en arrangeant les robes successives dont elles se parent, de laisser passer, autour du cou, la lisière de chacune d'elles, de façon qu'on puisse en apprécier le nombre.

Leur ceinture est souvent d'un grand prix ; c'est entre les plis de ce morceau de tissu ou dans des poches dissimulées sous les longues manches des robes, que les Japonaises renferment une foule de menues choses et une quantité de carrés de papier soyeux servant à essuyer une tasse à thé, à tenir la tige d'une fleur mouillée, ou à ramasser un insecte. Aussitôt souillés, ces petits papiers roulés en boules sont jetés au dehors ou, si le moment n'est pas propice, mis en réserve en attendant une occasion favorable pour s'en

Japonaise avec ses épingles de bambou et de métal.

débarrasser. Dans un dîner l'habitude étant, pour les invités, d'emporter ce qu'ils ne peuvent manger, c'est encore dans les manches que, après avoir été enveloppés de papier, sont déposés les mets délicats : gâteaux, bonbons, confiserie, etc., qui ne peuvent être confiés aux paniers apportés par les domestiques.

La femme mariée attache sa ceinture par devant, celle qui ne l'est pas, par derrière; mais le nœud en est toujours immense et fait avec le plus grand soin.

Aux îles Kouriles, près du Japon, les jeunes filles Aïnos dessinent, au-dessus de leur lèvre supérieure, une sorte de moustache rouge, parure obligatoire, qui ne les embellit guère aux yeux d'un Européen; elles ont, en guise de boucles d'oreilles, des lambeaux d'étoffe écarlate, couleur sauvage par excellence, et portent, comme les hommes, des jupons en écorce d'arbres.

Il se débite, dans l'Inde, une énorme quantité de pommades colorantes qui servent à imprimer des signes héraldiques sur la figure, les bras et la poitrine. Les adorateurs de Vichnou, conservateur de l'Univers, tracent sur leur front une ligne noire ou jaune horizontale ; ceux de Siva, dieu de la Mort, la même ligne en sens vertical ; certains sectaires se distinguent par un cercle rouge entouré d'un cercle jaune au milieu des joues ; d'autres, par une phrase des livres sacrés ou des emblèmes religieux. On se sert aussi, dans les grandes occasions, d'une poudre obtenue avec de la *bouse de vache* séchée et brûlée ou de poussière de santal mêlée avec du safran, ce qui complète la parure de cérémonie.

Les femmes ont adopté des procédés semblables et, en outre, elles inondent abondamment d'huile de coco, leurs cheveux qu'elles laissent pendre en longues tresses. Le mélange de noix d'arec et de chaux dont elles sucent toujours une parcelle, colore leurs lèvres et leur langue en rouge vif, ce qui constitue un agrément de plus aux yeux de leurs admirateurs.

A Bagdad, la grande mode est d'avoir la bouche peinte en bleu et à Alep de se noircir les gencives et les lèvres.

Quelque sauvages que puissent nous paraître toutes ces coutumes, il faut bien reconnaître qu'elles ont été pratiquées dans l'antiquité par la plupart des peuples civilisés. Nous savons, grâce à la *Cyropédie* de Xénophon, que le vieil Astyage se maquillait chaque jour et qu'avec ses yeux enluminés, sa figure fardée, sa barbe de jais et son abondante perruque adaptée avec art, il s'attira l'admiration de son petit-fils Cyrus qui le déclara le plus beau des Mèdes.

Les Juives rehaussaient, par des moyens artificiels, les charmes que le ciel leur avait si libéralement accordés ; ce n'était pas sans justice que le sévère Ezéchiel leur reprochait de se baigner dans des eaux de senteur, de couvrir leurs joues de carmin et de se surcharger d'ornements.

Racine ne fait-il pas allusion à ce goût en parlant de la beauté empruntée de Jézabel. Les Hébreux, d'ailleurs, eurent toujours des tendances luxueuses ; dans tous les temps, ils recherchèrent l'or et les pierres précieuses pour leurs bijoux. C'est avec les pendants d'oreilles, les bracelets, les ceintures de leurs femmes et de leurs filles qu'ils fabriquèrent le veau d'or dans le désert et avec des offrandes de ce genre que Moïse trouva, plus tard, le moyen d'édifier le Tabernacle, l'arche sainte, le chandelier à sept branches et les divers objets du culte.

Parmi les richesses des enfants d'Israël, les historiens ne manquent jamais de mentionner leurs nombreux *vêtements de rechange*.

Les Égyptiens huilaient simplement leur corps pour lui conserver son élasticité, mais les femmes prenaient d'autres soins dans les détails de leur toilette. Elles se peignaient en noir les sourcils et les paupières pour faire paraître leur regard plus langoureux. Le kohl, nommé alors *stein*, qui servait aux filles des Pharaons, était une préparation d'antimoine ou de plomb. Dès que l'aiguille d'ébène avait tracé le cercle noir autour des yeux on mettait, mode bizarre, une ligne verdâtre sous la paupière inférieure, puis on ajoutait du blanc et du rouge sur les joues, du bleu sur le front pour en accuser les veines, du carmin aux lèvres, du henné aux mains, qui leur donnait une teinte orangée, ainsi qu'on le vit plus tard chez les Mongoles.

Juive fardée à l'antimoine avec les sourcils et les cils peints.

D'après Rimmel, les Egyptiens modernes fabriquent leur kohl avec la fumée provenant d'amandes amères brûlées ou celle d'un encens appelé liban. Un petit sac renfermant le fard et l'aiguille qui sert à l'appliquer ne quitte jamais les beautés du Caire qui ne pourraient s'en passer. C'est un des premiers présents que les maris font à leurs compagnes le lendemain des noces.

Les Grecques, reputées si belles et si gracieuses, avaient encore d'autres secrets. Elles se parfumaient les pieds et les mains avec de fines essences, les cheveux avec de la marjolaine, les genoux et le cou avec du serpolet, les épaules et la poitrine avec de la poudre d'hyacinthe ou de jaspe indien.

L'entrée de la pièce où les dames s'habillaient et se maquillaient était interdite aux amis, voire même au mari. « Les dieux, dit Homère, ne pouvaient assister à la toilette des déesses. »

Les boutiques des fabricants d'opiats, à Athènes, étaient un lieu de rendez-vous, comme le sont actuellement les cafés dans l'Europe méridionale. Les intrigues politiques ou mondaines s'y nouaient, tandis que s'y continuaient les discussions philosophiques commencées dans les jardins d'Académus. Plusieurs écrivains anciens font mention d'un certain Péron, sans égal dans l'art de composer des parfums exquis. L'ouvrier qui excellait dans son métier pouvait prétendre à l'immortalité. L'antiquité nous a laissé les noms d'un tisserand et d'un brodeur célèbres par le talent qu'ils montrèrent en faisant un magnifique voile destiné à parer la statue de Minerve *poliade* à Athènes.

Égyptienne tatouée et fardée.
(Atlas archéologique de la Bible.)

On voit dans le traité des parfums, d'Apollonius Hérophile, que les cosmétiques venaient de tous pays. C'étaient le lait d'iris d'Élis, l'élixir de rose de Naples ou de Capoue, le safran de Rhodes, l'extrait des feuilles de vigne de Chypre, l'essence de pommes de Cos, la pâte d'amandes d'Égypte et quantité de produits exotiques.

« Les femmes, au sortir du lit, après avoir fait leur visage, s'occupaient de leur chevelure qu'elles teignaient en noir d'ébène ou en couleurs aux reflets changeants comme ceux du cou de la colombe, ou azurés comme les cieux, ou verts comme les ondes de la mer, ou blonds comme le miel de l'Attique; ensuite, elles la saupoudraient d'or, de blanc, de noir, de rouge en rapport avec les sourcils peints ou naturels, compagnons inséparables d'un joli visage. » (*Lucien.*)

Les peuples de l'Attique interprétaient comme un signe de valeur la peau brune d'un garçon, et appelaient « enfants des dieux » ceux qui étaient avantagés d'une peau blanche. Chez eux, la beauté était un mérite suffisant pour parvenir à la gloire. L'histoire ne manque pas de relever cette qualité physique dans une infinité de personnages qui la possédaient.

On y prit l'habitude de désigner par des surnoms les gens à cause même d'une seule partie remarquable de leur figure; c'est ainsi que les belles paupières de Démétrius de Phalère le firent appeler : *charitoblepharos*, c'est-à-dire : « celui sur les paupières duquel siègent les grâces ».

Le poète latin Properce reproche à ses concitoyens d'imiter les Barbares en colorant leurs cheveux avec des herbes étrangères. Un enduit belge, dit cet auteur, fait mauvais effet sur une tête romaine et l'on ne doit point

Grecque à sa toilette.
(Peinture de vase antique.)

songer à s'embellir en se couvrant les tempes d'indigo. Voici la traduction d'une épigramme composée par le poète latin Martial contre un vieillard qui se noircissait les cheveux :

> Quelle métamorphose insigne !
> Tu fais un singulier oiseau :
> Hier tu me semblais un cygne,
> Aujourd'hui te voilà corbeau.

La Rome antique admettait cependant que les triomphateurs se peignissent en rouge le jour de leur ovation. Le kohl, généralement employé, s'appelait alors stribium. C'est ainsi qu'au IIIe siècle, saint Cyprien, évêque de Carthage, colonie de l'Empire, put reprocher à ses pénitentes de se peindre les yeux, leur enjoignant de préférer le collyre du Christ au *stribium du diable*.

Les Ariès, anciens habitants du pays situé entre la Varte et la Vistule, qui ne combattaient que la nuit, se barbouillaient entièrement de noir, ce qui les rendait encore moins visibles.

En Gaule, les femmes, pour entretenir la fraîcheur de leur peau, se lavaient avec de l'écume de bière ou avec de la craie délayée dans du vinaigre. Elles brunissaient leurs sourcils avec de la suie, rougissaient leurs joues avec du vermillon et enduisaient leurs cheveux de chaux pour les avoir roux. Les hommes se tatouaient peu, mais ils recouraient également aux couleurs en diverses occasions. Afin de se donner un air terrible dans les combats, ils peignaient leur chevelure en écarlate, au moyen d'un mélange d'huile et de cendre de hêtre, et se bariolaient le corps soit en rouge, soit en bleu, avec de l'ocre ou une matière tinctoriale fournie par l'*isatis* ou *pastel*, pour que l'ennemi ne vît pas le sang couler de leurs blessures. Cette plante, le pastel, cultivée avec succès dans le Languedoc, jusqu'au XVIe siècle, y fut l'objet d'un immense commerce qui enrichit tout le pays et, comme on le vendait en pains coniques appelés *cocagnes* (du celte *cocaigne*), on prétend que le mot resta pour désigner la localité qui le produisait spécialement et signifia dans la suite un lieu d'abondance et de bien-être.

La renommée du pastel remonte, comme on le voit, à la plus haute antiquité. Théophraste, qui vivait 300 ans av. J.-C. en fait mention, et Charlemagne le cite dans ses *Capitulaires*. Au XIe siècle, on l'appelait *guestre* ou *glass*.

Les femmes du nord de l'Europe s'en servirent pour brunir leurs cheveux blonds et les teinturiers de Rouen, qui l'employèrent beaucoup sous le nom de bleu de Perse ne le délaissèrent qu'à l'importation de l'indigo par l'Amérique ; c'est donc le pastel qui donna, pendant tout le moyen âge, la teinte préférée pour les vêtements des deux sexes. De ce dernier fait l'on peut conclure, comme Quicherat, dans l'*Histoire du Costume en France*, que nos ancêtres, si habiles dans la confection des étoffes, y reproduisent les teintes et les dessins que leurs devanciers avaient imprimés sur leur corps et dont ils avaient conservé religieusement la tradition.

CHAPITRE II

DÉFORMATIONS ET MUTILATIONS AU POINT DE VUE DE L'ESTHÉTIQUE

Perforation des oreilles en Patagonie.

CHAPITRE II

DÉFORMATIONS ET MUTILATIONS AU POINT DE VUE DE L'ESTHÉTIQUE

Sommaire. — De l'esthétique et de ses diverses manifestations dans les cinq parties du monde. — Déformation des pieds en Chine. — Compression du crâne chez les Omaguas du Brésil et les Conibos au Pérou. — Écrasement du nez aux Indes. — Mutilation des lèvres au Brésil, au Zambèze et dans l'Afrique centrale. — Ornements des joues au Groenland. — Décoration du nez en Amérique, en Asie et en Océanie. — Perforation des oreilles en Patagonie, aux Indes, au Malabar, à l'île de Pâques, à Santa-Cruz et au Japon. — Cumul des bijoux au Venezuela. — Extraction des dents en Australie; leur coloration en Annam, à Malacca, à Ceylan et en Afrique. — Teinture et dimension des ongles aux îles Philippines, en Chine, à Siam et en Barbarie. — Développement factice des jambes chez les Caraïbes; grosseur phénoménale des femmes du Karagoué. — Hommes et femmes à queues. — De la coiffure. — Enduits et ornements bizarres de la tête en Abyssinie, au Soudan, au Pérou, au Kamtchatka, etc. — De la barbe, des cils et des sourcils. — Bijou frontal aux îles Salomon.

Libre enfant de la nature, le sauvage emploie cependant, plus que tout autre, l'intelligence qui l'élève au-dessus de la bête, à chercher les moyens de déformer l'œuvre du créateur. Généralement sans beauté, à nos yeux du moins, il se donne beaucoup de mal pour augmenter sa laideur et y est parvenu, par les mutilations qu'il inflige à son corps et les appendices gênants dont il le surcharge. Il faut convenir, toutefois, que plusieurs peuples policés ne sont pas exempts de ce travers. Des observations curieuses, dont le nombre égalera la variété, vont nous être offertes en cette nouvelle phase de l'esthétique.

Les parures décrites dans ce livre, ou qui y sont représentées par des gravures, n'ont pas été exagérées, tout extraordinaires qu'elles puissent paraître, et nous pouvons dire que, si quelques-unes ont disparu ou se sont modifiées, par suite des rapports entre les sauvages et les Européens, la plupart existent encore.

Malgré une civilisation remontant à la plus haute antiquité, les Chinois ont encore l'absurde coutume de comprimer les pieds de leurs filles jusqu'à en changer l'aspect et à leur ôter la faculté de se mouvoir. L'affection despotique des maris, paraît-il, en a été la cause première, obligeant ainsi les femmes à rester au foyer domestique.

A quelque classe de la société qu'elle appartienne, jamais une Chinoise ne montre son pied; ce serait l'offenser que de chercher à le voir.

Voici comment on procède pour obtenir cette marque distinctive dans le Céleste Empire : vers l'âge de six ans, les enfants du sexe féminin ont les pieds enfermés dans des bandelettes de toile huilée, le pouce replié sous les quatre doigts qui, eux-mêmes, sont rabattus sous la plante des pieds ;

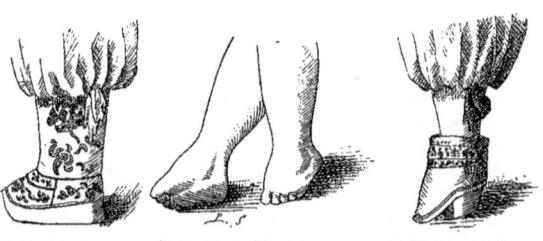

Botte chinoise.   Pieds chinois déformés.   Soulier chinois.

ces bandelettes, étant serrées progressivement, empêchent les membres de se développer et finissent par leur faire prendre la forme du poing. Ne pouvant marcher, les malheureuses mutilées s'avancent en sautillant, tenant les bras étendus pour conserver l'équilibre : on dirait des danseuses de corde munies de leur balancier. Néanmoins, la force d'habitude fait que des jeunes filles se tiennent à cloche-pied des journées entières et exécutent, sans fatigue, les danses les plus difficiles.

Elles jouent volontiers au volant et le reçoivent avec une adresse merveilleuse sur le revers de leurs brodequins, comme sur une raquette.

Pour certaines personnes, la douleur de ce martyre est si aiguë qu'elle occasionne parfois le tétanos; toutefois ajoutons, pour être exact, que cette déformation n'est pas générale dans le pays.

Un Mandchou qui épouse une Chinoise ne la prend jamais avec les pieds difformes.

Les dames qui composent la cour de l'Impératrice ont conservé leurs pieds à l'état naturel. A Canton, on ne sacrifie qu'une fille sur cinq dans la famille. Mais toutes les élégantes portent le brodequin de théâtre appelé pied de biche; haut, court, très élevé de talon, ayant la semelle disposée

Jeunes Chinoises jouant au volant avec leur pied.

de telle sorte qu'on ne peut marcher qu'en s'appuyant sur l'extrémité des doigts, il n'est pas facile de s'en servir; les femmes du peuple elles-mêmes chaussent ce brodequin pour se donner la démarche des dames de haut rang.

Une mode non moins étrange, celle de la déformation du crâne, était en honneur chez les Omaguas, importante peuplade des bords de l'Amazone, qui la conservèrent longtemps après la conquête du pays par les Espagnols. Dès leur naissance, les bébés avaient le front pressé entre deux planchettes rembourrées et comprimé par des ligatures jusqu'à ce qu'ils fussent en état de marcher; de sorte que leur tête, s'allongeant démesurément, figurait bientôt une mitre d'évêque ou un pain de sucre. La vivacité d'esprit des hommes, leur aptitude aux arts et aux sciences prouveraient assez que l'intelligence ne souffrait pas du chan-

Indien Omagua, avec la tête mitrée.

gement infligé à la boîte osseuse qui, agrandissant l'arcade sourcilière, donnait aux yeux un relief extraordinaire.

Jadis, un procédé analogue était pratiqué dans les environs de Toulouse, où les mères modifiaient la nature en pétrissant la tête de leurs nourrissons.

Une autre déformation, en sens inverse, existe chez les Conibos, l'une des plus nombreuses tribus péruviennes, à l'est de la rivière de l'Ucayalé. Voici comment ils l'obtiennent. Le berceau, creusé dans un bloc de bois, est muni d'un petit levier qui, placé à la hauteur de la tête de l'enfant, la comprime et l'empêche de remuer. A cet âge, les os sont très flexibles et le crâne, trois mois après, est aplati pour toute la vie. On ôte alors l'appareil, et la famille, après avoir constaté le succès de l'opération, se livre aux réjouissances.

Indien Conibo à tête aplatie.

Les Macassois, belle population de l'Inde, dont les qualités morales répondent à celles du corps, ont une habitude différente. Leur nez, beaucoup plus épaté que celui des Siamois, constitue pour eux une beauté de premier ordre qu'ils s'efforcent de perfectionner. A peine au monde, les nouveau-nés sont couchés dans un panier où les parents prennent soin, à toute heure du jour et de la nuit, de leur presser doucement le nez de la main gauche, tandis que de la droite, ils le frottent avec de l'huile tiède.

Les Malais poussent plus loin la barbarie. Un long nez ressemblant, disent-ils, à un museau de chien, ils aplatissent celui de leurs enfants au point d'en briser le cartilage. Plus cette partie du visage est large, plus elle leur semble belle.

C'est encore le sentiment de l'esthétique qui a inspiré la mutilation des lèvres. Parlons tout d'abord d'une population brésilienne qui occupe le dernier échelon de l'espèce humaine et habite des forêts vierges où les rayons du soleil ne pénètrent presque jamais.

Les sauvages Botocoudos, rebelles à toute civilisation, se confectionnent des colliers avec les dents de leurs parents morts; ils se font au milieu du front un tatouage blanchâtre qui les préserve, d'après leurs croyances, des maux de tête et se fendent la lèvre inférieure parallèlement à la bouche pour y insérer un disque en ivoire, en pierre ou en bois, à double tête, semblable à un de nos boutons de chemise. Cette ouverture n'a au début que le diamètre d'un tuyau de pipe, mais l'ornement augmentant de grosseur à mesure que la personne vieillit, elle devient si considérable que la lèvre n'a plus que l'apparence d'un anneau mince autour du disque. Si elle se déchire, ce qui arrive fréquemment, on attache avec une liane, les deux morceaux l'un à l'autre et l'on rétablit la parure.

La seconde bouche artificielle formée par cette mutilation bizarre, permet, en ôtant le

Botocoudos avec la botoque verticale.

bijou, d'y passer la langue, plaisanterie grossière que ne manque jamais de faire l'Indien en gaieté. Appelée *botoque, bezote ou barbote*, mot qui signifie, en portugais, *bonde de tonneau*, cette parure, sans laquelle aucune femme ne peut paraître en public, à moins qu'elle ne soit en deuil, se retire pour manger, pour dormir, ou pour parler longtemps, car elle est un obstacle à la prononciation. Dans les provinces de l'Orégon, elle semble constituer pour les vieilles femmes un droit aux hommages; l'une de ces dernières, ayant tous les signes de la décrépitude, semblait si glorieuse du disque enrichi de nacre suspendu à sa lèvre, qu'elle repoussa longtemps les offres des marins désireux de l'acheter, et ne consentit à s'en séparer qu'après l'échange d'une garniture complète de boutons dorés. Dans les luttes terribles que se livrent entre elles ces mégères, elles cherchent surtout à se défigurer avant l'âge en se déchirant la lèvre inférieure. C'est aussi la constante préoccupation du guerrier qui, en arrachant la botoque de son ennemi, le met sûrement hors de combat.

L'idée fondamentale de cet ornement hideux, prend sa source dans un sentiment naturel à tous les peuples sanguinaires : l'homme a cherché à donner à son visage une physionomie plus effrayante et la femme a voulu imiter le type de beauté de son maître.

L'ornement labial semble avoir pris naissance sur les rivages qui regardent l'Asie, en commençant au détroit de Kotzebue et au groupe des îles Aléoutiennes pour se répandre sur toute la côte de l'Amérique, jusqu'au voisinage de la Patagonie. Les substances et les formes les plus diverses ont été adoptées pour cette parure étrange : le bois, la nacre, les os, le jade, les métaux, les plumes brillantes, les serres d'oiseaux de proie, les griffes de quadrupèdes, des fleurs, ont été utilisés tour à tour par les sauvages qui ont un tel amour pour ce genre d'ornement que, faute de mieux, ils mettent dans leurs lèvres des clous de fer et des boutons de cuivre: nous allons donner de nombreux exemples de cette mode.

Botocoudos avec la botoque horizontale.

Les naturels d'une cruelle tribu du Brésil, habitant les forêts de l'île Sainte-Catherine, transforment le trou de leur hideuse parure en sifflet dont ils tirent un son capable de glacer d'effroi les autres hommes. C'est le Bogre féroce qui appelle ses compagnons au pillage de quelque plantation isolée.

Le voyageur Biard vit un chef très âgé se servir de sa botoque en guise d'assiette, et après y avoir coupé une tranche de viande, en glisser doucement les morceaux dans sa bouche.

Parfois les Botocoudos, redoublant d'élégance, ajoutent à l'incision principale deux autres ouvertures de chaque côté des lèvres, qu'ils embellissent de la même manière. Quand ils en ôtent les botoques, la salive coulant à travers les trous béants, inonde leur menton. C'est tout ce qu'il y a plus de répugnant.

En 1550, l'échevinage de Rouen donna une fête brésilienne dans laquelle cinquante Indiens parurent devant la reine Catherine de Médicis avec la parure des lèvres, ce qui fut signalé comme une grande curiosité. Leur botoque était en pierre verte imitant l'émeraude.

Il y a une centaine d'années, les Indiens errants de la province de Moranham se soumettaient à une mutilation encore plus extraordinaire. Ils introduisaient entre leurs dents une petite calebasse évidée dans laquelle ils conservaient des fragments d'aliments.

Cette coutume rebutante avait fait donner à ces naturels le nom de Gamellos.

Les terribles indigènes des rives occidentales du Paraguay avaient remplacé le bâtonnet que leurs ancêtres portaient à la lèvre, par un autre bijou, en souvenir d'un événement qui imposa son nom à l'un des plus beaux fleuves de l'Amérique. Lorsque Aleixio Garcia revint des montagnes de Potosi chargé d'une quantité considérable de monnaies, il fut arrêté dans le bas du Paraguay par les Guayeuros qui le massacrèrent après s'être emparés de ses richesses. Dès lors le fleuve prit le nom de Rio de la Plata et les vainqueurs ornèrent leurs oreilles de deux cercles d'argent et mirent à leur lèvre inférieure un petit stylet du même métal.

On a constaté au XVIᵉ siècle, que les Arianes des mêmes régions, introduisaient dans leur lèvre inférieure un fruit aussi gros et aussi rond que la tête d'un fuseau, ce qui la rendait d'une grandeur démesurée et la faisait pendre affreusement.

Si les hommes des hautes-terres du Zambèze ont des bijoux à tous les doigts, y compris le pouce, et des bracelets aux quatre membres, aucune de leurs compagnes ne voudrait se passer de la bague des lèvres dite *pélelé*. A cet effet, on perce dès l'enfance la lèvre supérieure des filles, près de la cloison nasale, et on élargit ce trou jusqu'à ce qu'on puisse y passer un anneau de quinze centimètres de diamètre. Pour les riches, le pélelé est en ivoire ou en étain et a la forme d'un plat; pour les pauvres, il est en bambou et ressemble à un rond de serviette. On ne saurait s'imaginer la laideur de cette bouche projetée en avant. Le sourire, l'un des charmes de la figure humaine, devient, pour la femme qui porte le pélélé, la cause d'une affreuse grimace, car la lèvre ainsi alourdie, tend les muscles des joues qui se redressent et dépassent les sourcils; alors le nez se voit à travers l'anneau et les dents étant à découvert, montrent le soin qu'on a pris de les tailler en pointe comme celles des chats et des crocodiles. Il est impossible, avec le pélélé, de prononcer les lettres labiales, malgré les efforts que fait la bouche pour se fermer : c'est simplement hideux.

Les naturels de la tribu des Etchéhonas, outre la bague de la lèvre supérieure, décorent la lèvre inférieure d'un brin de chaume ou de bois qui se balance sur le menton.

Femme Mittou ornée du pélélé et de la botoque.

Voici qui est pis encore. Au centre de l'Afrique, la population sauvage des Mittous a trouvé moyen de combiner le pélélé et la botoque. Visant à se faire un véritable museau, les femmes ajustent sur leurs deux lèvres une rondelle d'ivoire, de quartz ou de corne, souvent ourlée de fer, qui, lorsqu'elles parlent avec précipitation, fait entendre un claquement pareil à celui d'un bec de cigogne. Si une de ces élégantes personnes a soif, elle est obligée, pour boire, de relever la lèvre supérieure avec ses doigts et de verser tant bien que mal le breuvage dans sa bouche. Dans les vallées du Haut-Nil, à Kouka, elles adaptent à une de leurs lèvres un gros clou en argent si long que, pour le bien placer, il faut arracher deux des incisives. Les belles de Latooka, province des bords du lac Albert (Nil-Blanc), se font arracher quatre dents de devant, deux en bas, deux en haut, qu'elles remplacent par un tube en cristal poli de la dimension d'un de nos porte-plumes.

On raconte que l'épouse d'un des principaux chefs dit à Samuel Baker, en mission dans le pays : « Lady Baker serait bien plus jolie si elle se faisait arracher les dents et adoptait nos bijoux ».

Comme nous l'avons écrit plus haut, chaque tribu s'efforce à se distinguer des autres par des parures différentes. C'est ainsi que les femmes des Nouers plantent dans leur lèvre supérieure un gros fil de fer long de douze centimètres qui s'avance comme une corne de rhinocéros. Leurs maris, du reste, ne le leur cèdent en rien, quant à l'originalité des ajustements. Ils se teignent les cheveux d'un rouge vif, avec un mélange de cendre de buis et d'urine de vache, ce qui leur donne un air fantastique ; outre leurs lourds colliers de verroteries et les gros bracelets mélangés de morceaux de cuivre et d'ivoire qui entourent le haut de leurs bras, ils ont au poignet droit un cercle de fer muni de pointes qui devient une arme terrible dans les combats. Leur pipe ne les quitte jamais, elle contient une livre de tabac, mais ils la bourrent à l'occasion de charbon de bois, dont la fumée ne les incommode nullement.

Élégante de l'Afrique australe.

Les élégantes de quelques tribus africaines ont, aux coins de la lèvre supérieure et au milieu de la lèvre inférieure, des tiges en métal qui les défigurent d'autant plus que leur coiffure en cornes, surmontant une centaine de nattes raides et huileuses, n'en diminue pas l'effet.

Nous extrayons des mémoires du courageux explorateur Dybowski les lignes suivantes sur les indigènes qu'il visita dans son grand voyage à travers l'Afrique :

« La coquetterie des femmes est excessive, mais qu'elle s'éloigne de nos modes ! Il n'y a, pour s'en convaincre, qu'à regarder les étranges pendeloques de quartz poli et les blocs de plomb que les mondaines du haut Oubangui (près du Congo) et les Langonassis suspendent à leurs lèvres et à leur cou. »

Le cuivre, à cause de sa rareté et de la difficulté de son extraction, sert en ce pays à confectionner des objets de luxe. Les femmes riches s'en font faire des colliers de dimensions phénoménales. Celui que M. Dybowski a rapporté ne pesait pas moins de huit kilogrammes. C'est une véritable cangue, dont une extrême bonne volonté peut seule s'accommoder. Encore est-il d'usage de se le faire river de manière qu'on ne se délivre de ce fardeau que par la mort.

Livingstone ayant demandé au roi ce que devenait le collier d'une femme après son décès, celui-ci sourit et se passant le doigt en travers de la gorge d'une manière significative, lui fit comprendre qu'on lui coupait la tête. Le reste de leur costume est si primitif, rapporte le duc d'Uzès, mort si prématurément et qui séjourna parmi ces naturels, qu'une marchande de modes venant s'installer dans le pays, risquerait fort de faire faillite. Sans industrie réelle, les habitants de ce vaste territoire qui sont généralement pauvres, échangent volontiers leurs volailles et leurs chèvres avec les explorateurs contre un morceau de fer forgé. Pour indiquer qu'ils les donnent, ils déposent quelques poignées de plumes ou de poils aux pieds des visiteurs. Ce sont surtout les verroteries avec lesquelles sont faits de nombreux ornements qui les charment. Les fausses perles roses sont d'autant plus recherchées qu'elles sont plus petites. Les blanches servent à payer l'ivoire.

Femme du Haut-Oubangui avec son collier pesant 20 livres.

Stanley, dans ses récits sur le continent mystérieux, relativement aux parures en usage, nous dit la même chose. Les femmes portent des carcans d'airain qui, chez les plus favorisées, ont huit centimètres et demi de diamètre et pèsent vingt livres. Si le collier n'est pas plus lourd, c'est que le mari n'est pas plus riche. A ce poids viennent s'ajouter six livres de laiton sous forme d'anneaux aux bras et aux jambes. Leur coiffure, une des plus bizarres qu'on puisse imaginer, consiste en trois cornes formées par les cheveux sur le devant de la tête et sur les côtés. Les cornes, du reste, jouent un grand rôle dans l'ornementation des sauvages. Nous en avons plusieurs preuves. La suivante est tirée du *Tour du Monde*.

« Lors du voyage de Baker en Afrique, un chef de tribu lui donna une escorte composée d'Obbos qui se livrèrent, en l'honneur du grand voyageur et de sa femme, à une danse si fantastique qu'il en fut quelque peu effrayé au début, croyant à une attaque soudaine. Ces sauvages, vêtus de peaux de léopard et de singe blanc, avaient des queues attachées au bas des reins,

Danse guerrière des Obbos.

DÉFORMATIONS ET MUTILATIONS.

des cornes d'antilope sur la tête et des barbes postiches fabriquées avec les extrémités de plusieurs queues cousues ensemble. Ils ressemblaient à des diables. »

L'imagination a créé bien d'autres parures extravagantes : les Campos du Pérou, qui ont des lignes incisées sur le visage, ajoutent au bas de leur nez, orné déjà d'épines noires, une pièce d'argent arrondie et convexe descendant sur la bouche et la cachant à moitié; des crins d'animaux et un piquant de porc-épic décorent le menton. Les Siriniris des vallées de Quinquinas se parent de

Indien Campo ou Antis du Pérou.

plumes de perroquet, de bâtonnets fichés dans les lobes des oreilles et autour

Indien Siriniris du Bas-Pérou.

Indien Coerinos du Brésil.

de la bouche. Leurs colliers supportent un ou deux couteaux comme objets précieux. Améric Vespuce dit qu'il rencontra dans ses voyages d'exploration, des guerriers, ayant sur la figure des ergots en corne naturels ou fabriqués, simplement engagés dans un trou fait exprès dans les joues et au menton, tandis que d'autres hommes portaient jusqu'à six pierres parfaitement polies en divers endroits du visage.

Les Galibis et les Emérillons des Guyanes se perforent la lèvre pour y passer une épine ou un petit os ou même une épingle qu'ils remuent constamment avec la langue.

Femme Esquimau avec ses labrets dans les joues.

Les Esquimaux du Mackensie transpercent leurs joues pour y ajouter un bouton nommé *labret* qui n'a rien d'élégant et consiste en un morceau d'os arrondi ou en un caillou grossièrement travaillé.

Le British-Museum possède une centaine de ces boutons de différentes grandeurs; il y en a de bleus, de rouges, de verts; les uns ne sont pas plus grands que l'ongle, les autres ont plusieurs centimètres de diamètre. Celui qui nous a semblé le plus curieux était un morceau de malachite enchâssé dans un fragment d'assiette en porcelaine blanche.

Le nez, partie saillante de la figure, ne pouvait échapper au grand amour de l'homme pour la décoration.

L'anneau en est l'apanage le plus répandu. Dans l'Indoustan, il se fait en métal précieux, enrichi d'émaux, de perles fines et de pierreries. Dans l'Arabie Heureuse il est en or simple, mais beaucoup plus volumineux que ne l'exige la mode indienne. Les femmes portent, outre cet anneau, de riches cercles d'or ou d'argent aux poignets et aux jambes, et sont maquillées de la tête aux pieds.

Sur les bords du grand fleuve africain, le Niger, les Cambriens passent entre leurs narines un morceau de verre arrondi. Les Mivahos, tribu américaine, ont renoncé à la botoque de leurs ancêtres, pour se découper les ailes du nez, de manière à simuler une paire de bésicles.

En Mélanésie, la plupart des sauvages, après s'être perforé le septum nasal, y mettent le *ztigau* cylindre de six centimètres, bordé de rouge.

Une parure du même genre, surnommée, en plaisantant, par les matelots de Cook, « la vergue de beaupré », orne le nez des Australiens.

C'est un os aussi gros que le doigt, dépassant le visage de part et d'autre. Il calfeutre si bien les narines de l'homme que celui-ci est obligé de tenir la bouche ouverte pour respirer et nasille tellement quand il parle, qu'on le comprend à peine.

Australien avec le ztigau et les oreilles déchirées.

Le bâton décoratif se voit rarement au nez des femmes, elles sont généralement soumises à une autre opération : c'est la perte de deux phalanges du petit doigt de la main gauche. Elle a lieu dès la jeunesse sous prétexte que ces phalanges gêneraient pour rouler la ligne de pêche autour de leur main. Peu de filles échappent à cette mutilation et celles qui s'en exemptent sont écartées avec mépris. Tous les insulaires se peignent en blanc et en rouge; le rouge est ordinairement mis sur les épaules et la poitrine en larges taches; le blanc, sur les bras, les jambes et autour des yeux. Ils ont des bracelets en corde, une ceinture en cheveux tressés et des espèces de hausse-col en coquillages, descendant du cou sur la poitrine.

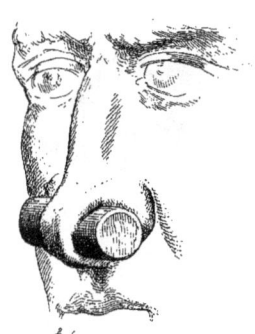

Nez d'un habitant de l'île de Torrès près de la Papouasie.

Dans l'île de Torrès, près de la Papouasie, on remplace le ztigau par des bâtonnets gros et courts, ornés de plaques de nacre aux deux bouts, qui relèvent les narines, en agrandissent l'orifice et leur ôtent toute mobilité.

A Ulaua, capitale des îles Salomon, les dames fixent, à l'extrémité de leur nez, un bijou qui, par son originalité, pourrait rivaliser avec *les aunes de boudin* du fameux conte de Perrault. C'est un cou d'oiseau surmonté de

Ancien habitant de Santa-Cruz, île de la Reine Charlotte, avec le nez orné de fleurs rouges.

sa tête finement ciselé dans de la nacre de perle. Elles portent aussi en sautoir, sur l'épaule gauche, des écharpes composées de morceaux de bois odorants, de perles en verre et de dents humaines enfilées avec de la ficelle et tombant en franges.

A Santa-Cruz, avant la visite de Carteret, navigateur anglais, 1766, les indigènes s'introduisaient dans les fosses nasales des fleurs rouges et leur coiffure singulière était ornée de feuillages; aujourd'hui, ceux qui observent la mode ont une plaque d'ivoire découpée à jour d'un travail délicat, destinée à cacher leur figure depuis les yeux jusqu'à la bouche, comme autrefois, en France, les masques appelés loups.

Lorsqu'en 1492, Christophe Colomb découvrit l'île de la Conception, près de Saint-Domingue, les sauvages dont le visage était peint irrégulièrement dans le genre des clowns anglais, n'avaient aucune parure, sauf trois à quatre feuilles jaunes, collées sur le nez et que les marins reconnurent pour être en or; on apprit ainsi qu'il y avait aux environs des mines de ce précieux métal.

Il faut encore nommer deux tribus brésiliennes qui n'ont été subjuguées

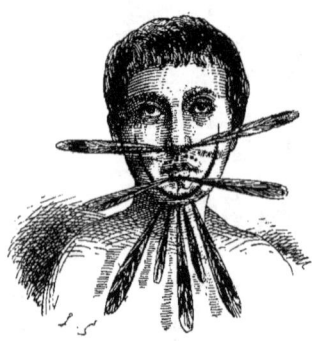

Indien Araca du Brésil avec la figure ornée de plumes.

à aucune époque par les Espagnols et dont les coutumes sont très originales : les Aracas de la première ont la figure coloriée en noir ou en rouge et décorée de plumes dans tous les sens; les Técunas de la seconde, adoptent, pour les jours de fête, des déguisements et des masques très curieux. Ces fêtes durent quatre jours pendant lesquels sont surtout pratiquées de nombreuses libations de vin de chicha. Une des plus célèbres, consacrée à la religion, consiste à arracher, en dansant, tous les cheveux d'un enfant de deux mois. Ce plaisir coûte souvent la vie à l'innocente victime, après des souffrances inouïes.

Les Mayorunas du Pérou, quoique féroces et sournois, provoquent plutôt le rire que la crainte par leur physionomie débonnaire et leur figure ronde comme la lune, chargée d'hiéroglyphes noirs. Ils ont, de chaque côté du nez, près des oreilles et du menton, des pièces d'argent monnayé, aplaties pour en augmenter le diamètre et fixées par un procédé particulier. Ils plantent sous leur lèvre inférieure des plumes d'ara-macao garnies d'un duvet blanc disposé en aigrette.

Indien Mayorunas du Pérou.

La liane qui entoure le corps de ces naturels leur tient lieu de pantalon. Un carquois, une sarbacane, des flèches empoisonnées, une petite calebasse pleine de soie de bombyx pour empenner les armes, sont leurs objets de première nécessité.

Il règne un usage analogue, quant à la décoration faciale, dans l'Amérique septentrionale. Chez les Tananas (baie d'Hudson), le nez des hommes s'embellit d'une coquille assez rare qui sert de monnaie dans le pays. Les riches en mettent sur leurs habits un si grand nombre, qu'avec une pareille quantité, on pourrait se procurer 200 peaux de martres. Les fourrures qui sont le seul commerce de cette population, deviennent en ce cas le meilleur terme de comparaison.

Les Natchez passaient jadis dans leurs narines un anneau en os; à l'île de Behring, cet anneau est remplacé par des cordelettes, des fragments d'ambre, de fer ou de cuivre. Les naturels de Vancouver les surchargent de plusieurs cercles métalliques de grandeurs différentes et y déposent, quand elle est inutile, la grande épingle destinée à maintenir sur leur poitrine la couverture de laine, principale pièce du costume de tous les occidentaux nomades de la partie extrême du nouveau continent. Cette pelote d'un nouveau genre a du moins l'avantage de se trouver à portée de la main et de ne pouvoir s'égarer. Ces indigènes, très peu sociables, réservent leur goût inven-

Femme araucanienne.

tif pour les jours de fête. Leur laideur naturelle ne leur semblant pas suffisante, ils se couvrent le visage de masques hideux, munis de cordes qui font remuer les yeux et la bouche ou plutôt le bec : ces engins représentant surtout des têtes d'oiseaux ou d'animaux fantastiques.

Les oreilles, qui ajoutent, moins que le nez, à l'expression de la physionomie, auraient pu ne pas être soumises aux caprices du goût; tout au contraire, on leur a fait jouer plus d'un rôle dans la décoration corporelle.

Sans nous occuper de l'Europe, nous en trouverons de nombreux spécimens dans les autres parties du monde.

Les Araucaniens et leurs voisins les Patagons se font remarquer par la grande dimension de leurs boucles d'oreilles. Le percement du lobe auriculaire est même chez ces derniers une cérémonie religieuse qui a l'importance du baptême chez les chrétiens. Un cheval, donné par le père de famille à l'enfant, quel qu'en soit le sexe, est renversé à terre par le chef de la tribu ; c'est sur lui que sera couché le bébé, pour y subir solennellement le percement des oreilles ; quatre ans révolus est l'âge convenable pour cette opération. Ajoutons que le cheval, chez les Patagons, a sa mission dans plusieurs circonstances graves. A la mort d'un homme, son corps, revêtu de ses plus beaux habits, ayant à ses côtés les objets qu'il a aimés, est roulé dans un cuir de cheval et porté à sa dernière demeure par son coursier favori auquel on casse une des jambes de devant, pour rendre sa marche boiteuse et lui donner un aspect plus triste. Arrivé sur une éminence, on enterre l'homme avec l'animal qui est destiné, dans la croyance des naïfs, à servir de monture au défunt dans les terres inconnues.

Aux îles Nicobar, vers 1813, les grands trous pratiqués au bas des oreilles pour recevoir des parures, étaient utilisés d'une façon singulière. Les hommes y déposaient leurs pipes, leurs cigares, des flacons, en un mot, tout ce qui les embarrassait ; c'était une sorte de vide-poches. Ils avaient aussi l'habitude de se peindre en jaune ou en vert, de se coiffer avec des cornes et d'attacher, au bas de leur nuque, des queues d'animaux qui pendaient jusqu'à terre.

Tous ces déguisements ridicules leur donnaient l'apparence de démons aussi laids qu'effrayants.

Les jeunes filles des côtes de Malabar ont le cartilage des oreilles percé dans toute sa longueur et chargé de vingt-quatre clous d'or. Celles de la Nouvelle-Calédonie le fendent en deux, dans le sens longitudinal, et suspendent, à chacune des parties, plusieurs cercles en écaille de tortue ou des tiges de canne à sucre.

Amateurs passionnés de bijoux, les Hindous des classes populaires y consacrent une partie de leur petite fortune autant par vanité que par superstition, les supposant propices contre les sortilèges. Les femmes de la plus basse condition ont souvent aux oreilles plusieurs cercles d'or ou des grandes roues en métal qu'elles remplacent, les jours de travail, par des joncs ou de simples feuilles d'arbre, afin que les trous ne se referment pas. La tête et le front des élégantes sont garnis de pièces d'or ; les bras, entourés de plaques d'argent ; les orteils, de bagues précieuses ; les narines, d'étoiles

96 LES PARURES PRIMITIVES.

émaillées ou d'un grand anneau dans lequel sont passées des perles de toutes couleurs.

Le goût pour les longues oreilles est exagéré à l'île de Pâques, car lorsqu'elles n'atteignent pas six pouces, on les considère comme mesquines.

Femme hindoue.

Les insulaires y font des incisions d'un doigt de diamètre qu'ils enjolivent de bâtons, d'os d'oiseaux, de plumes de perroquets, de fragments d'étoffes, de pierres ou de morceaux de métal. Les femmes y mettent du duvet d'albatros, relevé devant et derrière en touffes de la grosseur d'une balle.

DÉFORMATIONS ET MUTILATIONS.

A Santa-Cruz, les boucles d'oreilles en bois marqueté, ornées de canines humaines sont les plus luxueuses.

Les pendants ordinaires se composent parfois de trente ou quarante anneaux soutenus par une tige qui, fixée définitivement, ne peut jamais s'ôter et oblige le possesseur de ces bijoux à dormir sur un petit tabouret en bois, afin que sa parure reste en dehors et ne se brise pas.

Les habitants de l'Archipel des Amis parent leur cou et le bas de leurs oreilles de coquillages, de dents de requin, d'os de baleine, de morceaux de nacre, d'écailles de tortue, de fruits rouges ou de roseaux remplis d'une poudre jaune qui leur sert de fard et qu'ils gardent en réserve.

Boucle-d'oreille en dents humaines, portée à Santa-Cruz.

La déformation auriculaire, très ancienne chez les Incas Péruviens, y avait été constatée par les Espagnols dès leur arrivée dans le pays du soleil; c'est ce qui les fit surnommer par les navigateurs : *orejones*, c'est-à-dire *oreillards*.

Ces Indiens, de la tribu des Angutéros, sont vraiment curieux par la dimension extraordinaire, qu'ils savent donner à leurs

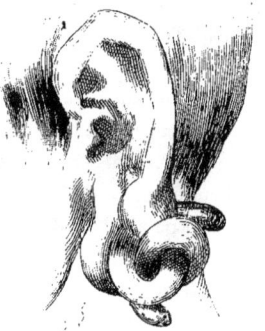

Oreille et pendants d'un indigène de Santa-Cruz.

oreilles, car souvent elles pendent jusqu'aux épaules, ayant l'apparence d'un morceau de chair informe. Ils en percent le lobe et, après avoir agrandi graduellement l'orifice, ils y enchâssent des rondelles de bois de cécropia d'un volume considérable. Par-

Oreille d'Oréjone fendue et nouée.

fois le lobe est fendu dans toute sa longueur sans supporter d'ornement; dans ce cas ils en nouent les deux bouts ou les laissent pendre pour s'en servir comme de chasse-mouches, les lançant de côté et d'autre par un petit mouvement de tête.

Il semble vraiment que ce soit à leur sujet que Montaigne ait dit : « Dans une nation orientale, le soin d'allonger les oreilles et d'y mettre de pesants fardeaux est en tel crédit, qu'à tous coups, un homme peut passer son bras vestu à travers l'un des trous pratiqués à leur extrémité ».

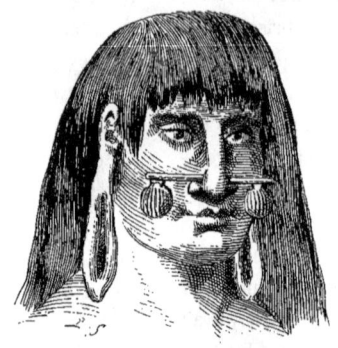

Indien Orejone ou oreillard.
Tribu des Angutéros.

Les Caraïbes, qui n'occupent plus aujourd'hui que quelques villages du Venezuela, constituaient cependant, anciennement, des groupes nombreux de populations disséminées dans toutes les îles s'étendant de Porto-Rico à la Trinité. Ces terribles ennemis des premiers envahisseurs, qui s'appelaient eux-mêmes *cannibi*, c'est-à-dire guerriers, dont on a fait le mot *cannibale*, ont trouvé moyen de cumuler les divers genres de bijoux de leurs voisins et d'en inventer d'assez bizarres : ce sont des croissants appelés *caracolis*, nom qui est à la fois celui de l'objet et de la matière qui sert à le composer. On en ignore la substance exacte, mais on présume que c'est un mélange d'argent, de cuivre et d'or. Les joailliers anglais et français ont cherché en vain à l'imiter.

Ces croissants sont de plusieurs grandeurs, selon les endroits qu'ils doivent occuper ; les hommes, à l'aide d'une petite chaînette en suspendent un aux oreilles, et l'écartement entre les deux pointes de ce bijou est de cinq centimètres, un second de même nature et de même dimension s'attache à la cloison nasale d'où il se balance sur la bouche ; le dessous de la lèvre inférieure est percé pour en recevoir un troisième, plus grand d'un tiers et qui dépasse le menton ; puis un quatrième, de seize centimètres et demi, retenu au cou par une corde légère, descend sur la poitrine. Ainsi parés, ces grotesques personnages ressemblent à des mulets castillans garnis de leurs grelots.

Quand ils n'ont pas leurs *caracolis* aux oreilles, les Caraïbes les remplacent par des bâtons pour en conserver l'ouverture intacte. De même font les Indiens Lenguas, suppléant à l'énorme morceau de bois qu'ils font pénétrer dans le lobe de l'oreille par de longs morceaux d'écorce d'arbre roulés en spirale comme un ressort de pendule, tendant toujours à se déployer.

Cet ornement s'appelle *iloské*.

Avant de terminer le paragraphe relatif à la déformation des oreilles, nous devons citer les Vouagogos, riverains du Niger, dont elle est un des traits caractéristiques. Ils y passent, en guise de bijoux des chevillettes de bois, des fragments d'ivoire, des morceaux de verre arrondi ou de métal, gros comme le doigt, des petites gourdes leur servant de tabatières, des fragments de bambou ou de bois creux, dans

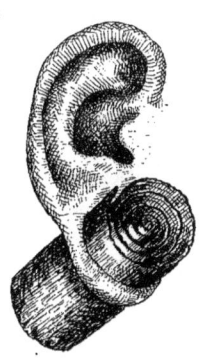

Oreille d'un Lenguas, avec l'ornement en écorce d'arbre appelé *iloské*.

lesquels ils cachent de la chaux et de la graisse pour s'enduire le corps, des crayons, des couteaux, bref tous les bibelots qu'ils mettraient dans

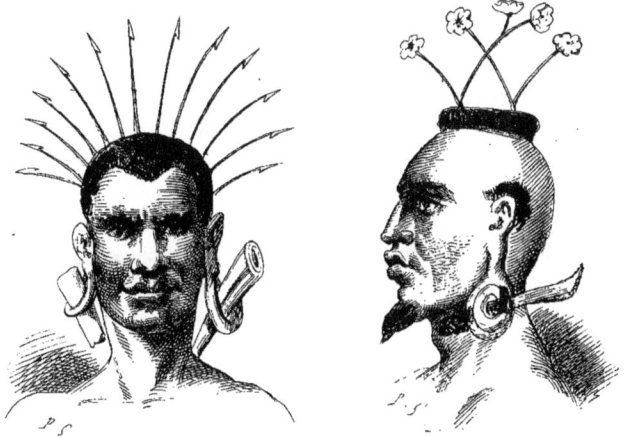

Vouagogos avec leurs parures.

leurs poches, s'ils en avaient. Ils ne se lavent jamais et aiment à se badigeonner d'huile de ricin.

Au cap Segrès, en Guinée, les naturels suspendent au lobe auriculaire, les jours de fête, des griffes de tigre, des dents de lion ou des incisives humaines, celles-ci, objets de luxe.

La blancheur et la régularité des dents, si admirées par les Européens, étaient aussi, lors du débarquement des Espagnols aux îles Philippines, la principale beauté des femmes. Pour les préserver de la moindre souillure, elles poussaient le soin jusqu'à les recouvrir d'étuis d'or.

Ces idées ne sont malheureusement pas universelles. En Australie, il est d'usage, le jour du mariage, d'extraire deux dents à chacun des conjoints. Aux îles Sandwich, la femme seule est astreinte à ce martyre et c'est le mari qui le soir des noces avec une pierre et un bâton, se charge de le lui infliger, sans que l'innocente victime, la bouche remplie de sang, ose pousser un cri : c'est la première manifestation de la puissance de l'époux. La superstition veut aussi qu'on s'arrache une ou plusieurs dents à la mort d'un parent. Le nombre varie suivant le degré d'affection qu'on portait au défunt.

Dans quelques parties de l'Afrique, les indigènes brisent leurs dents de différentes manières : les uns en pointes, les autres à moitié ; chaque tribu suit sa mode particulière qui constitue un des signes leur permettant de se reconnaître.

Un procédé général règne chez les nègres de la Cafrerie. Tous pratiquent en s'attaquant à l'ivoire éclatant de leurs dents, un passage pour l'air dans la partie médiane de leur molaire ; les uns enlèvent une incisive en haut et une en bas ; le plus grand nombre les taillent de façon à former un vide triangulaire entre les deux incisives, soit de la partie supérieure, soit de la partie inférieure de la mâchoire.

Cette mutilation se fait, au Gabon, de vingt à vingt-cinq ans. On place l'homme contre un arbre et l'on met, dans sa bouche, un morceau de bois rond qui sert d'enclume et empêche la canine de sauter pendant qu'on la brise. On pose alors un couteau sur la dent et, avec un autre morceau de bois en guise de maillet, on la casse au goût du jour. Quelque douloureuse qu'elle soit, le patient supporte l'opération sans se plaindre ; mais à chaque grimace qui lui échappe, les assistants rient à gorge déployée.

La même coutume se retrouve dans l'archipel malais, où les dents sont limées en pointes comme celles des crocodiles et percées de trous dans lesquels sont enserrés des boutons de métal.

Le bétel, que broient sans cesse les Cinghalais, leur procure l'avantage d'accélérer les fonctions de l'estomac, si paresseux dans les pays chauds, d'entretenir une douce fraîcheur dans la bouche, de rendre l'haleine agréable et de jaunir les dents, ce qui comble leurs vœux.

Il en est de même à Malacca, dans l'Indo-Chine et dans tous les pays où dominent les Mongoloïdes-Malais. On raconte qu'un secrétaire du roi d'Annam regrettait infiniment que la femme d'un des derniers ambassadeurs d'Angleterre « eût les dents blanches comme celles d'un chien, et la peau aussi rose qu'une fleur de patate ».

Ailleurs, c'est le rouge ou le noir qui a la préférence. Les Annamites trouvent les dents couleur d'ébène si jolies, qu'ils laquent celles de leurs petits enfants. Quelques tribus américaines avaient la même habitude, l'une d'elles employait une préparation végétale qui colorait les dents en noir d'une façon inaltérable tout en les préservant de la douleur et de la pourriture.

La précieuse drogue, mélangée de colimaçons carbonisés et réduits en poudre, se vendait sur les marchés publics et y jouissait d'une grande réputation.

Nous rappellerons à ce propos le rapport de Mariette-Bey sur les momies soumises à l'embaumement dit *à l'Osiris*, honneur particulièrement réservé aux souverains égyptiens, aux prêtres et aux grands dignitaires. Ces momies avaient les dents, les ongles des mains et des pieds dorés. Cette métallisation était destinée à remplacer la teinture du henné. On a remarqué une chose très curieuse, c'est que, parmi la grande quantité de momies égyptiennes que l'on possède, il ne s'en est pas trouvé une seule à laquelle il manquât une dent ni même qui en eût de gâtées, ce qui prouverait que ce peuple jouissait d'une bonne santé.

Ajoutons que l'ongle, en Mésopotamie, servit longtemps de signature. Hérodote, en nous apprenant que chaque citoyen possédait un cachet qui lui était spécial et qui, appliqué sur l'argile fraîche, avait une importance légale, ajoute que les pauvres le remplaçaient par la marque de leur ongle, un peu comme aujourd'hui les ignorants représentent leur nom par une croix.

Il y a deux siècles à peine, l'usage existait encore en Chine de couper les ongles aux morts et de renfermer ce qu'on en retranchait dans des boîtes disposées aux quatre coins du cercueil, on y joignait même des ciseaux pour que le défunt pût les couper de nouveau, dans le cas où ils repousseraient. Avant l'invasion des Tartares, on plaçait un peigne à côté du mort : les Chinois, à cette époque, n'ayant pas les cheveux rasés.

Mandarin chinois avec les ongles longs.

D'ailleurs le culte des ongles règne toujours dans le Céleste Empire. C'est un signe de bonne éducation de les porter très longs.

Les fortunés, les lettrés, les mandarins laissent croître leurs ongles de la main gauche, surtout celui du petit doigt, qui a ordinairement quelques centimètres. Cette mode distingue les personnes *comme il faut* des ouvriers, dont le travail journalier les priverait bientôt d'un tel avantage.

M. de Guignes raconte, dans un de ses voyages à Pékin, que le chef de la police de Canton avait les ongles longs de 6 centimètres, et que ceux d'un médecin atteignaient 12 centimètres et demi. Le petit doigt n'était pas de rang, comme il le disait avec douleur, ayant été cassé par accident. On peut se figurer la peine qu'avait prise cet homme pour que ses ongles parvinssent à cette grandeur. Il était obligé de les renfermer dans des petits tubes en bambou, ce qui lui avait aminci la peau à l'excès; mais, s'il

Étui chinois en argent pour les ongles (British-Museum).

avait souffert, en revanche, il jouissait d'une grande considération, ayant prouvé à ses concitoyens la patience et l'attention dont il était capable vis-à-vis de lui-même.

Les dames de la haute société accordent une grande importance à la longueur de leurs ongles; dans la crainte de les briser, elles y adaptent des étuis d'argent ou d'or qui, en temps opportun, remplissent les fonctions de cure-oreilles.

C'est au British-Museum qu'il faut chercher quelques jolis modèles de ces bijoux. Un, entre autres, en filigrane d'or du plus pur travail, peut recouvrir un ongle de 10 centimètres de longueur.

Pour toucher le luth à neuf cordes, appelé *gotta*, les Japonaises sont obligées d'avoir de faux ongles pointus en ivoire.

Les négresses de la Côte d'Or donnaient autrefois à leurs ongles une nuance vive, grâce au rocou et les laissaient pousser jusqu'à les avoir plus longs que la moitié du doigt; c'était pour elles une véritable beauté et un porte respect, on pourrait ajouter une défense. Malgré cette dimension, elles les tenaient très propres et les utilisaient comme cuillers pour prendre la poudre d'or qu'elle vendaient aux amateurs, puisqu'à cette époque c'était l'unique commerce du pays qui lui doit son nom.

A Mindanao, capitale des Philippines, la coutume était d'avoir seulement l'ongle du pouce très long, en particulier celui de la main gauche. Il n'était jamais coupé, on le rognait à la lime.

Les Siamois, qui apportent une grande recherche dans les soins corporels, se baignent trois ou quatre fois par jour. Ce serait une impolitesse de faire une visite à un ami, sans s'être lavé tout d'abord. Pour annoncer leur sortie du bain, ils se font une marque sur la poitrine avec de la craie. Ils aiment les parfums et s'enduisent les lèvres d'une pommade odorante, qui en augmente la pâleur naturelle. Leurs ongles sont brillants de propreté, sans subir ni le contact des ciseaux, ni celui de la lime.

André Brue, directeur de la Compagnie du Sénégal, à la fin du XVIIe siècle et au commencement du XVIIIe, dans son mémoire sur le désert de Barbarie en 1701, mentionne des coutumes assez curieuses qui se rattachent à notre sujet :

« Deux dames, dit-il, vinrent à notre bord; elles avaient des bracelets en corail mélangé de grains d'or et de clous de girofle. Leurs pieds, ornés de petites coquilles, faisaient résonner des grelots attachés aux chevilles; leurs cheveux, tombant en tresses, étaient parsemés de coraux, de poudre d'or et de perles. Leurs dents, extrêmement blanches, devaient cet éclat au bois de ghelelé dont elles les frottaient. Elles montraient avec une grande affectation leurs mains assez petites et leurs ongles très longs et très rouges. Leurs sourcils, sur lesquels elles passaient sans cesse un morceau de plomb, avaient une teinte foncée. »

Qu'aurait pensé Fénelon de ces raffinements de coquetterie, lui qui prétendait que la grâce ne dépend pas d'une parure affectée et souhaitait aux jeunes filles la noble simplicité des statues grecques et romaines? « N'est-il pas vraisemblable, a remarqué Montaigne, que nous ne savons guère ce qu'est la beauté en nature et en général, puisqu'à l'humaine beauté, nous donnons tant de formes diverses, de laquelle, s'il y avait quelques prescriptions, nous la reconnaîtrions en commun, comme la chaleur du feu? »

Ces maximes sont confirmées par les faits suivants, plus originaux que ceux qui précèdent. « Les Grecques de Milo, dit le docteur Walsh, ne considérant comme belles que les jambes énormes, mettent, les jours de grande cérémonie, dix à douze paires de bas l'une sur l'autre, si bien que les leurs sont de la grosseur du corps. »

Cette étrange fantaisie fut également constatée lors de la découverte du Nouveau Monde : dans plusieurs tribus de l'Orénoque, les femmes mettaient, pour la même raison, d'étroites jarretières au-dessus du genoux.

Chez les Caraïbes, à douze ans, les filles entourent le bas de leurs jambes de guêtres qui, à moins d'être usées ou déchirées par accident, doivent se garder jusqu'à la mort; elles accompagnent les défuntes dans le tombeau. Si étroites qu'on ne peut ni les monter, ni les descendre, ces guêtres empêchent le développement uniforme des membres; seul, le mollet, laissé en liberté, arrive à une dimension excessive. A l'extrémité supérieure et inférieure des guêtres, s'accroche un large anneau de cuivre se soutenant comme le bord d'une assiette auquel, du reste, il ressemble.

A Adrar, oasis située à 400 kilomètres nord du Sénégal, les jeunes filles gorgées de lait, de beurre et de farine à l'exclusion de toute autre nourriture, arrivent promptement à un état de graisse extraordinaire. Des matrones sont chargées de leur alimentation, usant du fouet à l'égard des récalcitrantes. Au Karagoué (Afrique équatoriale), les plus replètes sont réputées les plus belles et peuvent prétendre à de hautes dignités : le

DÉFORMATIONS ET MUTILATIONS.

mérite s'y évaluant au poids de la matière, comme nous le ferions pour un bœuf ou un porc. Quant à se tenir debout, cela est impossible à ces pauvres victimes de la sottise humaine, empêchées qu'elles en sont par la propre pesanteur de leur buste. Des voyageurs assurent avoir vu la reine se traîner à quatre pattes, à cause de la grosseur phénoménale de son corps, et s'attirer, dans cette posture ridicule, l'admiration et les éloges enthousiastes de ses sujets.

Une autre femme, à peine sortie de l'adolescence, était presque égale en graisse à sa souveraine ; le tour de ses bras comptait 50 centimètres, le mollet 60, la taille 1 mètre 30. La hauteur totale du corps n'était que de 1 mètre 70.

A Tunis, l'engraissement des Juives commence surtout quand on songe à les marier ; il s'obtient, dans un temps assez court, grâce au repos absolu et à la nourriture composée exclusivement de petits chiens rôtis et de bouillie faite avec de la farine de sorgho.

La même manie existe chez les Mauresques qui, tirant vanité de leur embonpoint, s'efforcent de l'accroître par tous les moyens possibles ; ce singulier agrément est tellement estimé qu'il l'emporte sur ceux de la figure et la régularité des traits.

Juive de Tunis.

La marche de ces grosses personnes est si gênée, que leur allure prend la physionomie de celle des canes de nos basses-cours. Par affectation, les femmes qui n'ont pu parvenir à cet avantage physique, ne manquent pas d'imiter les mouvements de leurs compagnes plus favorisées. Elles se distinguent ainsi des personnes des classes inférieures dont la désinvolture est légère et gracieuse.

Autres pays, autres mœurs : on peut le constater une fois de plus par les usages qui règnent chez les Carijonas des Guyanes. Ces Indiens, d'après le Dr Crevaux, portent, pour ne pas trop grossir, des cercles en bois sur le ventre, qu'ils recouvrent d'un étroit jupon en écorce d'arbre. Cette cuirasse se garde jour et nuit jusqu'à ce qu'elle tombe de vétusté, car il est presque impossible de l'ôter. Cependant, on raconte qu'un voyageur, désirant s'en procurer une à bon marché, offrit à un jeune sauvage une ceinture de laine rouge en échange de la sienne. Tenté par le présent, ce malheureux fit de si grands efforts, qu'au bout d'une heure de contorsions semblables à celles d'une langouste au sortir de son enveloppe calcaire, il put satisfaire l'exigeant collectionneur.

Par esprit d'opposition peut-être, leurs voisins, les Roucouyennes cherchent l'idéal de la beauté dans la seule proéminence de l'abdomen qu'ils simulent ou augmentent par de nombreuses bandes d'étoffe. Ils ont, comme les Carijonas, une plaque au menton et des triangles aux oreilles, fabriqués le plus souvent avec le fer-blanc des boîtes de conserves jetées par les voyageurs. C'est surtout les jours de fête, jours consacrés à la danse, que le nombre des ceintures est le plus considérable; mais ce n'est pas le seul enjolivement des danseurs : ils ont, à la jambe droite, une jarretière à laquelle sont suspendus des grelots qui font le bruit des castagnettes; ce

Indien Carijonas avec sa ceinture en écorce d'arbre.

sont des graines provenant du *couai*, arbre répandu dans l'Amérique équatoriale ; enfin, leur coiffure est si extraordinaire qu'elle n'a sa pareille chez aucune autre peuplade. Ayant un mètre cinquante de hauteur, elle est ornée d'une infinité de panaches rouges et bleus, agrémentés d'élytres de grands scarabées aux reflets métalliques. La trame de la carcasse de ce chapeau gigantesque disparaît sous vingt couronnes posées les unes au-dessus des autres, et de différentes couleurs soit : rouges, jaunes, noires, vertes, blanches et bleues. Derrière tombe une espèce de plastron

DÉFORMATIONS ET MUTILATIONS. 107

représentant un homme aux bras étendus et aux jambes écartées comme une grenouille. Une année de travail suffit à peine pour confectionner ce monument unique en son genre.

Les Pahouins ont jugé plus à propos de s'orner le bas des reins. L'amiral Fleuriot de l'Angle, dans un rapport sur la côte d'Afrique, dit que ces hommes, admirablement proportionnés, se coiffent de plumes rouges et ont pour tout vêtement un long morceau d'écorce filandreuse passée

Guerrier Nyam-Nyam avec sa queue.

Jeune Nyam-Nyam avec le bonnet en paille tressée, orné de plumes.

entre les jambes, qui vient s'épanouir en éventail par derrière.

L'aspect étrange que leur donne cet ornement a fait naître la fable des hommes à queue. Un poignard à large lame et un couteau courbé sont accrochés sur le côté gauche de la ceinture.

Rappelons que les Pahouins se nourrissent de serpents, d'insectes et de viandes corrompues ; ils déterrent les cadavres pour en faire leur pâture et vont même jusqu'à trafiquer les morts.

Toute différente est la fameuse parure des Nyams-Nyams du Soudan.

C'est une longue queue de vache qui pend jusqu'aux talons et termine une sorte de tablier en fourrure placé par devant.

Ils tiennent beaucoup à cet ornement bizarre et l'on raconte que des matelots, cédant au désir d'un jeune sauvage, lui donnèrent un pantalon qu'il mit aussitôt. Hélas! grande fut sa déception en n'apercevant plus l'ornement national. On vint à son aide et une fente, faite au vêtement, permit à la fameuse queue de s'échapper; le jeune négrillon radieux, partit aussitôt en gambadant.

Ces naturels, dont le terrible cri de guerre signifie : *de la viande!* ont pour coiffure un cône assez semblable à un ananas. Ce bonnet, exclusivement réservé au sexe masculin, est en paille tressée et orné de plumes rouges. On le retient sur la tête par de grandes épingles de fer, de cuivre ou d'ivoire, embellies de croissants et de boules. Des incisives de chiens, enfilées comme des perles, et des coquillages sont attachés dans les cheveux disposés en nattes longues et multiples. Les dents rouges de certains rongeurs, ressemblant à du corail, parent également la coiffure. De nombreux colliers entourent leur cou.

Les femmes du pays des Nouers, aux environs du Nil Blanc, possèdent un appendice équivalant à celui des Nyams-Nyams. C'est un pagne de la largeur d'une main qui est retenu par une corde autour de la taille, d'où pendent, par derrière, jusqu'aux jarrets, des lanières de cuir tressées dans le haut et libres à l'autre extrémité.

Des pendeloques en coquilles d'eau douce, réunies avec des crins de girafe, des anneaux de fer poli dont le nombre suffit pour couvrir le mollet, sont les objets de luxe qu'elles apprécient le plus.

Le culte des cheveux a été très répandu chez les peuples anciens. L'une des raisons était la croyance qu'ils possédaient un pouvoir surnaturel. C'est pourquoi les juges les faisaient couper tout d'abord aux accusés, et si l'on en usa de la sorte envers les martyrs chrétiens, c'était dans l'espoir de leur arracher le don des miracles.

On lit dans le code hébraïque que la femme décrétée d'infamie avait le chef tondu et les ongles coupés. L'étrangère qui épousait un juif, subissait la même opération avant de franchir le seuil conjugal.

La longue chevelure était très aimée par la nation sainte où on la relevait généralement dans un filet d'or. L'historien Josèphe rapporte que

Salomon, lorsqu'il sortait, était accompagné de quatre cents jeunes filles de familles nobles dont les cheveux, semés de poudre d'or, étincelaient au soleil.

En Égypte, les hommes se préoccupaient beaucoup de leurs cheveux qu'ils divisaient en une multitude de mèches roulées, ou en nattes fines étagées sur plusieurs rangs réguliers. Les nattes, au besoin, étaient augmentées de cheveux d'emprunt, de crins ou d'herbes.

Ces coiffures exigeant des loisirs considérables, on eut recours, afin d'accélérer la besogne, aux perruques qui devinrent d'un emploi général pour les deux sexes; on les remplaçait souvent par des imitations grossières ou par des étoffes plissées tombant droit des deux côtés de la figure, comme on le voit sur les sphinx.

Les enfants, jusqu'à l'âge de la puberté, conservaient une tresse naturelle pendante sur le côté de la tête. L'héritier du trône gardait la sienne tant que son père vivait, eût-il atteint l'âge adulte.

Les hommes prirent l'habitude de se raser non seulement la tête, mais le menton, et de porter des barbes postiches qui, par leur arrangement, indiquèrent le rang social des individus : les rois la portaient longue et carrée, les gens des hautes classes, courte et carrée également ; les pauvres s'en confectionnaient avec de la laine ; les dieux seuls l'avaient frisée en crocs.

Hérodote, d'autre part, raconte que les Égyptiens allaient ordinairement tête nue, suivant en cela une coutume contraire à celle des Perses et que, longtemps après une bataille entre les deux peuples, on distinguait aisément par leur extrême dureté les crânes des premiers de ceux de leurs ennemis.

Quoi qu'il en soit, les statues qui nous sont parvenues ont toutes la tête couverte d'un chaperon ou d'un bonnet. Le chaperon descend en deux larges bandes flottant sur les épaules, la poitrine et le dos. Le bonnet qui s'attachait sous le menton, ressemble tantôt à une mître et tantôt s'élargit par le haut à peu près comme le boisseau qui couvre la tête de Sérapis. Cette forme le fit d'ailleurs surnommer par les Arabes *kamkal*, c'est-à-dire *boisseau*. Des bonnets identiques dont le devant est orné d'un serpent sont représentés avec les figurines de quelques obélisques tirés des ruines de Persépolis.

La robe égyptienne nommée *calafiris* adoptée par les rois et les prêtres, était blanche, en coton et garnie dans le bas d'un large bandeau plissé descendant jusqu'aux pieds; par-dessus venait se placer un grand manteau de drap blanc. Les gens du peuple avaient autour des reins un tablier appelé *lissas*.

Le costume des femmes consistait en une tunique de lin à manches courtes couvrant tout le corps et en un voile dont les deux bouts étaient relevés sur les épaules : ce voile, de mousseline très fine, était le même tissu qui encore aujourd'hui est employé par les orientaux pour se confectionner des chemises légères, à cause de la chaleur du pays.

Quant aux Égyptiens modernes des hautes et moyennes classes, ils sont habillés à l'européenne et coiffés du *tarbouche* ; les fellahs, dans la campagne, vont à peu près nus ou simplement vêtus d'une longue blouse en cotonnade de couleur.

Les femmes de l'aristocratie restent presque toujours dans leur intérieur, parées de riches costumes orientaux; celles du peuple qui peuvent sortir, sont couvertes d'un grand voile noir ou bleu foncé qui les enveloppe entièrement de la tête aux pieds, mais qu'elles jugent cependant insuffisant, puisqu'elles mettent devant leur figure, à la naissance du nez, un autre voile plus petit retenu par un tube, qui ne laisse voir que les yeux entourés de kohl.

Toutes les Musulmanes sont voilées en public, le Coran leur défendant de se montrer à aucun étranger; aussi, lorsqu'un homme veut prendre femme, doit-il s'en rapporter au goût de sa mère ou de quelques matrones autorisées qui la choisissent selon ses indications. Quiconque insulterait une Égyptienne voilée serait aussitôt puni comme un malfaiteur.

Frères et peut-être frères aînés des Égyptiens qui, cependant, se croyaient autochthones de la vallée du Nil, les Babyloniens, surtout les prêtres et les rois, nous sont représentés dans les plus somptueux atours.

Leurs vêtements, brodés de riches dessins, sont garnis de franges et de glands. Ces ornements semblent avoir été en Mésopotamie le terme suprême de l'élégance; ils surchargeaient les habits des personnes importantes, et embellissaient les harnais des chevaux attelés au char du roi.

La partie de la toilette qui réclamait les soins les plus nombreux dans toutes les classes de la société, était l'arrangement des cheveux et de la barbe. Qu'il s'agisse d'un roi ou d'un bouvier, d'un prêtre ou d'un laboureur, toutes

Égyptiennes.

DÉFORMATIONS ET MUTILATIONS.

les têtes, à ce point de vue, se ressemblaient et semblaient sortir des mains du même coiffeur.

Le désordre des combats ne détruisait pas la savante accumulation des boucles. Parfois un bandeau ou un ruban retenait les mèches trop abondantes, ou les cheveux rejetés en arrière s'élargissaient sur la nuque en plusieurs rangs de petites boucles frisées symétriquement, comme au petit fer.

Les Babyloniens possédaient, sans doute, une chevelure très épaisse et roulée naturellement, car il eût été difficile, avec des cheveux lisses, d'obtenir la façon qu'ils lui donnaient.

La coutume des classes inférieures était d'aller tête et pieds nus. Les hauts dignitaires et les officiers du palais avaient des coiffures, variant selon l'emploi exercé, dont quelques-unes affectaient des formes élevées et bizarres; les rois se distinguaient par une tiare analogue au bonnet des Persans.

On sait peu de chose sur la condition de la femme dans ce pays; il est probable que les grandes dames ne le cédaient en

Assurnaserpal, roi chananéen, faisant des libations.
(D'après un bas-relief de Babylone.)

rien aux vaniteuses filles de Sion réprimandées par le grand prophète.

L'usage des parfums et des bijoux était d'ailleurs général. Hérodote raconte que les habitants de la voluptueuse Babylone se frottaient tout le corps avec des onguents odorants et qu'ils portaient des colliers, des bracelets, des boucles d'oreilles, des cercles aux bras et aux jambes.

Peut-on évoquer le souvenir d'un des plus anciens peuples de l'univers et qui laissa tant de découvertes, encore utiles aujourd'hui, sans dire un mot de son histoire?

La Chaldée, embrassant la vaste plaine de Sennaar, était située entre le

Tigre et l'Euphrate, sur le bord du golfe Persique. Pour cette contrée comme pour les autres parties du monde, il est impossible de préciser l'origine de ses premiers occupants.

La Bible rapporte que Nemrod, grand chasseur devant l'Éternel et descendant de Cham par Chus, son père, bâtit, au pied de la tour de Babel, ou de Bel, abandonnée, la ville de Babylone, future capitale de son royaume, appelée indifféremment par les chroniqueurs : Babylonie ou Chaldée.

C'est de ce pays que partit Assur, fils de Sem, qui, chassé par Nemrod, fonda Ninive et l'empire d'Assyrie. Plus tard, environ 2.000 ans avant notre ère, Abraham, roi pasteur, né à Ur, de la huitième génération de Sem, quitta également le lieu de sa naissance pour venir s'établir à Haran, en Mésopotamie, avec son neveu Loth. Il fut la souche d'importantes populations. Les Musulmans le considèrent comme un des ancêtres de Mahomet.

Les instruments en silex, retrouvés dans l'amoncellement des ruines, prouvent que l'industrie des premiers habitants de ce coin de l'Asie, remonte à l'époque de la pierre. Les Chaldéens, dans la suite, brillèrent par une haute culture intellectuelle : épris de toutes les jouissances de l'esprit, cherchant à dominer par le prestige de la science et la fascination du luxe, ils jouèrent le rôle d'initiateurs auprès de leurs voisins. Leur dialecte resta toujours la langue classique et sacrée de la Mésopotamie ; d'après une tradition fort répandue parmi les Arabes, il aurait été la langue du premier homme. Partant de cette donnée, la vieille philologie croyait le chaldéen plus ancien que l'hébreu.

Babylone fut de tout temps célèbre par ses tissus, depuis les plus fines mousselines et les étoffes brochées ou brodées, jusqu'aux lourds et somptueux tapis dont la tradition a passé en Perse et à Smyrne. On raconte qu'à la prise de Jéricho, un Israélite s'exposa à la mort pour s'approprier *une belle robe de Sennaar*.

Plusieurs milliers d'années avant notre ère, ce grand peuple possédait déjà des bibliothèques, des livres et surtout des écoles fameuses qui étaient le rendez-vous de la jeunesse lettrée ; les Grecs, si cultivés, se glorifiaient d'être les disciples des savantes institutions fondées sur le bas Euphrate, bien qu'à l'époque de l'apparition des Hellènes dans l'histoire, les Chaldéens fussent déjà au déclin de leur gloire.

Leur renommée scientifique répandue dans le monde antique est parvenue jusqu'à nous. Très avancés en astronomie, que leur permettaient d'étudier la transparence de l'atmosphère et la régularité de l'horizon, ils connurent le temps du retour des éclipses, imaginèrent le zodiaque, trouvèrent la division de l'année en 365 jours un quart, celle des mois, des semaines, des heures, des minutes et des secondes. Ils donnèrent le nom aux sept jours de la semaine et employèrent dans les calculs trois systèmes ingénieux : le décimal, auquel ils avaient été conduits par l'habitude des hommes de compter sur les dix doigts de la main ; le duodécimal, reconnu plus commode à cause des nombreux sous-multiples de 12, et le système sexagésimal qui ayant pour base 60, divisible par 10 et 12, réunissait les avantages des deux premiers. Quant à leur mode de peser et de mesurer, il dérivait tout entier, comme le nôtre, d'une seule et unique unité.

Babylone fut considérablement augmentée, embellie et métamorphosée par Sémiramis, l'illustre reine d'Assyrie, qui ne négligea rien pour en faire une merveille : « C'était alors, dit Pausanias avec enthousiasme, la plus vaste cité que le soleil ait jamais vue dans sa course. » Jouissant d'une température exceptionnelle, son sol fertile, le seul sur la terre qui produisît le blé sans culture, était la patrie du palmier-dattier, le *prince du règne végétal*, qui donnait aux habitants du pain, du vin, du miel, du vinaigre et des fruits délicieux. On cite un poème persan faisant l'éloge des 360 emplois de cet arbre.

La capitale chaldéenne possédait un temple fameux, des palais, des rues bordées de hautes maisons, des ponts, deux forteresses sur l'Euphrate, reliées par un tunnel, 250 tours de défense, 100 portes d'airain et des jardins suspendus, uniques dans le genre.

Malheureusement, elle devint l'un des foyers de la corruption orientale, si redoutable, que son nom sert encore à désigner un lieu de désordre. Prise par Cyrus en 538 av. J.-C., Babylone, 209 ans plus tard, tomba au pouvoir d'Alexandre. Ce prince y fit une entrée triomphale et y mourut en 323 av. J.-C., à l'âge de trente-deux ans et demi, d'une fièvre pernicieuse. Embaumé par les Chaldéens, il fut transporté à Memphis et mis dans un cercueil d'or.

Après avoir atteint l'apogée de la magnificence, cette ville commença peu à peu à déchoir; délaissée, ruinée, dépouillée de ses monuments dont les pierres servirent à d'autres constructions, elle perdit, triste destinée des choses d'ici-bas, jusqu'à son nom.

Saint Jérôme, au ive siècle, écrivait que les rois Parthes avaient fait de son enceinte un parc pour chasser les fauves.

Aujourd'hui, la place où elle florissait, sur une étendue de 18 lieues, est couverte des débris de monticules, d'aqueducs en ruines, de canaux à demi comblés, de constructions enfouies sous des tombereaux de terre. La désolation y règne dans toute son horreur; c'est l'abandon complet de l'homme et de la nature. (Lire à ce sujet, le livre de G. Lebon : *Les premières civilisations*.)

En Grèce, les femmes employaient des heures entières, sauf dans l'affliction, à l'arrangement de leurs cheveux. Elles aimaient à les faire valoir, et, imitant la reine Bérénice, les vouaient à une divinité et les déposaient dans son temple pour en obtenir quelque grâce. Les maris, qui juraient par la chevelure de leurs femmes, les privaient quelquefois de cet ornement pour les forcer à rester au logis; eux-mêmes consacraient leurs cheveux à Apollon, comme le fit Thésée dans le temple de Delphes, ou les coupaient en signe de douleur ; c'est à ce sentiment qu'obéirent tous les amis d'Achille à la mort de Patrocle. Oreste sacrifia les siens sur le tombeau d'Agamemnon, son père.

La coutume de se teindre les cheveux était fréquente en Macédoine. Alexandre la blâma et dit à un vieux courtisan qui espérait ainsi atténuer les indices de son âge : « Si tu veux faire des réparations à ta caduque personne, commence d'abord par étayer tes genoux tremblants ».

D'après un auteur latin, les façons de se coiffer, à Rome, n'étaient pas moins nombreuses que les glands d'un chêne, les abeilles d'Hybla ou les bêtes féroces des Alpes ; Ovide, dans ses conseils sur l'emploi des cosmétiques, s'exprime ainsi : « La parure est le souci des jeunes filles et tout leur bonheur. Elles aiment à porter des habits brochés d'or, à montrer une main étincelante de pierreries, à orner leur cou de perles tirées de l'Orient, si grosses, qu'elles seraient un fardeau pour leurs oreilles, et à varier les coiffures pour leurs cheveux parfumés. Les hommes suivent, du reste, la mode des femmes ; l'épouse n'a rien à ajouter à la toilette de son époux ».

Faustine la Jeune, épouse de Marc-Aurèle, disposait ses cheveux de vingt manières différentes.

DÉFORMATIONS ET MUTILATIONS.

Beaucoup de ces modes venaient de l'Attique et demandaient des connaissances spéciales; les bons coiffeurs étant très recherchés, amassaient promptement une fortune. Juvénal se plaignait de ce que le sien, simple apprenti dans son enfance, fût devenu plus riche qu'un patricien.

Pendant le siège du Capitole par les Gaulois, les Romaines se coupèrent les cheveux, avec lesquels on fit des câbles destinés aux machines de guerre. Pour éterniser ce sentiment patriotique, on fonda un temple à la *Vénus chauve*.

Une superstition romaine voulait que chaque femme eût un cheveu consacré à Proserpine et qu'elle mourût lorsque le cheveu tombait.

Plusieurs tribus gauloises avaient la coutume de porter les cheveux longs, ce qui valut au territoire qu'elles occupaient le surnom de Gaule chevelue. Jules César força les hommes à les couper, ce qu'ils considérèrent comme une grande humiliation.

L'art de la parure capillaire cultivé dans l'antiquité, l'est surtout aujourd'hui chez les races aux cheveux crépus, ceux-ci se prêtant

Femme d'Elmina (Côte d'Or).

mieux aux constructions pyramidales, dont quelques-unes, en Afrique, atteignent plus d'un mètre de circonférence.

Dans une des peuplades des bords du Niger, à Djenne, la chevelure des femmes prend la forme audacieuse d'un casque. On en rehausse l'architecture compliquée par des diadèmes de métal, des fleurs, des plumes et mille frivolités.

A Elmina, ville située dans la partie de la Côte d'Or appartenant aux Hollandais, et peuplée presque exclusivement de Fantis, ancienne tribu asservie, les femmes se surchargent le cou de bijoux en verroteries et arrangent leurs cheveux en cornes de bélier, résultat d'une mode très bizarre.

Les actions d'éclat, au fond de l'Abyssinie, s'enregistraient jadis sur la coiffure. Un ennemi tué ou capturé donnait droit à une ou deux tresses; lorsqu'un combattant avait triomphé dix fois, il pouvait les multiplier à l'infini. Aujourd'hui les habitants piquent, dans la touffe des cheveux surmon-

Chef abyssinien avec son épingle d'argent dans les cheveux.

tant le crâne, des épingles de bois rouge. Si un chef y ajoute une épingle d'argent, cela signifie qu'il désire convoler en nouvelles noces.

Les Ababs, chameliers du Soudan, relèvent leur épaisse chevelure sur le haut de la tête, la couvrent de beurre et y sèment des grains de blé. Le démêloir, qu'ils emploient une fois par mois, est une sorte de poinçon en os de bœuf affilé contre une roche. Ils ont, en général, un seul anneau, non fermé, en argent, fixé dans le haut du cartilage de l'oreille.

Les femmes d'une petite tribu du Liban ont sur la nuque une petite calotte formée de chapelets de dés perforés et une série de boutons de cuivre plaqués sur le front.

Plus avisées, les jeunes filles arabes du mont Sinaï ont adopté pour coiffure plusieurs rangs de perles, au milieu desquels est placée une coquille d'huitre sculptée, avertissant les épouseurs, dans un langage muet, que le mariage ne leur déplairait pas.

A Souakim, ceux des naturels qui ont les cheveux longs, les laissent pendre en mèches droites terminées par une boule crépue. Ils sont si graisseux et si embrouillés qu'un peigne ne peut y pénétrer. L'aiguille, ou longue épine qui sert à se gratter est tout à la fois un ornement de toilette et un instrument très utile.

Femme hottentote avec ses parures et sa coiffure de plumes.

Les Hottentots, pendant l'été, vont presque tous la tête nue et l'inondent d'huile; ne la nettoyant jamais, il s'y forme bientôt un mortier noir qui leur communique, disent-ils, une agréable sensation de fraîcheur. En hiver, ceux qui jouissent d'un peu d'aisance ont des calottes en peau de tigre. Les pauvres en ont une en peau de mouton. Passionnés pour les colifichets, ils surchargent leur sale chevelure de pendeloques, de colliers, de perles de verre, qui sont des distinctions de premier ordre auxquelles ils ajoutent les vessies des fauves qu'ils ont tués à la chasse : les lois les obligent à garder toute leur vie ces souvenirs de leur bravoure. Ayant trouvé le secret de tirer une poudre dorée d'une herbe nommée *spiræa*, ils s'en couvrent la tête et le visage. En voyage, ils prennent un petit bâton d'un pied de long, surmonté d'une queue de chat qui fait l'office de chasse-moustiques et de mouchoir; lavée au besoin dans la première eau venue, tordue et séchée, cette queue rend de nouveaux services.

D'une extrême laideur, ces malheureux paraissent encore plus dégoûtants par l'emploi d'une pommade composée de suif et de suie, dont ils s'enduisent le corps. Il faut ajouter, pour les excuser, que sans la bienfaisante influence de cette onction, renouvelée plusieurs fois par jour, la chaleur épuiserait promptement leurs forces. Les petites filles, jusqu'à douze ans, entourent leurs jambes de joncs ; passé cet âge, l'ornement se transforme en courroies de peau de mouton qui, au nombre d'une quinzaine entre le mollet et la cheville, sont si exactement juxtaposées, qu'on les croirait d'une seule pièce. Les femmes se distinguent des hommes par une petite coiffure de plumes posée sur le côté de la tête ou par des bonnets s'élevant en pointe au-dessus du front. Elles portent le ztigau au nez et de grands anneaux aux oreilles.

Bons et dociles, les Hottentots n'ont qu'un plaisir : dormir ; qu'un sentiment : obliger.

C'est avec habileté qu'ils préparent les peaux et en taillent des habits. Un os d'oiseau, d'une finesse extrême, leur sert d'aiguille ; un petit nerf d'antilope séché à l'air et divisé à l'infini forme le fil. Patients, adroits, ils fabriquent de jolies terrines de forme romaine et savent ciseler l'ivoire dont ils font des bracelets, des bagues, des colliers, sans autre outil que leur couteau.

L'État engage ces braves gens comme soldats ; les fermiers du Cap, comme bergers.

A Madagascar, le roi, la reine et les princes Hovas ont seuls le droit de porter du corail sur la tête ; les nobles, celui d'en avoir aux pieds ; le reste des sujets, même les esclaves, peuvent s'en mettre au cou et aux bras.

Les hommes nattaient récemment encore leurs cheveux noirs et les arrêtaient par un nœud ; le roi Radama, trouvant à cette mode quelques inconvénients pour ses troupes, publia un édit ordonnant de couper les tresses. Il rencontra beaucoup d'opposition, non seulement chez les soldats qui tenaient à cette parure autant que les hussards de l'ancien régime en France tenaient à leurs queues, mais aussi chez les femmes qui mettaient un certain orgueil à tenir les cheveux de leurs maris bien nets et enduits d'huile de coco. Voyant que les voies légales restaient sans effet, Radama paya d'exemple et parut un jour complètement tondu. Ceux qui voulaient rester bien en cour firent, en soupirant, le sacrifice de leurs cheveux ; cependant les plus obstinés résistèrent, encouragés par leurs compagnes qui s'étaient ameutées pour les soutenir. Le bon roi, voulant en finir, donna simplement à ses gardes l'ordre de conduire les récalcitrants dans un bois voisin et de leur couper les cheveux de façon qu'ils ne pussent repousser. Les séides intelligents, avec un zèle digne d'un tel maître, exécutèrent ses ordres à la lettre en leur coupant la tête.

DÉFORMATIONS ET MUTILATIONS.

Dans les contrées qui environnent la baie de Délagoa, les indigènes se rasent tous les cheveux à l'exception d'une petite touffe, qu'ils laissent croître au sommet de la tête et qu'ils disposent en carrés au moyen d'épingles de bois. Les chefs remplacent cet ornement par des panaches de plumes rouges et des vessies remplies d'air.

Les habitants de Lira (Nil Blanc) se font, avec leur chevelure, une espèce de bonnet feutré terminé par une large queue retombant sur le dos, entre les omoplates. Les jours fériés, ils la saupoudrent d'une argile blanchâtre qui lui donne une vague ressemblance avec la perruque des lords anglais ; une mince lanière de cuir la borde pour lui conserver sa forme intacte. C'est un travail qui demande beaucoup de temps pour arriver à son point de perfection.

Quand un homme meurt, sa queue coupée est partagée entre ses amis qui l'ajoutent à la leur.

Les naturels de Tarrangollé, ville principale du Latooka, ont une physionomie très agréable, et offrent un des plus beaux types masculins du monde; néanmoins,

Indien de Lira (Nil Blanc) avec ses cheveux réunis en queue de castor.

ils ont la manie d'entremêler de ficelle leurs magnifiques cheveux à mesure qu'ils poussent et finissent par les changer en une substance compacte de quarante centimètres d'épaisseur, protégée sur le front par deux plaques en cuivre n'ayant pas moins de trente centimètres de hauteur. Cette coiffure est décorée de morceaux de verre et entourée d'un cercle de *cauris* (coquilles) surmonté à son tour d'une plume d'autruche. Il faut plusieurs années pour achever ce monument.

Les femmes d'une peuplade de l'Afrique centrale s'ornent la tête d'épingles d'ivoire de vingt ou trente centimètres de longueur, teintes en couleurs vives, sculptées avec goût et s'élevant en demi-cercle par derrière dont la disposition rappelle un peu la mode des paysannes du lac de Côme. A Londa, elles arrangent leurs cheveux en tricorne et y fixent une tige façonnée en plumet.

Les Djibbas se font une queue avec les dépouilles laineuses de leurs ennemis morts. On peut juger de la valeur d'un guerrier par la grosseur de cet appendice. Dans la province de Kédi, les hommes réunissent leurs

Indien Mtouta du Vouatouta, coiffé de plumes.

cheveux en un volumineux pompon se dressant vers le ciel. Les peintures de leur corps les font ressembler à des arlequins.

D'autres peuples africains se font remarquer par les édifices dont ils surchargent leur tête. Le plus curieux, tout en plumes, est certainement celui des Mtoutas, habitants du Vouatouta. Stanley, dans son voyage à travers le continent mystérieux, parle de cette tribu comme la plus terrible qu'il ait visitée. Redoutés et détestés de leurs voisins, ils ont toujours la main levée contre leurs semblables. Anéantir un de ces hommes est considéré, par les Arabes, comme une action aussi méritoire et aussi utile que de tuer un fauve ou un serpent.

Après les Vouagogos, également de l'Afrique centrale et qui varient leur coiffure à l'infini, il faut nommer les Ougouhas, non moins inven-

DÉFORMATIONS ET MUTILATIONS. 123

tifs dans leur coquetterie. Les deux dessins suivants le prouvent avec évidence.

Mais ce sont surtout les sauvages des côtes occidentales, principalement ceux de la Guinée, qui fournissent le plus d'exemples de l'art capillaire exagéré. Chaque famille s'y distingue par une coiffure particulière. Objet de grande vanité, on la varie de cent manières différentes. Frisures, tresses, plumets relevés sur le crâne, crinières étalées sur le dos, boules imprégnées d'huile de palme ou semées d'or et de corail, rien n'y est inconnu. Il y a des hommes qui se font raser toute la tête ne laissant sur le haut qu'une touffe d'un pouce de longueur; d'autres disposent leurs cheveux en croix, en cercles, en crêtes de coq, en carrés, en croissants ou en ronds comme des fonds d'artichaut. C'est aux épouses qu'est dévolu ce travail minutieux, et justice leur est due de dire qu'elles s'en acquittent avec amour et patience.

Indien de l'Ougouha (Afrique centrale).

Des fourchettes à trois dents, sans manches, qu'ils manient légèrement, parviennent à atteindre la peau et calment les démangeaisons qui les tourmentent, sans déranger les édifices construits avec tant de soin. Les esclaves vont nu-tête; les personnes distinguées posent sur leurs échafaudages de vieux chapeaux à haute forme que leur vendent, très cher, les Européens de passage.

Indien de l'Ougouha (Afrique centrale).

Les Ounyamonézis disposent leurs cheveux autour de la tête en lignes inégales ou les rasent, à l'exception de quelques touffes qu'ils laissent croître

124 LES PARURES PRIMITIVES.

sur son sommet. Les Indiens Oujijis, avec leurs queues d'animaux et leur corne au-dessus du front, retenues autour de la tête par un cercle de fer, ne sont pas moins originaux.

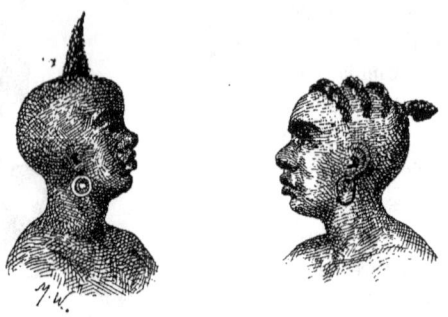

Indiens Ounyamonézis.

Leurs voisins, les Manyémas, se couvrant les cheveux d'argile blanche et les travaillant de manière à former des plaques, des cônes ou

Indien Oujiji (Afrique occidentale). Coiffure composée de corne et de queues d'animaux.

des houppes aussi épaisses que lourdes, sont peut-être encore plus bizarres, surtout quand ils renferment les poils de leur menton dans des boules de terre noire. En dernier lieu, nous reproduirons le portrait d'une mulâtresse de Kapéka, citée par le lieutenant Verney-Cameron dans son voyage de Zanzibar à Benguéla, et dont la volumineuse coiffure dépasse toutes les limites ; sa tête n'aurait pu entrer dans un boisseau anglais, mesure équivalant à trente-six litres. Cette belle personne avait, en outre, des guirlandes de perles sur chacun de ses bandeaux et la figure enchâssée dans un appareil extraordinaire qui la faisait ressembler à certains guerriers des croisades dont la tête était protégée par un tissu de mailles de fer.

Ce qui est remarquable dans le costume des bayadères algériennes, ce sont les bijoux dont elles se parent. Il en est de toutes les formes et de toutes les provenances ; le plus grand nombre est constitué par des pièces d'or de 20, 40 et même de 100 francs, de livres sterling ou de sequins, le tout formant des chapelets cousus sur leur robe. Les Ouled-Naïls portent leur fortune entière sur elles, car ces monnaies représentent la dot destinée au futur mari, si, heureux hasard! elles ne sont pas assassinées, avant de l'avoir trouvé, par quelque Bédouin rapace qui, en vue du gain, n'hésitera pas à commettre un crime.

Naturel Manyéma avec les cheveux empâtés d'argile, façonnés en cône et en plaques.

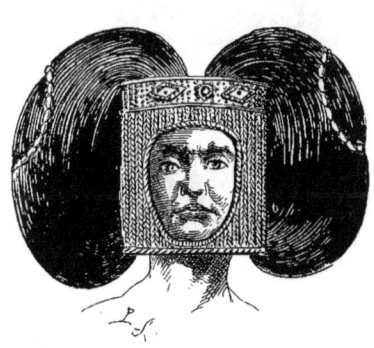

Mulâtresse de Kapéka (Afrique orientale).

Les danseuses de Biskra, en particulier, se surchargent d'une foule d'ornements, tels que bagues, bracelets, ceintures, colliers, couronnes sur la tête d'où pendent des enjolivements ou des voiles dont elles s'enveloppent à leur gré. Leurs peintures achèvent de les embellir : les yeux sont agrandis avec le kohl, la figure et les bras sont couverts de rouge, les ongles de henné et les cheveux enduits d'huile rance mélangée de musc et de parfums pénétrants.

Ouled-Naïls ou bayadère algérienne.
(D'après une photographie.)

Pour trouver une coiffure à peu près semblable à celle des beautés du désert Saharien, il faudrait aller jusqu'au centre de l'Asie ; là, sur les confins de l'extrême Turkestan, on peut admirer de dignes matrones ayant sur la tête de véritables monuments.

En continuant notre voyage sur la terre africaine, nous voyons les femmes de la Côte d'Or qui, avant l'arrivée des Hollandais, laissaient leurs cheveux incultes ; peu à peu le désir de plaire s'étant éveillé dans leur esprit, elles commencèrent à les nettoyer, à les friser, à les relever de ci de là, avec des petits peignes à deux dents qui leur servaient à l'occasion pour saluer les visiteurs.

Des incisions coloriées au front, aux yeux, et aux oreilles, de nombreuses taches blanches sur les joues, rafraîchies chaque matin par un

Danseuse de Biskra parée de pièces de monnaie.
(D'après une photographie.)

DÉFORMATIONS ET MUTILATIONS. 127

vernis, donnaient à leur figure l'aspect d'un bas-relief. Les filles à marier surchargent leurs bras de trente ou quarante bracelets en fer très minces, de porte-bonheur.

En honneur du fétiche de la tribu, quelques-unes avaient des liens d'écorce provenant d'arbres consacrés. Toutes se paraient d'une telle quantité de bagues que leurs doigts en étaient complètement cachés.

Ne possédant ni argent, ni coffres, ni armoires, elles suspendaient à leur ceinture un couteau, une bourse, un cadenas et un trousseau de clés, simples objets de luxe.

Matrone du Turkestan avec sa coiffure d'apparat.

Les femmes indigènes des colonies françaises au Sénégal, flattées d'ap-

Femme indigène des colonies françaises du Sénégal.

Enfant du Sénégal.

partenir à la patrie de l'élégance et croyant imiter leurs maîtresses se font des coiffures originales. Elles y entremêlent des séries de boutons enfilés qui descendent du sommet de la tête sur le nez ou des petits colifichets en corail, en coquillage ou autres matières.

Les enfants disposent aussi leurs cheveux d'une manière singulière : quelques mèches nattées tombent sans grâce sur la figure, et le reste est rasé partiellement en lignes verticales et horizontales.

Un mot maintenant sur quelques peuples du Nouveau-Monde.

Les femmes Antis des vallées limitrophes de Santa-Anna, au Pérou, coupent leurs cheveux carrément sur le front à la hauteur des yeux et les laissent flotter par derrière en queue de cheval. A la naissance de leur premier enfant ou à la mort d'un membre de leur famille, elles doivent se raser complètement. Les plus coquettes ont une incroyable profusion de colliers et de bracelets composés de graines végétales, de noyaux de fruits, ou de gousses de vanille; en outre, elles attachent sur leurs épaules une douzaine de peaux d'oiseaux de diverses couleurs, des paquets d'ongles de tapirs et de becs de toucans dont le bruissement, semblable à celui des serpents à sonnettes, les amuse et les distrait.

C'est au Pérou que l'on confectionne ces charmantes parures en élytres de chrysophore qui ressemblent à des émaux.

Fières de leur chevelure, les compagnes des Esquimaux la divisent en deux tresses et la relèvent sur le sommet de la tête en forme de huppe au moyen d'une courroie en peau de phoque. Elles les coupent, quand elles deviennent veuves.

Les femmes du Kamstchatka avaient autrefois des perruques en poils d'animaux ou en une espèce de joncs velus qui avaient tant de valeur à leurs yeux, qu'elles refusaient de se faire baptiser, ne voulant pas les ôter pour recevoir l'eau bénite.

Au nord de l'Amérique septentrionale se trouvaient naguère des Indiens qui, après avoir semé sur leur tête graissée du duvet de cygne, y ajoutaient, dans une disposition fantaisiste, des plumes, des bouquets de poils, des griffes d'animaux, des pattes et des têtes d'oiseaux. Les femmes, également parées, couvraient leur chevelure huilée d'une poussière d'écorce d'arbre ou de vermillon et l'enveloppaient dans une peau de serpent qui, pendant en cadenette, s'arrêtait à la taille. Elles devaient, en témoignage de grand chagrin, la supprimer à la mort d'un parent ascendant.

L'abbé Prévost assure que les naturels des Maldives, qui avaient les cheveux d'un noir de jais, regardaient cette couleur comme la plus enviable. Les nobles et les guerriers les portaient longs, les simples citoyens devaient les couper, mais ils étaient l'ornement de toutes les femmes. Au sortir de l'enfance, elles les rassemblaient dans un anneau d'or, les couvraient de perles, de pierres, de fleurs et en augmentaient la quantité par de faux cheveux, achetés sur la côte de Malabar.

Il n'y avait pas, à cette époque, de barbiers publics dans ces îles; chacun se faisait la barbe à l'aide de ciseaux. Le roi et les principaux personnages étaient rasés par des gens de qualité qui tiraient gloire de cette fonction sans en exiger de salaire. Quant aux pauvres, ils se rendaient mutuellement ce service.

Si, dans ces pays, on aimait les cheveux noirs, dans d'autres, le blanc et le roux étaient les teintes préférées. C'est ainsi qu'aux îles Mariannes, les femmes qui possédaient une très belle chevelure brune s'étudiaient à la décolorer par des cosmétiques dont la préparation faisait une de leurs occupations journalières.

Aux Sandwich, les jeunes filles, très coquettes de leurs cheveux, les enduisent de chaux plusieurs fois par jour pour les rendre blonds ou blancs; on en voit même de roses. N'est-il pas étrange de retrouver ces anomalies dans notre propre histoire? Au XVIe siècle, sous les règnes de François II, de Charles IX et de Henri III, il était de bon ton de ne porter que des cheveux d'un blond ardent ou acajou. Les dames de la cour élevaient près d'elles des jeunes filles ou des pages ayant des boucles de cette nuance et les coupaient pour s'en faire faire des perruques à la mode du jour; souvent aussi elles achetaient, à prix d'or, dans le même but, les dépouilles des femmes de la campagne. On cite à ce sujet un mot de Brantôme sur Marguerite de France, femme de Henri IV, qui osa paraître dans une soirée avec ses cheveux naturels, noirs et très abondants. « Elle était ainsi, dit-il, presque aussi belle qu'avec sa perruque blonde. »

Les gens du peuple employaient souvent la filasse pour imiter les nobles.

On a vu, sous Louis XV et Louis XVI, les têtes poudrées à frimas, c'est-à-dire, entièrement blanches. Les riches employaient des poudres spéciales parfumées à la rose ou à l'iris, tandis que les paysans mettaient simplement de la farine.

Au milieu de l'Océan Pacifique, se trouve l'archipel Fidji, composé de 225 îlots, dont 90 habités. Les plus importants sont Viti et Vanna. C'est le pays de l'abondance ; un volume ne suffirait pas pour en décrire toutes les plantes. Un des arbres les plus précieux, le mûrier à papier, qui en est originaire, fournit aux indigènes la toile végétale avec laquelle ils font des tapis, des tentures, des ornements pour les temples, et la ceinture appelée *malo*, qui est le vêtement masculin. Très soigneux de leur personne, les insulaires de Viti donnent à leurs coiffures les formes les plus diverses; croyant rendre plus beaux leurs cheveux noirs, touffus, longs et frisés, ils les teignent en bleu, en blanc, en rouge ou en jaune, selon le goût de la cour. Les jeunes gens, surtout, multiplient leurs fantaisies capillaires. Ils ont parfois, au milieu de la tête, une masse sphérique de cheveux noirs entourée d'un bandeau de cheveux blancs ; les uns portent sur le cou un grand chignon rouge et jaune, ou dessinent sur leur crâne un damier semé de carrés noirs et blancs; d'autres le couvrent de petits cônes de toutes couleurs, les roulent en canons

Habitant des îles Viti.

autour de la tête et y ajoutent des bijoux et des plumes.

Comme insignes de leur dignité, les prêtres ont adopté de grands peignes faits de lamelles de bois reliées entre elles par des fils très fins.

Les chefs ont toujours plusieurs barbiers attachés spécialement à leur personne ; leur fonction est sacrée. L'édification de la coiffure exige plusieurs heures; quand elle est terminée, une gaze légère est posée au-dessus pour la préserver des effets néfastes de la poussière et de l'humidité; elle peut, en y faisant attention, durer plusieurs semaines, peut-être un mois; on ne songe même pas à la renouveler à moins d'être obligé d'ôter la gaze ; aussi couche-t-on la tête appuyée sur un morceau de bois poli, creusé en demi-cercle, qui la maintient pendant le sommeil et l'empêche de se déranger.

L'étroite bande d'étoffe du *malo* s'enroule autour du buste des hommes, de manière à ramener par devant les deux bouts et c'est à leur degré de longueur et de richesse que l'on reconnaît le rang des personnes. Il n'y a que le roi et les grands qui aient le droit de les laisser pendre jusqu'à terre. Ces derniers portent des colliers de coquillages taillés en forme d'assiette, et s'entourent le cou de dents de porc, de mâchoires de rat, de pattes de chauve-souris, de dents de baleine sculptées comme des griffes et qui ressemblent aux parures que les Peaux-Rouges de l'Amérique du Nord se font avec celles de l'ours *grizzly*.

Malgré leur nudité, les Fidjiens ne renoncent pas aux principes de la pudeur et de la modestie. Quiconque, homme ou femme, se dispenserait de porter le *malo* ou le *liku* (ceinture féminine), courrait le risque d'être assommé.

Les actes de cannibalisme commis par ces sauvages et dont les détails font frissonner d'horreur, sont fréquents; le capitaine Mayne-Reid, qui y a assisté, les raconte en détail.

Les habitants de l'île du duc d'York, moins experts que les Fidjiens, se bornent à oindre leur tête d'une pommade qu'ils couvrent ensuite d'une poudre blanchâtre ou jaune, renfermée dans une petite gourde qui ne les quitte jamais. Dans l'archipel de Britannia où l'on affectionne les cheveux blancs, on prend autant de peine à en détruire la couleur primitive que nous en mettons à la conserver.

En Australie, les chefs de quelques tribus parent leur front d'un morceau de peau de kangourou et fixent sur leur tête, au moyen d'une gomme tirée du *xanthera australis*, des plumes, des os de poisson, des queues de chien et des dents d'animaux divers. Ils se frottent la peau d'une huile infecte, qui a du moins l'avantage d'éloigner les insectes si nombreux dans le *troisième continent*.

Les hommes de la Nouvelle-Guinée, dont les cheveux sont très durs, les séparent en deux grosses touffes cachées sous un bandeau de peau de casoar, au milieu duquel se dresse le peigne de guerre orné d'un oiseau de paradis, la merveille zoologique de ces contrées. Souvent, ils les teignent en roux avec de l'eau de chaux et les saupoudrent de corail blanc pulvérisé.

Les Arfaks, autre population Papoue, portent un grand anneau au bas du nez ou le traversent par un os qui, divisant le visage en deux parties horizontales, forme un angle droit avec les oreilles. Leur chevelure est façonnée autour de la tête en un grand nombre de pelotes serrées à la

132 LES PARURES PRIMITIVES.

racine par une corde. Ils ont de gros anneaux au haut des bras et des colliers où pend un coquillage qui représente une amulette.

Papou Arfak (Nouvelle-Guinée).

On assure que les Griguas répandent sur leur tête une matière bleue mélangée de mica qui, se détachant par parcelles au moindre mouvement qu'ils font, couvre bientôt tout leur corps d'une poussière brillante, celle-ci y reste fixée, grâce aux huiles dont ils s'enduisent journellement.

Bien que Molière ait dit : « Du côté de la barbe est la toute-puissance, » ce ne fut pas l'avis de Pierre le Grand qui, en 1699, établit un impôt sur celle de ses sujets et fit graver ces mots sur une pierre : « La barbe est un embarras inutile ». Beaucoup de vieux Russes, surtout les Cosaques, préféraient perdre la vie, plutôt que de se soumettre aux ordres du despote. Mais, voulant rompre son peuple à la discipline, même dans les plus petites choses, le tzar mit des taxes proportionnées à la situation de l'homme pour avoir le droit de porter cet ornement naturel ; si la taxe n'était pas payée, la barbe était coupée immédiatement par des gardes préposés à cet office, toujours armés de longs ciseaux. Cet impôt, qui mécontenta tout le monde, dura soixante ans ; il fut supprimé par Catherine II, pour faire acte de contradiction avec son mari, Pierre III,

Jeune homme des îles Sandwich, rasé d'un seul côté.

qui préparait des mesures plus rigoureuses encore, lorsqu'il vint à mourir.

Presque tous les jeunes gens des îles Sandwich, jadis, se coupaient les cheveux et se rasaient d'un seul côté. Les habitants des Marquises ne man-

DÉFORMATIONS ET MUTILATIONS. 133

quent pas de faire disparaître cette végétation, superflue, selon leur opinion.

Le rasoir du pays est une dent d'animal ou un morceau de verre muni d'un manche. Si les vieillards laissent, par exception, pousser leur barbe surtout lorsqu'elle est blanche, c'est par spéculation, car elle se vend très cher, pour confectionner des ornements de toilette. Le capitaine de vaisseau Jouan a connu, dans ces îles, un Français, âgé de soixante-dix ans, qui était logé, nourri et habillé aux frais d'un chef, en échange des produits de sa toison, mise en coupes réglées, comme on aurait agi pour une futaie.

Quand les indigènes mêlent à leur coiffure des dents de marsouin ou des verroteries, c'est le signe évident d'une vengeance non satisfaite, qui, véritable vendetta, devient héréditaire. Une feuille de latanier posée en cornet sur la tête ou tombant sur la nuque, est le bonnet commun aux deux sexes.

Guerrier de Mallua avec sa barbe enveloppée de feuilles de latanier et de tiges de bambou.

Peu soucieux de cette marque d'autorité, célébrée par notre grand auteur comique, beaucoup de sauvages se l'arrachent dès qu'elle commence à naître. Tels les Roucouyennes qui s'épilent non seulement le visage, mais tout le corps. La barbe des blancs leur semble très étrange. Un chef de tribu ne consentit à donner des guides au docteur Crevaux qu'autant qu'il lui ferait cadeau de quelques poils de sa barbe, le savant et malheureux explorateur s'empressa, en riant, d'acquiescer à cette fantaisie.

A Mallua, ville de la Malaisie, les guerriers prennent un soin particulier de leur barbe; ils l'enveloppent dans des feuilles d'arbre et dans des tubes de roseaux pour qu'elle ne souffre aucun dommage pendant le combat, ce qui est d'un aspect des plus comiques, surtout si l'on considère le reste de leur costume composé de plumes, de queues d'animaux, de coquillages univalves cousus sur les vêtements et du fameux peigne de guerre passé à travers leurs cheveux relevés en toupet au-dessus du crâne.

Les Caraïbes, dans l'origine, simulaient des moustaches de 12 à 15 centimètres de longueur avec des plumes de perroquet.

De même agissent les Indiens Impétiniris du haut Pérou, qui s'en appliquent quatre aux coins de la bouche. Des plumes d'ara ornent leurs chapeaux et leur léger costume. Un de ces types se trouve au musée du Trocadéro.

Indien Impetiniri du haut Pérou paré de plumes de perroquet.

Les Pahouins, hommes et femmes, trouvent leurs lèvres comme une écumoire pour y placer des épines de mimosa, afin de ressembler au tigre qui, pour eux, est le modèle parfait de la beauté, de la force et de l'audace.

Quand les fashionables de la Louisiane veulent avoir une mise irréprochable, ils ajoutent à leurs joues deux gros favoris d'argile blanche.

Les insulaires des Maldives avaient autrefois un si profond respect pour les rognures de leurs poils, qu'ils les recevaient sur un linge, puis les réunissaient et les enterraient.

Femme pahouine avec des crins au-dessus de la bouche.

DÉFORMATIONS ET MUTILATIONS.

C'était, à leurs yeux, une partie du corps méritant la sépulture autant que le reste.

Les Indiens du nord de l'Amérique s'épilaient soigneusement par un procédé assez brutal ; saisissant leurs poils un à un avec deux valves de moule transformées en pinces, ils les arrachaient sans manifester la moindre appréhension, malgré la douleur qui en résultait.

Ils regardaient avec dégoût les moustaches et les mentons bien fournis des « blancs », qu'ils appelaient par dérision : les Longues-Barbes. Au contraire, les deux sexes étaient orgueilleux de leur chevelure d'ordinaire noire et assez rude. Ils la laissaient pousser de toute sa longueur, la nattaient ou la roulaient autour de leur tête avec une capricieuse originalité. On ne pouvait leur faire un plus cruel affront que d'en couper les nattes ou les boucles, entretenues avec le plus grand art.

Persan.

La barbe parut toujours aux Orientaux digne d'une grande attention. Suivant l'exemple de leur prophète, ils ne la rasent pas. Les plus scrupuleux étendent une serviette au-dessous, quand ils la peignent, et en ramassent les débris qui sont mis en réserve pour être déposés avec eux dans le tombeau. Le musulman jure par elle. Sa femme, ses enfants, ses amis, la baisent avec respect.

Jérusalem possède trois poils de la barbe de Mahomet. Cette précieuse relique est enfermée dans sept armoires placées dans l'intérieur d'une colonne de la mosquée d'Omar.

Un usage barbare régna longtemps en Perse : les généraux fautifs étaient condamnés à avoir les cheveux et la barbe arrachés brin à brin.

Artaxerxès eut l'humanité d'abolir ce supplice et y substitua la perte de la tiare. Dans ce pays où la barbe ne se porta jamais aussi longue qu'en Turquie, on l'y estime surtout noire et épaisse. Ceux qui l'ont blonde ou rare, ne reculent devant aucun sacrifice pour en changer la couleur et en augmenter le volume.

Il n'est pas rare de voir des vieillards, dans certaines villes de l'Asie, teindre la leur en indigo ; à Sari, capitale de la province du Mazendéran, c'est le rouge qui a la préférence.

A Rome, les Pères Conscrits de la République étaient assez chatouilleux sur le respect auquel ils avaient droit, et l'on sait le châtiment qu'un sénateur infligea au soldat gaulois qui avait touché à la majestueuse parure de son menton.

Sous l'Empire, les jeunes gens arrivés à l'âge viril, devaient offrir leur barbe aux dieux ; Néron enferma la sienne dans une boîte d'or enrichie de perles fines, et la consacra à Jupiter Capitolin ; mais Adrien, voulant dissimuler une petite excroissance qu'il avait au-dessous de la bouche, ne se soumit pas aux lois religieuses ; son exemple fut aussitôt suivi par les courtisans et la vieille coutume reparut. A ce propos, nous rappellerons que les ancêtres de notre race s'épilaient avec soin ; cependant, s'ils faisaient disparaître le duvet de leurs joues, ils conservaient la moustache dont la longueur donnait un air martial aux soldats ; c'était même un des signes distinctifs de la nation. Un rasoir dans le sarcophage, à côté du défunt, indiquait sa noble origine.

Chez les Francs comme chez les Goths, la barbe était le témoin le plus sacré des serments ; il suffisait de la toucher pour sceller une alliance. Clovis demanda cette faveur à Alaric qui la lui refusa et il s'en suivit une guerre sanglante. Les grands s'envoyaient réciproquement des poils de leur barbe en signe d'affection.

A toutes ces bizarreries ne s'arrêtent pas les modes auxquelles obéissent les hommes. Au Paraguay, les habitants, ignorant l'utilité des cils et croyant s'embellir, s'arrachent ces protecteurs de la vue.

Aux îles Philippines, les insulaires se peignent les sourcils, les cils, les cheveux et tout le corps, ce qui leur valut, des premiers explorateurs de leur pays, le nom de *pintados*.

Au Japon, les femmes mariées se distinguent des autres, non seulement par la sévérité de leur toilette, mais aussi par l'absence des sourcils qu'elles

Juive de Tunis en grand costume de fête.
(D'après une photographie.)

DÉFORMATIONS ET MUTILATIONS.

détruisent après la première maternité. Les dames de la haute société ne font pas exception à cette règle et, par un caprice inexplicable, elles remplacent cet ornement, disparu volontairement, par des peintures finement tracées à deux centimètres au-dessus des yeux, pour allonger sans doute l'ovale de la figure. Les hommes recourent à des subterfuges analogues en se faisant des arcs noirs, loin des paupières et à contre-sens des naturels.

L'usage de faire disparaître les sourcils existe également en Patagonie, tandis que les Vouagogos, déjà cités, en couvrent la place avec des bandelettes blanches, coupées dans une peau de vache.

Femme kabyle.

Quel que soit son âge, la kabyle teint ses cils et ses sourcils, qui ne lui semblent jamais assez noirs; aussi trouve-t-on en première ligne, parmi les objets indispensables à sa toilette, un petit étui en roseau, contenant le kohl nécessaire à cette peinture, avec l'aiguille d'argent qui sert à l'appliquer; c'est même un remède contre les ophtalmies si communes en Afrique. La couche que l'outil dépose sur les cils, en les colorant d'un noir bleuâtre, donne de la douceur au regard et préserve l'œil contre l'éclat brûlant du soleil.

Le même usage règne à Tunis pour les juives riches qui peuvent se montrer en public le visage découvert. Rien n'est plus charmant que leur costume tout en satin rose, bleu, jaune ou vert clair, relevé de galons d'or, avec des chaussures assorties à la couleur. Leur long chapeau conique rappelant assez le hennin du moyen âge, a souvent, à son extrémité, un voile de gaze blanche dans lequel elles se dissimulent, quand elles le jugent à propos.

Les juives pauvres d'Alger, ne pouvant pas acheter l'opiat des Arabes, se dessinent des sourcils avec de la laine ou de petites bandes de soie noire qui, imparfaitement collées, se détachent parfois et produisent alors un effet grotesque.

Au moyen âge, en Italie, les sourcils à peine visibles étaient en grande vogue, aussi prenait-on le soin de les façonner comme une ligne très fine. Cette mode persista longtemps, car on la signale encore vers 1660.

Les Géorgiennes, dites les plus belles femmes de l'univers, pensent différemment. Pour augmenter cet ornement naturel, elles le cultivent de leur mieux et se font des sourcils aussi larges que possible, se réunissant même au-dessus du nez.

Jusqu'au siècle dernier, les Mexicaines, comme les Grecques de l'antiquité, voyaient une beauté dans la petitesse du front et, pour employer le mot pittoresque de Montaigne, « le peuplaient avec art ». C'était de plus, à Athènes, un signe de jeunesse, les vieillards ayant généralement le front découvert par la calvitie. C'est pourquoi Apollon, le dieu éternellement jeune et la plupart des divinités de l'Olympe, symbolisant des qualités viriles, sont toujours représentées avec la chevelure plantée très bas autour de la figure. Une idée contraire régna en France et en Italie du xve au xvie siècle; la

Ornement de front aux îles Salomon.

Sainte Catherine de Raphaël, avec son front démesurément grand et ses minces sourcils, ainsi que plusieurs autres tableaux de la galerie du Louvre, en font foi.

Les habitants des îles Salomon portent sur le front une grande rondelle en écaille de tortue, découpée à jour et montée sur un coquillage. Cette plaque en occupe le milieu et y est maintenue par une bande de cuir faisant le tour de la tête.

Dans plusieurs îles polynésiennes on adapte, sur cette partie du visage, des petites lamelles d'or au nombre de sept à douze, qui couvrent l'espace compris entre les yeux et la racine des cheveux. Ces lamelles sont si minces et si habilement juxtaposées, qu'on les croirait incrustées dans la chair. A Mékéto, en Afrique, ville principale du pays des Vouarouas décrit par Cameron, les femmes ont la chevelure rasée de manière à hausser le front dont la partie supérieure est décorée de trois signes de peinture de sept millimètres de largeur. La première de ces lignes, celle qui touche à la racine des cheveux est rouge, la seconde est noire et la troisième, blanche. A Timor, les hommes fixent entre les deux arcades sourcilières un bijou en nacre de perle finement dentelé, de la forme et de la dimension d'une pièce de cinq francs.

Ce que les indigènes d'Arakhan admirent surtout chez la femme, c'est un front plat et poli; afin de l'obtenir, les parents attachent sur celui de leurs petites filles, dès la naissance, une assiette en plomb.

Une étoile tatouée entre les sourcils ou une moucheture sur le menton sont dans quelques tribus africaines d'irrésistibles attractions.

Quoique l'art soit étranger au type humain suivant, qui se présente comme un des plus bizarres caprices de la création, nous le mentionnerons avant d'aborder la troisième partie de notre étude sur l'esthétique, croyant intéresser le lecteur.

Le Portugais Serpa-Pinto qui, à l'exemple de Livingstone, de Cameron et de Stanley, traversa le continent africain de l'est à l'ouest, et souleva comme eux un coin du voile qui recouvre ces contrées mystérieuses laissées en blanc sur les cartes géographiques, dit dans ses publications devenues célèbres : « Un jour que je me trouvais avec mes compagnons abrités dans un bouquet de bois, nous entendîmes des éclats de rire effroyables. C'était une troupe d'indigènes regagnant leurs huttes après le travail des champs. Les hommes étaient couverts de peaux de bêtes et les femmes portaient sur le dos, leurs enfants attachés dans une serviette en écorce d'arbre. La tête des pauvres petits se balançait d'un seul côté, ce qui fut pour moi l'explication de la situation habituellement penchée des nègres adultes. »

C'est en continuant leur route que les membres de l'expédition, après plusieurs journées de fatigue, pénétrèrent dans le vaste territoire situé entre le Cubango et le Cuando, deux affluents du Zambèze, et habité par de nombreuses tribus. Là, ils eurent la surprise de rencontrer une peuplade blanche ayant d'ailleurs tous les caractères de la famille nègre. Ce sont, malgré la teinte de leur peau, les plus laids et les plus antipathiques sauvages africains. Nomades par excellence, sans agriculture, sans industrie, ils ne s'arrêtent jamais plus de deux jours dans le même endroit, ne vivant que des racines des forêts ou des produits de leur chasse, armés simplement d'un arc et de quelques flèches. La timidité et la méfiance forment le fond de leur caractère. Ils ont les yeux obliques et bridés comme les Chinois, les pommettes saillantes, la tête à moitié chauve. Bien que leur peau soit d'un blanc éclatant, on peut affirmer que ce ne sont pas des albinos, car leurs cheveux couleur d'ébène et crépus sont semblables à ceux de la race noire; on serait presque tenté de les appeler des *nègres blancs*.

En créant les originalités que nous venons de passer en revue, les sauvages ont eu, en général, recours aux productions de la nature qui a été pour eux comme un vaste écrin dans lequel ils choisirent à leur gré ce qui leur plaisait. Les pierres, les métaux, les coquillages, les plantes, les insectes, les débris d'animaux et une foule de drogues dignes, selon l'expression de Stanley, de la cuisine des sorcières de Macbeth, ont été transformés par ces joailliers primitifs en ornements de tous genres.

Mùs par un sentiment analogue, les Préhistoriques avaient puisé leurs bijoux aux mêmes sources; mais, si le goût de la parure se modifie à mesure que le niveau des sociétés s'élève, c'est par le vêtement que l'homme chercha en dernier lieu à s'embellir.

Quels furent donc les éléments appelés à remplir ce rôle, d'autant plus important qu'il contribua au développement de l'industrie et devint la cause de mille découvertes utiles?

Nous allons essayer de répondre à cette question, aidée par les érudits et les grands voyageurs.

CHAPITRE III

RÔLE DES ÉCORCES D'ARBRES, DES FEUILLAGES ET DES FLEURS DANS LE COSTUME ET LA PARURE.

Convives parés de fleurs, dans un festin grec (d'après un bas-relief antique).

CHAPITRE III

RÔLE DES ÉCORCES D'ARBRES, DES FEUILLAGES ET DES FLEURS
DANS LE COSTUME ET LA PARURE.

Sommaire. — Usage des plantes dans les dogmes religieux : chez les Grecs, les Romains, les Hindous, les Perses et les Égyptiens. — Végétaux employés comme nourriture et premiers vêtements. — Rôle des feuillages dans la toilette des Canaques, des Iquitos du Pérou et de diverses peuplades américaines et océaniennes. — Ornements floraux à Tahiti. — Linge de table, chaises, assiettes, parapluies et ombrelles en feuillage. — Le chrysanthème au Japon. — Le bambou en Chine et le talipot à Ceylan. — Berceaux de mousse, langes, habits de deuil, linceuls en feuilles et en écorces d'arbres. — Fleurs employées dans les funérailles antiques. — Couronnes des Anciens. — Le lotus en Égypte, la rose en Grèce, le myrte à Rome, le chêne et le gui dans la religion druidique. — Invention du rosaire. — Chapeaux de fleurs au moyen âge. — Parures des mariées.

« Les fleurs, a dit Victor Hugo, s'épanouirent avant que l'homme taillât la pierre »; en effet, les plantes et les arbres précédèrent l'apparition de l'humanité sur la terre d'un nombre incalculable d'années.

Certains peuples anciens vont jusqu'à leur prêter une puissance créatrice : les traditions grecques qui, il est vrai, du temps d'Homère, trouvaient déjà des sceptiques, ne font-elles pas sortir l'homme du tronc éclaté d'un arbre et, d'après l'histoire poétique du Latium, l'Italie autrefois couverte de forêts, n'était-elle pas habitée par des autochthones nés du tronc des chênes?

Ces superstitions étranges qui existaient chez les Scandinaves et les Germains sont également formulées dans les dogmes de la religion persane et dans les hymnes sacrés de l'Inde, où le lotus fut le berceau de plusieurs divinités brahmiques qu'on représente se balançant au-dessus des eaux. C'est sur une feuille de nymphéa que le dieu Vichnou, armé d'un trident, franchit l'abîme des eaux éternelles et c'est la même feuille qui servit de conque flottante à la gracieuse déesse Laeckhmie lorsqu'elle devint mère de Brahma. Aussi, ce dieu suprême, a-t-il choisi pour trône le calice de cette magnifique fleur aquatique.

En Égypte, le lotus, consacré à Isis, est le symbole du soleil levant et de la vie inépuisable; il donna le jour au divin Horus, vengeur d'Osiris.

On lit dans les livres saints de l'Orient qu'une plante à larges feuilles, sorte de rhubarbe, prit racine dans le sang d'un être parfait et qu'il s'y développa un double corps masculin et féminin ayant mission de peupler le monde.

Sans s'arrêter à ces fictions, on peut du moins affirmer que, n'exigeant aucun travail préparatoire et répandues en abondance dans l'univers, les feuilles et les écorces des arbres se présentaient naturellement aux hommes, comme premiers éléments de leurs vêtements.

Brahma assis sur une fleur de lotus.

Des témoignages historiques viennent à l'appui de cette hypothèse. D'après les lois de Manou, « l'anachorète doit avoir un habit en écorce », et bien des siècles plus tard, l'esclave gaulois attaché au service de l'intérieur portera une tunique en écorce de bouleau. C'était le costume des Aïnos, descendants de la race aborigène du Japon, qui, aujourd'hui, habitent les terriers des îles Kouriles.

La Bible nous enseigne qu'Adam et Ève étaient nus dans le Paradis terrestre, mais le sentiment de la pudeur s'étant éveillé en eux après le péché, ils cueillirent des feuilles de figuier et s'en firent des ceintures.

Les Chinois admettent que les premiers habitants de l'Asie, réduits à l'état des bêtes, vivaient sur les arbres et se revêtaient de feuillages.

Selon les traditions helléniques réunies par Pausanias, le civilisateur Pélasge rencontra dans le Péloponnèse une race d'indigènes qui ne bâtissaient pas et n'avaient pour se couvrir que les écorces filandreuses de certains arbres; il les tira des forêts où leur subsistance consistait en herbes et en racines, leur apprit à se vêtir de peaux de truie et à manger des glands doux. C'est en souvenir de ce dernier bienfait que les Grecs vouèrent le bois de Dodone à Jupiter, dont le nom était formé du même radical que le verbe manger.

Les oracles des chênes fatidiques se manifestaient par le murmure de leurs feuilles.

Les peuples de l'antiquité, frappés du noble aspect des chênes, les ont enveloppés des nébulosités de leurs légendes. Pline disait que ces arbres semblaient symboliser l'immortalité et qu'il était de tradition que ceux qui ombrageaient les autels de Jupiter près d'Héraclée, dans le royaume de Pont, étaient dus à Hercule. Ces idées se retrouvent souvent dans les œuvres anciennes. L'historien Josèphe rapporte qu'aux environs d'Ebron vivait un térébinthe qui datait de l'époque d'Adam.

Delille cueillit de sa propre main un rameau d'olivier qu'il rencontra en pleine végétation

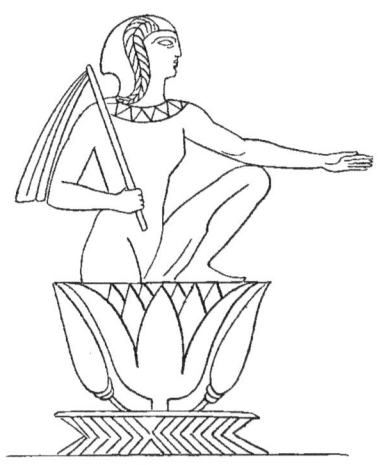

Horus.

à Athènes et qu'il supposa âgé de quarante siècles; il aurait donc été planté au temps de Cécrops; évidemment notre poète a été induit en erreur. On cite cependant, parmi les arbres remarquables par leur longévité, un noyer qui se trouvait dans la plaine de Balaklava à l'endroit même où s'élevait le temple d'Iphigénie; toujours très vigoureux, il produit encore environ cent mille noix par an, que se partagent cinq mille familles tartares. On pense qu'il existait déjà à l'époque où les colonies grecques importaient leurs noix jusqu'à Rome, ce qui le ferait remonter à plusieurs milliers d'années. Ténériffe possède l'*arbre dragon*, qui compte, d'après l'opinion populaire, 3,000 ans.

Les Grecs croyaient à des rapports secrets entre les plantes et les dieux qui se chargeaient de venger les outrages faits aux arbres consacrés.

C'est sans doute par un sentiment d'admiration analogue que les hommes de l'âge de la pierre polie donnaient des branches d'arbre comme lit de parade à leurs morts, lorsqu'ils les conduisaient à leur dernière demeure ; telle est, du moins, l'opinion des savants qui, en étudiant les sépultures de ces temps reculés, ont pu reconstituer la cérémonie des funérailles préhistoriques :

« Le corps que l'on allait enfermer dans le *tumulus* était porté sur du feuillage, comme le font les populations sauvages qui existent aujourd'hui. Les hommes et les femmes étaient vêtus de leurs plus beaux vêtements; des colliers d'ambre et de coquillages décoraient leur poitrine. Des maîtres de cérémonie munis de torches dirigeaient le cortège dans les ténèbres des sables du tumulus. La grotte était ouverte pour recevoir les restes du défunt, et elle se refermait sur lui.

« On y joignait aussi ses armes, ses ornements et les ustensiles qu'il affectionnait. » (Figuier, *L'homme primitif*).

Au mois de mai 1859, on découvrit, à la Varenne-Saint-Maur, près Paris, la sépulture d'un guerrier, inhumé, il y a plus de vingt-cinq siècles, avec sa femme, son cheval et ses armes.

M. Leguay, dans son mémoire sur les sépultures des Parisii, croit qu'après chaque ensevelissement, outre le repas funéraire entre tous les assistants, on allumait, sur le tertre couronnant le tumulus, un feu dans lequel chacun jetait des objets précieux.

Le respect pour les arbres n'a pas disparu de nos mœurs. L'utilité des bois, enfin reconnue, a inspiré à des sages le désir de réparer les désastreuses atteintes portées à l'équilibre de la nature par l'exigence de l'industrie, l'appât exagéré du gain ou la sotte ignorance. Ravinement des montagnes, inondations dans certains moments, sécheresse prolongée dans d'autres, ensablements des vallées, tarissement des sources, voilà les conséquences de la destruction des forêts.

Il y a aujourd'hui une société des Amis des arbres; elle a été fondée à Nice et elle présente cette singularité que chacun de ses membres doit planter un arbre au moins tous les ans.

Laissons parler le critique Sarcey :

« L'idée n'est pas nouvelle. Elle prit naissance en Amérique. Les Américains, pour se procurer de vastes prairies, des terres labourables, détruisirent d'imposantes forêts, environ une superficie égale à l'Europe. En un instant ils détruisirent l'œuvre des siècles. Une vaste étendue n'était que cyprès, on y porta la flamme et l'on édifia une ville qui fut Philadelphie. La ville eût pu être édifiée sans cet incendie effroyable. Toutes les plus belles forêts depuis le Canada jusqu'au Mexique disparurent dans cette œuvre de destruction aveugle.

« Dans le seul port d'Halifax, en 1817, on embarqua pour 2.500.000 fr. de potasse, ce qui suppose l'incinération de 50.000 hectares. Détruire une forêt pour en avoir la cendre! Les fous! Aussi la forêt se vengea-t-elle. La température s'abaissa et plusieurs points de cette partie de l'Amérique devinrent, faute de bois, inhabitables.

« Il fallut réparer le désastre, faire amende honorable, reconstituer la forêt. En vue de cet objet, en 1872, une association se fonda dans l'État de Nebraska, sous le nom de *Arbor Day*, « fête des arbres ». Elle enrôlait hommes, femmes, enfants, instituteurs, fonctionnaires, clergé, soldats. Elle s'étendit très vite dans trente-sept États. Après dix-neuf ans, l'association avait planté 345 millions d'arbres fruitiers ou forestiers. La multiplication des vergers dans la Californie est devenue une source de richesses incroyables. C'est de là que viennent ces innombrables colis de fruits desséchés, livrés aujourd'hui à la consommation du monde entier.

« L'*Arbor Day*, la fête des arbres, est célébrée chaque année, avec une solennité à la fois nationale, populaire et religieuse. On chante des hymnes à la nature qui feraient fondre d'émotion le cœur de Rousseau.

Je l'ai planté, je l'ai vu croître.

« On dédie, à chaque solennité, un arbre à un grand homme, à un citoyen illustre.

« C'est ce que nous avons heureusement imité. La première fois que la Société française des Amis des arbres se manifesta, ce fut en avril, l'an passé, lorsque Nice éleva une statue au général Masséna. La Société planta un arbre en l'honneur d'un citoyen dont elle voulait perpétuer la gloire. Ne trouvez-vous pas cette idée charmante?

« Un paysagiste de beaucoup de talent, M. Adolphe Guillon, a écrit un éloquent plaidoyer en faveur des arbres : « Plus je connais les hommes, dit-il, plus j'aime les arbres. » Aussi ce lui est un déchirement que ces abatages d'arbres amis dont l'ombre plaisait à sa rêverie. Il est à Vézelay dans l'Yonne, il a souffert de voir frapper à mort de vieux arbres plantés sur le bord de la route il y a quarante ans, à la suite d'un accident arrivé à deux pauvres femmes du pays, surprises, au milieu de la nuit, par une bourrasque de neige, et qui s'étaient égarées. Elles eussent retrouvé leur chemin et ne fussent pas mortes s'il eût été planté d'arbres bienveillants. On en planta donc. Depuis quarante ans, ils guidaient les voyageurs l'hiver, et l'été donnaient, à qui est accablé, la fraîcheur de leur ombrage. Mais cet ombrage a été accusé de nuire à la libre expansion des champs voisins, et ce fut leur arrêt de mort.

« Il y a deux ans, un groupe de superbes noyers qui avaient été plantés sur un tertre où saint Bernard prêcha la deuxième croisade, à Vézelay, furent abattus et leurs souches arrachées; à leur place verdoie une jeune vigne. Ces arbres s'appelaient, là-bas, les *noyers de la Cartuelle*, à cause de leur proximité d'un couvent de cordeliers, bâti en cet endroit, en mémoire de la prédication de saint Bernard.

« J'ai beaucoup regretté de ne pas avoir acheté ces arbres pour les lais-
« ser mourir de leur belle mort, a écrit M. Guillon. Ils étaient intéressants,
« non seulement par la place historique qu'ils recouvraient, mais encore
« par leur configuration pittoresque. Ils offraient des sujets d'études si
« variées avec leurs branches tachées d'une mousse sombre qui, sous les
« rayons du soleil, prenait des reflets d'émeraude et les lichens, couleur
« de rouille, brodaient les troncs d'un gris argenté. »

« L'arbre n'est pas seulement un décor; il a une haute fonction; c'est un merveilleux organe. Pas d'arbres, pas d'hommes.

« Le docteur Jeannel a soutenu, au congrès pour l'avancement des sciences en 1891, que les contrées dépourvues d'arbres sont stériles et inhabitées; que la forêt détruite c'est le pays se dépeuplant; que les arbres sont des régulateurs atmosphériques; qu'ils sont des protecteurs agricoles : la montagne chauve, c'est le torrent et l'avalanche, maîtres de tout détruire. La vie animale est étroitement liée à la vie végétale. O la poésie de l'oasis!

« Je laisse à mes concitoyens leur généalogie jusqu'à Adam et jusqu'à sa pomme, dit l'Anglais Lowel. Pour moi, je me figure qu'un arbre se trouvait parmi mes ancêtres, et j'éprouve, pour la population de la forêt, comme le doux sentiment de la parenté. »

Toutes les chimères répandues chez les peuples anciens concernant les plantes, les arbres et les moyens d'existence des premiers hommes, ne sont pas aussi invraisemblables qu'elles le paraissent; nous ne pouvons en donner des preuves plus éclatantes qu'en citant les faits suivants :

L'industrie des habitants de la Tasmanie consiste à fabriquer des pirogues avec des troncs d'arbres, des filets, des manteaux de fourrures et des huttes de branchages. Toujours errants, mangeant des fruits verts ou des racines, ils se contentent d'abriter leurs épaules sous un morceau d'écorce arraché à un arbre voisin.

A l'embouchure de l'Orénoque se trouve la nation indomptée des Guaranis. Quand le delta est inondé, à la saison des pluies, ils tendent, entre deux palmiers, des nattes faites avec les nervures des feuilles du mauritia, dans lesquelles ils vivent jusqu'à la belle saison.

Ces habitations suspendues sont en partie couvertes de glaise, et les femmes y allument sans danger le feu nécessaire aux besoins du ménage. Le voyageur peut alors apercevoir pendant la nuit, lorsqu'il navigue sur le fleuve, de longues traînées de flammes à une grande hauteur au-dessus de la terre.

Le mauritia Alexnosa ou palmier muriche, arbre de vie par excellence, ne procure pas seulement une habitation sûre aux Guaranis, il leur fournit aussi des mets variés. La moelle de son tronc recèle une espèce de sagou; sa sève fermentée donne un vin doux et enivrant; ses fruits verts ou mûrs procurent une nourriture agréable et fortifiante; c'est ainsi qu'existe au plus bas degré de la civilisation humaine, une peuplade enchaînée à une seule espèce d'arbre, comme des insectes qui ne subsistent que de certaines parties d'une fleur.

Beaucoup de populations utilisent, les plantes et les fleurs pour embellir leur costume. A Blidah, surnommée la Voluptueuse, que les Arabes comparent à une rose épanouie, et dont les environs produisent les meilleures oranges de la province d'Alger, les jeunes filles ornent leur cou de quatre à cinq rangs de fleurs d'oranger, longs chapelets odorants, confectionnés spécialement par des marchands juifs. Cueillies fraîches, ces blanches corolles, qui répandent un délicieux parfum, doivent conserver leur pureté jusqu'au lendemain, sinon, la superstition y voit un présage de malheur.

A Tunis, beaucoup d'indigènes portent, derrière l'oreille droite, des touffes de fleurs ; pendant la saison des jasmins et des roses, ils ont soin de les choisir avec des tiges assez longues pour qu'elles arrivent jusqu'à leurs narines, afin d'en pouvoir aspirer continuellement le parfum. On dit que cette coutume remonte aux temps antiques de Carthage.

Nous devons à de célèbres explorateurs d'autres récits aussi curieux. Chargé, en 1861, d'une mission scientifique sur le sol africain, Baker put observer les coutumes d'une peuplade de la vallée du haut Nil, dont les hommes portaient sur les épaules une petite peau d'antilope et dissimulaient le bas des reins sous quelques touffes d'herbe. Les jeunes femmes, selon la fortune qu'elles possédaient, avaient cinq à six rangs de perles formant tablier, mode déjà en usage sous les Pharaons, et les vieilles, des bouquets de feuilles vertes, suspendues à une ficelle. En outre, les chefs portaient de grandes tuniques rappelant la toge des Arabes. Elles étaient faites avec de larges morceaux d'écorces qui, macérés plusieurs jours dans l'eau et battus à coups de maillet, donnaient une étoffe résistante et douce comme la soie.

Quand les Portugais débarquèrent en Guinée (1481), le roi du pays apparut les bras et les jambes ornés de plaques d'or ; à sa barbe étaient attachées des sonnettes de même métal ; mais, contrastant avec cet apparat luxueux, un bandeau d'écorce lui tenait lieu de diadème ; ses soldats, nus jusqu'à la ceinture, avaient le reste du corps caché sous des feuillages de palmier.

Les nègres de la Côte d'Or, ennemis de toute contrainte, pratiquaient jadis un système d'éducation très primitif ayant pour but d'obtenir des hommes sains et robustes, d'une agilité extrême dans tous les exercices du corps. A leur naissance, les enfants étaient chargés de cottes d'écorce provenant d'un arbre consacré au dieu de la tribu, avec l'espoir de leur procurer un sommeil paisible ; à quatre ans, on leur entourait les membres de joncs entrelacés pour les préserver des maladies de cet âge ; à huit ans, ils prenaient solennellement un pagne en fibres végétales, de quelques centimètres, comme les Romains du temps d'Auguste revêtaient l'ample toge.

Négligés par leur famille, livrés à la plus complète oisiveté, les enfants des deux sexes couraient dans les forêts comme de petits animaux. Ce

ÉCORCES D'ARBRES, FEUILLAGES ET FLEURS.

n'était qu'à l'âge de douze ans que les garçons rentraient sous l'autorité paternelle et que les filles se soumettaient à la tutelle de la mère.

Les Dahoméens ont les cheveux crépus et courts. Ils portent sur la tête des calottes ou des chapeaux de paille et des bonnets en tissus de diverses couleurs. Chacun suit un peu sa fantaisie. La coiffure que nous donnons ici, propre à un des princes de la famille régnante, il y a une vingtaine d'années, se composait de larges feuilles retenues par un bandeau d'étoffe blanche d'un effet très pittoresque.

Prince dahoméen, cousin du roi Glé-Glé, parent de Béhanzin (1875-76). Coiffure en feuilles.

Grands voleurs d'hommes, grands marchands d'esclaves, rusés et braves, ces sauvages en rapport avec les Européens depuis la découverte de la côte, ne constituent pas un type spécial. Ce n'est pas une race particulière qu'ils offrent à l'étude, mais un peuple progressif dont les mœurs vont se transformant chaque jour davantage.

Les Ouagoyos qui vivent sur la côte orientale de l'Afrique sont nus, ils se garantissent seulement la tête avec une sorte de bonnet en fibres tressées de baobab qu'ils ornent de plumes de coq; des bracelets de formes bizarres ornent leurs bras et des boucles d'oreilles en fil de fer sont appendues à leurs oreilles.

Indien Ouagoyo coiffé d'un bonnet en fibres tressées de baobab orné de plumes de coq.

Quand on découvrit le Cap de Bonne-Espérance (1504), les indigènes ne vivaient que de chasse et de pêche. Leurs vêtements étaient

154   LES PARURES PRIMITIVES.

en rapport avec la simplicité de leurs mœurs. Ils avaient d'étroits tabliers en peau ou en plumes et des pèlerines en joncs tressés. Les femmes se reconnaissaient à leurs colliers de coquillages et surtout à leurs longs cheveux relevés avec grâce sur le haut de la tête et mélangés d'herbes brillantes aux nuances variées.

Dans l'île de Kazégut, aux environs du Sénégal (*Voy. de Brue*, en 1701), ceux que le rang élevait au-dessus du vulgaire rougissaient leurs cheveux

Habitant de l'île de Kazégut avec son costume en roseaux.

avec de l'huile de palmier et portaient autour des reins une frange épaisse composée de roseaux tombant jusqu'aux genoux. Dans la saison froide, une autre frange, placée sur les épaules, cachait la taille, tandis qu'une troisième protégeait la tête et le cou. L'ensemble de ces trois paillassons donnait à celui qui en était affublé l'apparence d'une de nos ruches à miel.

Un vêtement à peu près semblable se voit aux îles Philippines.

Les manteaux de paille, en usage à Madère, pour les paysans qui vont travailler aux vignes, peuvent aussi leur être comparé.

ÉCORCES D'ARBRES, FEUILLAGES ET FLEURS.

Voici maintenant un costume original adopté les jours de fête par les jeunes gens de Cachéo, une des villes principales de la Sénégambie. Il se compose de lianes disposées en anneau comme un filet avec des manches énormes en paille tressée; la tête supporte un ornement en fourrure surmonté de deux cornes volumineuses. Dans ce pays, le moindre événement devient l'occasion d'une fête pour se livrer à de copieuses libations,

Costume de fête à Cachéo (Sénégambie).

Chef Mombouttou avec une tunique en écorce d'arbre.

car les indigènes sont très gourmands du vin de chicha et en boivent tout le temps que durent les réjouissances. Je laisse à penser quelle doit être la tenue des consommateurs après quelques jours de ce genre de vie.

Les Mombouttous, qui habitent, au nord-ouest des lacs de l'Afrique équatoriale, un pays enchanteur à cause de sa luxuriante végétation, ignorent à peu près l'art du tissage; ils n'ont pour vêtement qu'une tunique en écorce d'arbre. C'est le liber de l'*urostigma de Kotschy*, sorte de figuier, qui leur tient lieu d'étoffe. Cette écorce, soumise à un battage prolongé, qui la change en une sorte de feutre épais, est teinte ensuite d'un rouge brun, et, sous forme de tunique, serrée sous la taille avec une grosse corde, elle couvre le corps depuis la poitrine jusqu'aux genoux. Les épaules restent à nu. Leur coiffure est très compliquée; les cheveux du sommet et du derrière de la tête forment un chignon cylindrique s'élevant obliquement en arrière et soutenu par une carcasse en roseaux; des nattes, des torsades très minces, composent sur le front un bandeau qui va rejoindre le chignon. On supplée aux cheveux naturels par des faux qu'on achète ou que fournissent les soldats tués à la guerre. Les hommes couronnent leur chignon d'un bonnet en paille également cylindrique comme le chignon à pans coupés et à fond carré. Ce bonnet, orné d'un pompon de plumes d'aigle ou de perroquet, n'est pas porté par les femmes; celles-ci doivent se contenter d'épingles et de peignes dont les dents sont des piquants de porc-épic. Mais, elles emploient d'autres procédés pour s'embellir : au moyen du suc d'un fruit de gardénia, les unes se font sur le corps des étoiles, des croix, des abeilles, des fleurs, des rubans festonnés et des nœuds; les autres, sont rayées comme le zèbre, tachetées comme le léopard, où veinées comme le marbre. Portées pendant quelques jours, ces peintures disparaissent pour faire place à de nouvelles, d'un aspect tout aussi varié.

Ces sauvages, qui ont les cheveux couleur de filasse et dont la peau rappelle la teinte du café en poudre, n'élèvent pas de bétail; ils préfèrent à cette chair celle du perroquet gris, de l'éléphant, du sanglier, du buffle et de l'antilope, dont ils savent conserver des parties entières par de bonnes préparations.

Ils ont cependant des poules en quantité et des chiens qui, comme chez leurs voisins, servent de bêtes de boucherie.

Là ne se bornent pas leurs ressources : cruels anthropophages, ils font souvent la guerre à une foule de petites tribus noires qui les entourent et qu'ils ont en parfait mépris. Tous ceux qui tombent dans le combat sont immédiatement répartis, boucanés et emportés comme provision de cuisine. Économes dans l'abondance, ils fument les morceaux superflus pour une occasion meilleure et emploient la graisse humaine en guise de beurre.

Malgré l'horreur qu'inspirent ces mœurs, les Mombouttous doivent

Mombouttous.

être considérés comme une noble race, peut-être d'origine asiatique, doués d'intelligence et d'un jugement qui les élèvent beaucoup au-dessus des autres peuplades africaines.

L'explorateur Schweinfurth admis à visiter la garde-robe de Mounza, chef de la tribu, dit qu'une case entière était consacrée à ses costumes de fantaisie. On y voyait suspendus par énormes touffes des queues de civette, de genette, de potamochères, de girafe, à côté de fourrures de différentes sortes et de milliers d'ornements étranges destinés à décorer sa personne.

Au Chouli, dans le centre de l'Afrique, les femmes cherchent, avec une tendresse tout à leur honneur, à défendre leurs petits enfants contre la chaleur torride de ces régions. Attachés sur le dos de leur nourrice jusqu'à l'âge de quatre ans, les bébés sont recouverts d'une moitié de courge, fruit volumineux en ce pays; on les prendrait alors volontiers pour autant de grosses tortues. Les mères se livrent, avec ce cher fardeau, à leurs occupations habituelles, sans se dispenser du plaisir de la danse qu'elles aiment follement. Au moindre son de tam-tam, accourant

Jeune fille de l'Afrique équatoriale se garantissant du soleil avec une feuille de bananier.

de toutes parts, elles se mettent à sauter pour ne s'arrêter qu'épuisées et hors d'haleine.

Les jeunes filles de ces latitudes brûlantes se servent de feuilles de bananier pour se garantir des rayons du soleil.

Les chefs des Iquitos, tribu riveraine d'un des affluents de l'Amazone, ceignent leur front d'un bandeau d'écorce, orné d'une longue crinière, insigne du pouvoir. Une lance, dont la pointe est empoisonnée, est leur arme offensive et défensive. Les femmes, en marchant, façonnent, à l'aide de quatre épines de mimosa qui leur servent d'aiguilles à tricoter, ces charmants hamacs bariolés, faits avec les fibres du palmier chambéra et que recherchent tant les voyageurs.

Selon les Franciscains des premières missions américaines, la généralité des Indiens de l'Orégon, au sud de la Colombie, se nourrissaient de glands, de racines et de poissons pêchés dans les lacs. Chasseurs de renards, les hommes se paraient des dépouilles de leurs victimes, mais les femmes avaient simplement en été un léger jupon d'herbes fraîches. Les enfants, enfermés dans des boîtes munies d'une sorte d'auvent pour les protéger du soleil, étaient portés sur le dos des mères, assez allègrement.

C'est sur les bords de la Magdelena que croît la plus singulière des plantes de l'Amérique du Sud, l'aristoloche à feuilles en cœur, classée parmi les plantes carnivores; sa fleur présente la forme d'un casque et l'ouverture en est assez grande pour admettre la tête d'un homme. Humbolt rapporte qu'en voyageant le

Indienne de l'Orégon au sud de la Colombie avec sa jupe d'herbes.

long de cette rivière, il rencontra fréquemment des sauvages qui en étaient coiffés.

Tous les enfants la portent sur la tête; elle joue vraiment, chez ces peuples, le rôle classique du bonnet de coton de nos paysans normands. Cette plante guérit, assure-t-on, les morsures des serpents.

Aujourd'hui, les Churoyés n'ont pas un costume beaucoup plus com-

Enfant coiffé d'une fleur d'aristoloche croissant sur les bords de la Magdelena.

pliqué. Un pagne étroit, appelé *guayoco* attaché par une corde de cumaré, en fait tout l'office. Il est fabriqué avec les fibres d'un arbre du genre des

ÉCORCES D'ARBRES, FEUILLAGES ET FLEURS.

malvacées qui, séparées de la partie mucilagineuse, sont lavées et exposées aux rayons ardents du soleil pendant quelques jours pour en obtenir une belle couleur jaune clair; ces fibres sont ensuite tissées et transformées en pagnes. Celui des hommes est rouge, grâce à la *chica*, teinture très commune en Colombie obtenue par la macération d'une liane de la famille des bignoniacées avec laquelle on se colore les jambes, le visage entier ou simplement la lèvre supérieure. Ces indigènes portent au cou des dents d'animaux et des graines végétales; aux lobes des oreilles, des morceaux de bois, des roseaux, des gousses de vanille ou des racines odorantes et sur la tête une couronne de plumes de perroquet. Leurs hamacs, nommés *chinchorros*, qui leur servent de lits de repos, se composent d'un large filet suspendu à un arbre par des attaches en *cumaré*. La résistance de ce genre de corde est si grande, qu'un fil tordu d'un millimètre de diamètre peut soutenir un poids de 10 kilogrammes. Les hamacs destinés aux petits enfants sont entourés de plumes de perruche aux vives couleurs (Voir la gravure en tête de l'ouvrage).

Femme du Rio-Colorado avec une jupe en bandes d'écorce et des feuilles dans les cheveux.

Les femmes de diverses tribus du Rio-Colorado ont un jupon confectionné avec des bandes d'écorce d'arbre; ces bandes, attachées à la ceinture par une extrémité, pendent jusqu'aux genoux où elles sont découpées en larges franges. De loin, elles ressemblent à des danseuses de ballet, par leur manière de marcher qui fait onduler la jupe. La plupart se peignent les lèvres en bleu et se font un pointillé au menton; leurs cheveux, moitié pendants, moitié relevés, sont ornés de fleurs ou de feuilles. Elles enveloppent leurs nourrissons dans des langes façonnés avec des écorces filandreuses et les promènent ainsi sur leurs épaules.

Les Yahuas, ont choisi, pour la danse du *bayenté* ou *du diable*, un déguisement bizarre autant qu'incommode.

Emprisonnés dans un sac d'écorce ayant la forme d'un entonnoir renversé, les danseurs, par des piétinements cadencés, tantôt lents, tantôt vifs et rageurs, se cherchent, s'évitent, se heurtent étourdiment, accompagnant leurs évolutions des sons plaintifs d'une flûte en bambou et d'un bruit de graines sèches renfermées dans une calebasse appendue à cet instrument.

Leur costume est bordé de folioles de mirite; un bouquet en aigrette surmonte l'extrémité supérieure pourvue de trous pour les yeux et la bouche.

Dans ce maillot rustique bridant le buste, les bras des danseurs pendent le long des jambes dans l'impossibilité de faire un geste. Le divertissement cesse quand la sueur des exécutants a percé le fourreau d'écorce et que le manque d'air leur cause une défaillance; d'officieux camarades saisissent alors à deux mains le sac qui les enveloppe, le tirant à eux sans plus de ménagements que s'il s'agissait d'écorcher une anguille. La figure congestionnée, l'air ahuri des hommes

Yahua dansant le bayenté.

à moitié asphyxiés en sortant de leur éteignoir, ne font qu'exciter l'hilarité des spectateurs.

Non moins étrange est la robe des femmes de la Nouvelle-Grenade, étroit fourreau percé de trois trous laissant passer juste la tête et les bras. L'étoffe en est faite avec des fibres végétales pliées en masse qui, battues, prennent l'apparence de l'amadou. Se déchire-t-elle, quelques coups de palette réunissent bientôt les parties disjointes. Crevaux comparait celles qui en étaient affublées à des vessies dégonflées ou à des lanternes chinoises chiffonnées.

Ces Indiennes, aimant beaucoup les bijoux, s'en fabriquent une quantité avec des perles de verre, des coquillages, des pierres, des dents d'animaux et des graines de plantes.

Mais, ces vilaines robes n'existent plus que dans les anciennes tribus non soumises, car les créoles, d'une grande beauté, savent très habilement rehausser l'éclat de leurs attraits; les dames de Cuba et celles de Carthagène, capitale des États de Bolivar ornent souvent leur chevelure de *cocuyos lampyris*, scarabées de la famille des charançons, longs de trois centimètres, dont les yeux très gros et très proéminents jettent dans l'obscurité une vive lueur phosphorescente. Elles renferment ces insectes dans des petites cages de gaze et s'en font des diadèmes ravissants. Quand elles passent le soir, sous l'ombre épaisse des arbres, on les prendait pour les génies de la nuit de nos féeries, couronnée d'étoiles.

On a dit que trois ou quatre de ces lampyris, dans un flacon, donnaient assez de lumière pour permettre de lire ou de coudre;

Dame de Carthagène (États de Bolivar), coiffée de lampyris.

c'est une légère exagération; ils peuvent seulement, au besoin, servir de veilleuse. Pour les conserver vivants, on les loge pendant le jour dans des tronçons de canne à sucre et ils mangent philosophiquement les murs de leur prison, en attendant de reparaître sur la chevelure des femmes.

C'est également sous ces beaux climats que naissent par centaines de charmants coléoptères aux couleurs de feu et d'émeraude, véritables fleurs de l'air, recherchés par les jeunes filles qui en sèment leurs robes de bal. Souvent, elles les retiennent captifs, au moyen d'un fil d'or qui permet aux insectes de pouvoir encore, avec une liberté restreinte, errer sur les vêtements de leur maîtresse. Une autre espèce de scarabée, dont les élytres ont la dureté du métal, est montée en bijoux comme les pierres précieuses.

Au commencement du xviie siècle, les habitants des îles Saint-Jean avaient pour vêtement une feuille de palmier fixée à la taille par un jonc. Coiffés de bonnets d'écorce peinte, au nombre de trois, ils ôtaient successivement pour saluer, le premier, le second et le troisième, selon le degré de politesse qu'ils voulaient témoigner aux personnes, ou, en signe de profond respect, plaçaient dans leurs cheveux des petites branches d'arbre, des feuillages et des fleurs.

A Rioah, près de Sainte-Marthe, dans le Venezuela, les Indiennes de plusieurs tribus libres emploient pour se vêtir, des fibres d'aloès, des feuilles de palmier et des guirlandes de fleurs.

Sur la côte septentrionale de la Colombie, séparée de l'isthme de Panama par les montagnes de Saint-Blas, habite la peuplade des Dariénites qui est issue d'esclaves marrons, de nègres, de mulâtres croisés d'Indiens, d'Européens, de Chinois et d'Hindous, attirés dans ces pays par la construction des chemins de fer. De ce mélange hétéroclite et grâce surtout à leurs ancêtres indiens, beaucoup de ces indigènes ont la chevelure fine, brillante et ondulée. Les hommes sont les plus forts de la contrée, les femmes, les plus belles. Simplement vêtues de l'ancienne robe des créoles, elles mettent surtout leur coquetterie dans l'arrangement des cheveux : partagés par une raie au milieu du front et formant de longues nattes, ou, s'ils sont trop crépus, divisés en une dizaine de gros flocons roulés en coques, ils sont retenus par trois ou quatre grands peignes d'or posés à la manière espagnole et parsemés de fleurs ou de perles provenant des pêcheries voisines (*Voyage de Reclus*, lieutenant de vaisseau, 1876), publié par le *Tour du Monde*.

A Saint-Miguel, dans la région des pluies de l'Amérique équinoxiale, les feuilles d'héliconia sont métamorphosées en parapluies aussi légers qu'imperméables, car les gouttes d'eau coulent en perles transparentes sur

Créole dariénite (isthme de Darien), coiffure de fleurs et peignes à l'espagnole.

ÉCORCES D'ARBRES, FEUILLAGES ET FLEURS.   165

leur surface glauque et polie.

Près d'un hameau des Cordillères, le voyageur Ch. Wiener vit des jeunes filles assister à la messe avec de grandes feuilles de *yacufanga* ou *bijado* qui leur servaient à tour de rôle de chaise et de prie-Dieu; au sortir de l'église, elles les prirent pour s'abriter du soleil.

Au nombre des sauvages

Indienne de Saint-Miguel se servant d'une feuille d'héliconia en guise de parapluie.

Indien Coréguaji.

les plus curieux à citer comme exemple de costume primitif, sont les Coreguajis visités par Crevaux lors de son voyage de Cayenne aux Andes. Tous leurs ornements sont en fleurs ou en plumes multicolores, fournies par les ravissants oiseaux de ces contrées. La tête des hommes supporte un véritable monument agrémenté à l'arrière d'une traîne de menues plumes; les bras et la ceinture sont ornés de panaches; le cou est entouré d'un collier de fleurs et de petits fruits; aux oreilles pendent des lianes fixées à l'extrémité de longues tiges horizontales; quelques bijoux bizarres, en argent, parent leur lèvre supérieure.

Cette tribu fait partie de la Guyane découverte en 1408, par Christophe Colomb.

Nous commencerons notre étude sur les peuplades océaniennes par les Malais Dayaks, si justement appelés par les Anglais *chasseurs de têtes* et qui occupent, dans la partie occidentale de Bornéo, une des contrées les plus fertiles de la terre. C'est au milieu des jungles ou cachés dans les hautes herbes du bord des fleuves, que ces hommes cruels guettent, comme des tigres affamés, le vieillard, la femme ou l'enfant qui, assez téméraire pour s'aventurer dans leurs parages, est percé d'une flèche empoisonnée et a la tête coupée pour servir d'ornement à la hutte du meurtrier.

Malais Dayak (Bornéo) en costume de combat, coiffé d'écorce d'arbre, la corbeille à crânes attachée à sa ceinture.

Les actions les plus belles à leurs yeux sont celles qui attestent la bravoure ou plutôt la férocité. Un petit panier attaché à leur ceinture et qu'ils mettent au premier rang parmi les objets indispensables de la vie, est rembourré de chevelures humaines conquises sur l'ennemi. Lorsqu'ils se préparent au combat, ils emportent surtout cette précieuse corbeille dans laquelle ils déposeront le crâne sanglant du vaincu. Le Dayak remplace deux de ses incisives par des petits morceaux d'or et charge son front d'écorces d'arbres découpées dont les bouts, largement frisés, se relèvent en l'air comme des plumes. Des dents humaines sont disposées en nombreux colliers dont le bruissement lugubre flatte agréablement sa vanité. La tête d'un adversaire est le plus noble présent qu'il puisse faire à la femme aimée; celle-ci, du reste, ne se marierait pas sans ce témoignage d'affection.

Mme Ida Pfeiffer, quoique reçue avec beaucoup d'égards par ces sauvages, n'en conserva pas moins un désagréable souvenir : car, en entrant dans la case qu'on lui avait préparée, elle trouva, suspendues au-dessus de son lit, à la place d'honneur, une tête fraîchement coupée et d'autres déjà desséchées. A moitié suffoquée par l'odeur de ces restes humains, et très impressionnée par le bruit sinistre des ossements qui s'entrechoquaient, poussés par le vent, elle ne put dormir de la nuit.

La gloire d'un guerrier Dayak est proportionnée au nombre de têtes

Indien Harafora (Bornéo).
Bonnet en peau de castor et costume orné de peau de serpent.

qu'il a coupées; séchées au feu, elles deviennent les trophées luxueux de sa demeure (Voir l'article de M. Cortambert dans le *Journal des Voyages*).

D'autres indigènes de Bornéo, les Haraforas, ont pour couvre-chef, non des écorces d'arbres, mais une peau de castor dont la queue tombe de toute sa largeur au milieu du dos. Des dépouilles de serpents, habilement préparées, entrent dans la confection de leur costume.

Sumatra, acquise aux Portugais en 1508 par Siqueira, est certainement la plus belle île de la Malaisie. Séparée de Java par le détroit de la Sonde et de l'Inde par celui de Malacca, elle est couverte de forêts impénétrables peuplées d'orangs-outangs, de rhinocéros et d'éléphants. Les

Battahs, les Achems et les Staks, appartenant à des tribus non asservies de la contrée sont superstitieux. Si, à la chasse, qui est leur grand plaisir et leur principale occupation, ils parviennent à blesser mortellement un éléphant, ils ont soin, avant de le dépecer, de répandre sur son corps une grande quantité de riz et de fleurs pour apaiser ses mânes et éloigner les maladies qui, sans cette offrande expiatoire, ne manqueraient pas de les atteindre!

Quittant la Malaisie, nous pénétrerons en Mélanésie chez les habitants des îles Hébrides. Ceux-ci, à l'exemple des Néo-

Habitant des îles Hébrides

Zélandais, sont couverts de tatouages divers. Ils semblent avoir choisi leurs parures spécialement dans le règne végétal : leur tête est ornée de feuillages, de fruits, de graines de différentes plantes, et une ceinture identique, formant jupon, couvre leurs reins. Ces îles, qui doivent leur nom actuel à Cook, avaient été découvertes par Quiros, en 1606, sous la dénomination de Terres australes du Saint-Esprit.

Femme de l'île de Tanna.
Coiffure en feuilles de latanier.

Les naturels de l'île de Tanna, du même archipel, aiment à porter, en guise d'amulette, un coquillage univalve, suspendu à leur cou par une lourde chaîne.

Curée de l'éléphant, à Sumatra.

Les feuilles de latanier qui servent de coiffure aux femmes ressemblent à un bonnet festonné.

Les Néo-Zélandais cultivent une plante de la famille des glaïeuls, particulière à leur pays, le *phormium tenax*, qu'ils utilisent de cent manières. Elle est chez eux ce qu'est le bambou pour les habitants de l'Asie orientale. Les tiges employées à la construction des maisons et des canots, renferment une matière gommeuse tenant lieu de cire à cacheter et d'amidon. Les fleurs séchées s'embrasent comme des allumettes; fraîches, elles contiennent une grande quantité de sucre doux.

Les feuilles ont la consistance du parchemin : les lettrés y transcrivent leurs pensées à l'aide de coquillages taillés. On fait avec ces mêmes feuilles, coupées en bandes étroites, des corbeilles, des assiettes, des plats, des lignes, de la toile, des cordes, des câbles, des filets dont quelques-uns sont immenses. Employées à l'état naturel, divisées en trois ou quatre parties entrelacées grossièrement, elles produisent des tissus nattés assez semblables à nos paillassons avec lesquels les indigènes se confectionnent des vêtements. Deux morceaux sont nécessaires pour un habillement complet : l'un entoure la taille et tombe jusqu'à terre; l'autre est retenu sur les épaules par un cordon et pend jusqu'aux genoux; au bout du cordon est fixée une aiguille en os qui, pouvant passer aisément à travers les interstices de la natte, ferme cette espèce de pèlerine sur le devant de la poitrine.

Le rang et la valeur des guerriers sont indiqués par un grand nombre de petites baguettes d'os et de jade attachées au bord du vêtement; dans l'origine elles servaient surtout à se gratter la tête.

Ainsi affublés, ils ressemblent assez à une maison couverte de chaume.

C'est de la sorte que se présentèrent à Dumont d'Urville les indigènes du cap Palisser, d'après l'atlas de l'*Astrolabe*. Quoique cette couverture de phormium soit désagréable à la vue, elle est bien adaptée à leur manière de vivre car ils couchent souvent en plein air sans autre abri contre la pluie. Ces modestes artisans fabriquent cependant des étoffes d'une finesse surprenante avec les fibres minces, longues, luisantes, d'un blanc de neige, qu'ils tirent de leur précieuse plante et qu'ils filent délicatement.

Les jours de fête, les jeunes filles s'ornent la tête de guirlandes de mousse et le cou de grands colliers de coquillages que retiennent des hippocampes desséchés.

Par superstition, les maris suspendent à leurs oreilles une dent acérée de squale avec laquelle l'épouse doit se déchirer la figure quand elle perd un parent. Le plus grand prix est attaché à cet objet; s'il vient d'un ancêtre, le bonheur de toute la vie en dépend. Ils portent en outre sur la poitrine des os humains et un fétiche en jade vert, représentant une figure hideuse.

Leurs peignes, leurs colliers, leurs bracelets, ressemblent beaucoup, par la composition et l'aspect, aux bijoux des préhistoriques de l'Europe.

L'embaumement se pratiquait autrefois dans quelques parties de la Nouvelle-Zélande, mais ce n'était que la tête qu'on cherchait à conserver. On en retirait la cervelle qu'on remplaçait par des fleurs, puis on la mettait sécher au four ou aux rayons du soleil.

Indigène du cap Palisser avec son manteau en feuilles de phormium tenax.

Les nombreuses peuplades dépendantes de la grande famille canaque ont différents genres de parures; aimant surtout ce qui brille et attire les regards, comme tous ceux qui s'arrêtent à la première impression, les hommes placent au milieu de leur abondante chevelure les plumes rouges d'un coq de bruyère ou celles d'un oiseau de proie, tandis que d'autres entourent leur front d'une tige de fougère-liane, plante si ravissante qu'elle peut passer, à juste titre, pour une des merveilles de la nature. Les gens de la campagne, pendant leur travail, sont très peu vêtus; cependant, quand ils se rendent à la ville, ils mettent, par respect pour les étrangers, la grande ceinture de plusieurs mètres en usage dans presque toutes les îles océaniennes.

L'étoffe de cette ceinture, appelée ici *tapa*, provient du mûrier à papier; l'écorce, détachée de l'arbre par grands morceaux, est plongée pendant vingt-quatre heures dans l'eau, puis battue à coups répétés pour détruire le bois et l'assouplir; elle donne alors un tissu léger et solide dont les parties fibreuses sont enduites d'une colle végétale qui les rend inséparables. Les femmes ont pour pagne des feuilles de bananier retombant en franges sur les jambes et maintenues à la taille par des poils de roussette, chauve-souris de la grosseur d'un rat. Une couronne de verdure ou une fleur éclatante dans les cheveux est l'ornement que leur suggère le désir de plaire.

Dumont d'Urville qui découvrit les îles polynésiennes Gilbert et Bertrand, en 1828, trouva les habitants, à cette époque, vêtus d'une ceinture de graines noires mélangées de coquilles et de petits os. Posée sur les hanches, cette ceinture était garnie de grandes herbes qui descendaient très bas et formaient une sorte de lambrequin dentelé. Le bétel, la chaux, le tabac, les moules servant à s'épiler, les morceaux d'obsidienne employés comme rasoir, tout un petit attirail nécessaire au sauvage, était contenu dans le sac en joncs tressés que les hommes portaient sur la poitrine.

La coquetterie étant de tous pays, les jeunes filles de l'Anse de la Pauvreté (côtes de la Nouvelle-Zélande), avec peu de ressources pour y satisfaire, cèdent cependant à ce sentiment inné. Vêtues d'un jupon très court, elles le bordent de feuillages et de fleurs ou fixent en dessous des herbes odorantes.

Il est fâcheux qu'elles gâtent toute la poésie de cette jolie parure en se colorant le visage avec de l'ocre et en répandant sur tout leur corps une huile qui ne sèche pas et laisse une écœurante odeur de rance. Néanmoins, elles peuvent passer pour agréables auprès des femmes Papoues qui, dans leur simple appareil, sont répugnantes de malpropreté : leur pagne de fibres végétales serré sur les hanches, n'est jamais lavé et n'a de remplaçant que s'il est complètement usé.

Des colliers de dents et de perles fausses, des anneaux d'herbes sèches, près des épaules, mélangées de morceaux de fourrures ou de plumes, sont les ornements ordinaires du sexe fort de la Papouasie qui ne les regarde pas comme exclusivement réservés aux femmes.

Tahitien couronné de feuillage et de fleurs.

Pour oublier ces anomalies du goût, nous devrons visiter une population dont Bougainville a fait un portrait idéal et qui a conservé des mœurs efféminées jointes à une certaine naïveté. Parées de robes blanches, vertes, rouges ou bigarrées, les Tahitiennes grandes et bien faites, préservent leur figure des ardeurs du soleil au moyen des feuilles du cocotier.

Elles vont souvent tête nue, leurs longs cheveux séparés en deux nattes tombant sur le cou et ornés de guirlandes de fleurs. Hommes et femmes portent, du reste, des couronnes en toutes saisons. On y emploie tantôt de la verdure, des herbes embaumées comme le *maire* qui croît sur les montagnes et le *miri* qui naît au fond des vallées, tantôt de la paille d'arrow-root ou *pia*, entremêlé d'immortelles. Derrière les oreilles vient se placer le *haro*, fine baguette de six à quinze centimètres de longueur, ayant à l'une de ses extrémités des touffes odorantes et inaltérables d'une orchidée particulière au pays et de

Tahitienne.

l'autre, des fleurs étoilées du *tiare* ou gardenia tahitien. De jolies parures de tête sont également tirées du bourgeon terminal du cocotier qui, débarrassé de son épiderme végétal, donne des panaches d'une grande légèreté. Les jours de fête, les femmes ont des chapeaux confectionnés avec l'écorce rouie des longues hampes florifères du *pia*. Les facettes de l'ananas et les fruits parfumés du pantang sont enfilés en colliers.

Tahiti est exempt des moustiques et des animaux venimeux qui font le supplice des pays tropicaux. Les indigènes de cette nouvelle Cythère, ainsi qu'on l'avait nommée d'abord, méritent vraiment leur réputation d'industrieux. Ils fabriquent des étoffes plus ou moins épaisses qu'ils teignent de nuances diverses et surtout un tissu charmant avec les fibres d'un arbre que chacun prend plaisir à cultiver autour de sa maison ; humectées et battues sur une planche très mince, ces fibres produisent une sorte de mousseline délicate comme du papier et beaucoup plus souple, quoique moins susceptible de se déchirer.

Des fougères pourpres, aux contours déliés, sont appliquées sur ces étoffes les faisant ressembler à des dentelles chargées de riches dessins. Les femmes s'en couvrent artistement la tête : c'est leur mantille. Lors de la découverte de cette terre privilégiée, existait une coutume singulière : le roi, pour notifier ses ordres au peuple, employait des messagers qui parcouraient la contrée avec des feuilles de cocotier ; accepter la feuille, c'était se soumettre, la refuser, c'était désobéir ; elle symbolisait l'autorité.

Ces insulaires, dont le teint est olivâtre, considéraient jadis la peau blanche comme un signe de mauvaise santé ; aussi, sur les champs de bataille, les vainqueurs dépeçaient-ils, de préférence, les morts les plus bruns pour faire, avec leurs os, des ciseaux, des aiguilles ou des hameçons, persuadés qu'ils seraient plus solides.

A côté des jolies Tahitiennes, il faut placer les femmes des îles Sandwich ou Hawaï, remarquables par le goût qu'elles déployaient, surtout autrefois, dans leurs ajustements. Le royaume hawaïen moderne s'est formé si vite, qu'à l'heure actuelle les mœurs anciennes et les nouvelles se superposent sans se détruire ; c'est particulièrement aux jours de fêtes nationales que les vieilles coutumes se réveillent. Des amazones, fièrement campées à califourchon sur des chevaux, selon l'habitude du pays, ont le buste enveloppé d'une mousseline blanche disparaissant sous des ornements de fleurs ; en guise de jupe, elles sont drapées dans une longue pièce d'étoffe de teinte voyante, souvent rouge ou jaune, dont les extrémités retombent de chaque côté jusqu'à terre ou flottent dès que le cheval, enguirlandé de fleurs, prend une allure plus vive. Ces charmantes écuyères vont devant le palais du souverain exécuter une fantasia d'une couleur locale très accentuée, puis retournent au galop à travers les rues de la ville, saluant leurs amis par de grands éclats de rire.

Amazone d'Hawaï.

Le soir, les indigènes se réunissent pour voir les danseuses de Hulahula. Ces jeunes filles, vêtues de robes roses ou bleues, les pieds nus, des fleurs dans les cheveux, autour du cou, aux poignets et aux chevilles, s'agitent d'abord lentement au son de leurs chants et de la mesure indiquée par une vieille femme frappant sur une calebasse, puis bientôt, elles exécutent une danse vive qui rappelle la gigue anglaise. La civilisation ayant tout transformé, ces plaisirs sont les seuls restes d'un passé oublié.

Les princes et les dames de la cour se sont réservé le droit exclusif de se parer des corolles du *vocci*. Les autres sujets s'ornent la tête de fleurs jaunes et d'herbes avec lesquelles sont composées des chaines dont ils s'enroulent plusieurs fois la chevelure en forme de turban. Nulle part au monde, on ne fait un usage plus grand de colliers. On y emploie des graines rouges ou vertes, du gazon, des folioles de bananier admirablement découpées, des fleurs, des fruits, des os, des cheveux et tout ce qui paraît y convenir.

Comme les fleurs blanches sont rares aux îles Sandwich, et pour cela même très recherchées, les mères ont imaginé de saupoudrer de chaux les cheveux de leurs filles avoisinant le front, de sorte qu'à l'âge de douze ou quatorze ans, elles ont autour de la figure une garniture blanche qui, arrangée avec art, ressemble à une couronne de roses ou de marguerites.

Danseuse d'Hawaï.

Ancien casque porté aux îles Sandwich.

Le voyageur King, compagnon de Cook, vit un casque assez original porté par les insulaires. Il avait la forme d'une citrouille enjolivée de rameaux verts et de fleurs; des bandelettes d'étoffe simulaient la barbe. Cette mode a cessé depuis leurs nombreux rapports avec les Européens.

Les naturels des îles Carolines ont des espèces de chapeaux chinois en feuilles de vaquois rappelant ceux des anciens bergers d'Arcadie, taillés dans des écorces de tilleul. Des spadums d'arum parent leurs oreilles qu'ils ont la singulière manie de peindre en rouge. Des colliers de coquillages et de fleurs, ou confectionnés avec la coque ligneuse de cocos, complètent leur parure.

Avant de clore ce paragraphe, nous dirons un mot des habitants d'une île des mers polynésiennes, appelée Routouma-la-Bonne, qui choisissent leurs embellissements personnels de préférence dans les jardins. La simple jupe en paille tressée qui leur sert de vêtement et d'où pendent à la ceinture des feuilles de curcuma, est délicieusement ornée d'herbes odorantes, de bouquets de pancratium et d'hibiscus de Chine. Ils placent des touffes de fleurs dans de grands trous obtenus au bas du lobe auriculaire par l'introduction de feuilles roulées qui, en vertu de leur élasticité, élargissent peu à peu l'orifice où elles se trouvent.

Pour se garantir des rayons du soleil, les indigènes se font une visière avec une feuille de cocotier et s'abritent de la pluie en en prenant une à l'acum. Les bananiers leur fournissent des nappes et de la vaisselle ; ils ne touchent aux mets que les mains dissimulées sous des feuillages.

Ces coutumes se rapprochent de celles des Hindous qui dressent devant les convives de distinction des tables en branches d'arbres entrelacées, pour y poser des feuilles en guise d'assiettes. Le festin terminé, table, plats, restes sont jetés à la mer. Notre porcelaine y est dédaignée ; le maharadjah même est obligé de se soumettre à la règle établie ; il reçoit sa nourriture sur des feuilles de lotus, et chaque jour, le lac voisin se charge de lui en fournir de nouvelles. Cuillers et fourchettes sont également prohibées. Les doigts en tiennent lieu, comme cela se passait naguère en Europe.

Au Japon, où le peuple naïf et poétique est resté célèbre par sa passion pour les fleurs et les perfectionnements qu'il apporte à leur culture, on a pu composer des calendriers dans lesquels chaque plante de la saison indique un mois particulier. C'est ainsi qu'à Oasaka, on compte par mois de prunier, d'orchidée, de lis, d'hémérocalle, de guimauve, d'oranger, etc.

Disons, entre parenthèses, que Linné imagina non seulement un calendrier végétal de ce genre, mais encore une horloge de Flore, où chaque fleur, à son épanouissement, indique une des heures du jour.

Les robes des dames riches de Myako offrent, sous le rapport des couleurs et des dessins qui y sont représentés, la preuve du goût le plus

ÉCORCES D'ARBRES, FEUILLAGES ET FLEURS.

exquis; s'harmonisant avec les productions de l'année, elles charment l'œil par la variété des tons et des sujets.

Malgré cela, il faut l'avouer, ces espèces de peignoirs ouverts sur la poitrine, et par contre, serrés sur les hanches et les jambes, sont quelque peu bizarres, et c'est sans doute à l'étroitesse de ce costume et aux sandales en bois dont elles font usage qu'il faut attribuer la marche disgracieuse des femmes qui contraste singulièrement avec l'élégance des mouvements de

Japonaise avec ses armoiries brodées sur sa robe.

leurs bras et le joli sourire qu'elles adressent à tous ceux qui les saluent en passant.

Lorsque les Japonaises sont de naissance illustre, elles font broder, sur le dos de leur robe, un petit carré blanc, au milieu duquel est apposée, comme une estampille, une feuille d'arbre qui est l'écusson de la famille, car, en général, c'est dans le règne végétal que les nobles prennent leurs emblèmes.

Ce fait, assez intéressant, est confirmé par un objet précieux conservé au musée Guimet à Paris. Il consiste en une malle de voyage, laquée, ayant appartenu à un grand personnage et sur laquelle sont représentées les armoiries de l'aristocratie de l'Empire. La plupart, pour ne pas dire toutes, se composent de feuilles d'arbres ou de fleurs.

Un galant veut-il faire entendre à une jeune fille les tendres sentiments qu'il ressent pour elle? il suspend à la porte de sa demeure une branche de *celesta alatus*, espèce de gui; si la branche se fane et reste attachée au dehors, l'indiscret peut se retirer; si, au contraire, elle a été rentrée dans la maison, il est accepté comme fiancé. Cette coutume ne rappelle-t-elle pas celle de la Saint-Valentin de l'Allemagne?

Mademoiselle Chrysanthème.

La plante nationale du pays est le chrysanthème, dont le nom signifie « fleur d'or », dû probablement au type primitif, originaire du nord de l'Afrique. C'était la fleur favorite de Cléopâtre. Les Égyptiens en faisaient des guirlandes pour les sacrifices; les Hindous en ornaient leurs temples; Médée en distilla, dit-on, le philtre qui devait rajeunir Æson, père de Jason. Elle était répandue, de toute antiquité, en Chine et au Japon.

C'est en l'honneur du chrysanthème d'or, blason spécial du Mikado, qu'a lieu la plus grande fête populaire de la contrée. Les héros des légendes religieuses sont, en certains jours, parés de cette fleur; c'est splendidement vêtu de pompons blancs, pourpres, jaunes faits, avec des chrysanthèmes qu'apparaît, dans les pagodes, le dieu de la Force, tandis que la divinité du Soleil Levant en est littéralement couverte. Les jeunes filles qui, à leur naissance, n'ont pas reçu un nom de fleur, en prennent souvent, plus tard, un à leur convenance et se font appeler héliotrope, chrysanthème, jasmin ou guimauve. Il est rare qu'elles n'enjolivent pas leurs volumineux chignons de fleurs vraies ou fausses piquées sur des fils de fer.

A la saison du chrysanthème, les batteurs d'estrade habillent des mannequins d'une couche d'argile qu'ils recouvrent de ces pétales éclatants arrangés par couleur pour simuler les étoffes des vêtements. De grandeur naturelle, ils représentent tantôt des hommes jouant une scène comique, tantôt des femmes préparant du thé. Les baraques où on les dispose sont des lieux de rendez-vous pour le menu peuple qui vient s'y divertir en buvant une tasse de sa boisson favorite.

Lorsqu'il pleut, les paysans, les pêcheurs, les artisans protègent leurs épaules à l'aide d'un manteau en papier huilé ou en paille tressée, d'une facture très primitive qui n'est, en réalité, qu'un paillasson grossier dont

Japonais couvert de son manteau de paille.

les bouts de roseaux restent même apparents; ce qui ne les empêche pas de prendre leur grand chapeau en lanières de bambou et leur parasol en écorce d'arbre.

Le négociant ne peut se passer de son éventail, sur lequel il inscrit tout ce qui lui importe de se souvenir dans la journée.

Les vêtements blancs sont le signe du deuil au Japon.

Les Chinoises, heureuses sujettes de l'Empire des fleurs, non contentes de prendre leurs parures parmi les productions de la nature, s'adressent encore à celles de l'industrie ; c'est à la fabrication des azalées, des camélias et des roses artificielles que la petite ville d'Amoy doit sa prospérité.

Hommes, jeunes filles, enfants, tous sont occupés à ce travail; on vend dans chaque maison des milliers de ces fleurs étalées sur des plateaux et tellement semblables aux véritables que le plus expert peut y être trompé. Il est intéressant de suivre les fins et vifs mouvements des mains mignonnes qui sont à l'œuvre. L'humble demeure de l'artisan est tout à la fois son atelier, son bureau et son magasin. Les ouvriers y sont si à l'étroit, que lorsqu'un client vient faire une commande, force lui est de rester sur le pas de la porte pour recevoir son achat.

Le papier dit de riz, qui est tiré d'une plante de Formose, l'*aurelia papyrifera*, se fabrique en Chine.

Jacques Siegfried, dans son ouvrage, *Seize mois autour du monde*, nous donne une petite note sur la Chine assez amusante: « Dès notre débarquement, dit-il, le premier objet qui frappa mon attention fut un mandarin militaire paré d'un jupon brodé d'or, d'un collier de perles et portant un éventail en main. Il se plaça à cheval et je remarquai plusieurs fourreaux pendus à sa ceinture; je pensai qu'ils contenaient des sabres et des poignards et je fus surpris d'apprendre qu'ils servaient d'abris à ses bâtonnets à manger et à son éventail; de sorte que mon officier avait l'air d'être en route pour un dîner plutôt que pour aller passer ses soldats en revue ».

Comment parler de ce beau pays sans mentionner le bambou qui répond, ainsi que le riz, à presque tous les besoins de sa nombreuse population? Les lits, les sièges des maisons sont faits avec son bois; le chapeau et le manteau du maître sont dus à ses feuilles imbriquées comme des écailles de poissons ou des plumes d'oiseaux; les œuvres classiques des bouddhistes ont été transcrites sur des morceaux de son écorce; les baguettes divinatoires et l'étui qui les contient, proviennent de ses branches, et c'est avec ses panaches ondoyants que sont éventées les cours extérieures des temples.

Il sert à la fabrication de toutes espèces de papiers; le plus fin est employé par les batteurs d'or de Fou-Kieu pour la manufacture de l'or en feuilles; ce rôle industriel, en Europe, est réservé au parchemin.

Des métiers à tisser de belles étoffes, des flûtes, des écrans et une foule de bibelots sont confectionnés avec cette immense graminée.

L'île sacrée de Lângkâ, surnommée *la Fortunée* dans les poèmes des brahmes, ou autrement dit Ceylan, la perle des Indes, possède elle aussi dans le tallipot, un des arbres le plus utile aux hommes. Quoique ses vastes feuilles, dont une seule est capable d'abriter sous son ombre quinze personnes, n'aient pas moins de deux mètres de longueur, on parvient, lorsqu'elles sont fraîches, à leur donner l'épaisseur du bras, de manière à ne peser presque rien. De forme ronde, ces feuilles sont coupées par les insulaires en pièces triangulaires avec lesquelles ils se couvrent la tête pendant leurs voyages, plaçant le bout pointu sur le front pour s'ouvrir un passage au milieu des broussailles. Elles les garantissent du soleil, de la pluie et leur laissent la pleine liberté des mouvements.

Les soldats en construisent des tentes et les scribes en font des livres. Rien n'est plus commode que ce papier fourni par la végétation ; sur les feuilles de tallipot s'inscrivent la plupart des actes civils et les choses nécessaires au commerce habituel de la vie. Le stylet qui sert à cet usage est en fer, de forme souvent élégante, et les signes tracés sont coloriés pour en rendre la lecture facile.

C'est vraiment à Ceylan qu'il faut chercher l'origine de l'écriture sur palmier et c'est là qu'elle a atteint son plus haut point de perfection. Rien n'est comparable à la magnificence de quelques missives royales sur ce produit de la nature. Placées entre deux lamelles d'or battu, les folioles sont recouvertes d'une riche étoffe brodée de perles et de pierres précieuses, qui elle-même est renfermée dans une boîte en ivoire découpé, ou en métal.

Cet arbre monumental ne croît pas qu'à Ceylan, on le retrouve, entre autres, dans une vaste contrée de l'Afrique orientale sur la côte de Zanguebar, où il est en pleine végétation et est très estimé des habitants.

M. A. Pilgrim, dans un article publié tout récemment, nous renseigne sur ce point et son sujet touche tellement au nôtre, que nous n'hésitons pas à en reproduire un passage coupé au hasard : « ..... Le Wa-Pokmo essentiellement agriculteur qui habite les bords du Tana et constitue un des types les plus purs et les plus beaux de la famille noire, paraît être l'aborigène du pays ; il se nourrit de riz, de maïs, de sorgho, de bananes, de pistaches, de cannes à sucre, de patates, de manioc, de haricots, de poisson, de miel, etc. Il recueille le vin de palme du rondier, du dattier et du doum ; il ne manque jamais de tabac pour priser ou chiquer et sa félicité est complète, lorsqu'il a pu se procurer un peu de viande.

« L'industrie, à peu près nulle, consiste, pour les femmes, à fabriquer avec la boue du fleuve quelques ustensiles de ménage très minces, délicatement travaillés et à faire des broderies, des colliers et des bracelets, avec des perles fausses de mille couleurs et très fines.

« Les hommes tressent des nattes, des cordes, des sacs, des paniers avec des feuilles de palmier tallipot : quand ces immenses feuilles ont atteint leur complet développement, elles remplissent le rôle de parasols, d'ombrelles ou d'éventails ; cousues ensemble, elles servent à faire des tentes, à couvrir les cabanes et à garantir leurs habitants contre les intempéries des saisons. C'est aussi aux hommes qu'incombe la fabrication des enclos, de divers ornements en cuivre et en étain, et de pirogues qu'ils confectionnent à l'aide de simples hachettes.

« L'amour de la parure est peut-être plus développé encore chez les hommes que chez les femmes, et celles-ci tressent, avec un art réellement incomparable, la chevelure de leur mari et de leurs fils. Tous se badigeonnent d'une espèce d'argile rouge, de provenance indoue, le ngoï, mêlé au beurre ou à la graisse d'animaux sauvages.

« Tout mariage est l'occasion d'une fête. Hommes, femmes et enfants se peignent de la plante des pieds à la pointe des cheveux. Chacun se met autour des reins ce qu'il a de mieux en fait de linge ; aux jambes des anneaux de cuivre rouge ; aux poignets des bracelets ; au cou des colliers de perles fines, de coquillages ou de menue monnaie, des insignes, des pendeloques, etc...

« Les femmes se réunissent ensuite en un groupe compact, debout, chantant et frappant le sol, pendant que deux ou trois autres, accroupies, battent la mesure avec d'énormes calebasses vides. Au centre du groupe, est placée la mariée. De leur côté, les hommes — conduits par un chorège et se tenant par un bout de leur pagne, la tête ornée de plumes ou de fleurs plantées dans leurs cheveux dressés, un long bâton à la main — décrivent un cercle et défilent devant les chanteuses, piétinant le sol avec ensemble et se livrant aux contorsions les plus extravagantes. Le soir, on allume de grands feux, pour éloigner les lions, les léopards, les tigres et les moustiques et, devant la flamme qui pétille gaiement, on devise des affaires de la communauté. Chacun s'étend, à l'abri de grandes feuilles de palmier à éventail inclinées sur des bâtons. Et la conversation s'engage entre les anciens. Tous les ans se célèbre une fête nationale en l'honneur des morts où chacun se pare de son mieux, ayant fait des économies dans ce but. »

En Perse, l'air est, dit-on, si pur, que dans la plupart des villes et surtout à Ispahan, on n'emploie que des fleurs pour boucher les bouteilles, sans crainte que le vin ne s'évente ; on le sert aux convives avec un œillet ou une rose dans le goulot au lieu de bouchon.

Figurant les grandes périodes de la vie, les plantes ont donné des emblèmes heureux ou néfastes. Utiles aux hommes, même dès la naissance, elles deviennent souvent leur première couche. Qui ne connaît le berceau indien, cette frêle nacelle en écorce d'arbre, suspendue dans la hutte des Sioux pour le nouveau-né qui y est mollement balancé par le souffle du vent?

Les Creeks-des-Bois, des bords de l'Amazone, n'ont aucune difformité, et ils doivent cette faveur à une vieille coutume encore en usage. Les petits enfants dorment dans des sacs remplis de mousse fine, composés d'une planchette ayant de chaque côté des bandes de toile qui se rejoignent sur le dessus où elles sont closes par un lacet. Le bébé y est sur le dos, les bras serrés le long du corps, dans l'impossibilité de se mou-

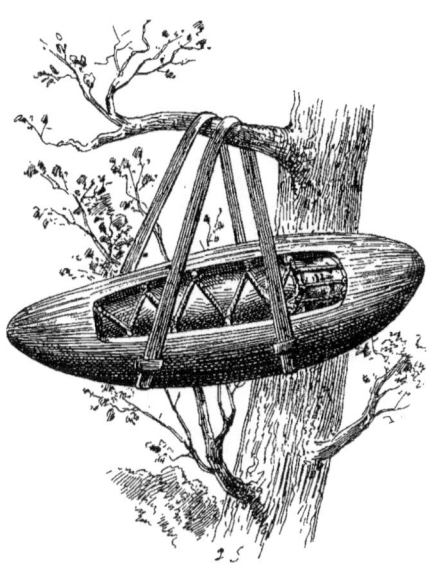

Berceau lapon.

voir. Ainsi immobilisé, ce qui peut nous sembler déraisonnable, la nourrice le transporte sur ses épaules et vaque, sans aucune préoccupation, aux soins du ménage.

Des usages analogues sont pratiqués bien loin de l'Amérique centrale ; les jeunes Lapons ne sont-ils pas couchés, dès qu'ils voient le jour, sur des herbes, dans des berceaux d'écorce très étroits, rappelant, par leur forme, celle des chrysalides? Lorsque la famille voyage, la femme marche avec cette espèce de bûche sur le dos ; s'arrête-t-on ? elle la suspend au premier arbre de la route. Un trou grillé est ménagé devant la figure du poupon pour qu'il puisse respirer l'air du dehors, sans courir le risque d'être dévoré par les bêtes féroces.

Des feuilles de grande dimension servent, en Colombie, d'ombrelles aux voyageurs. Le Spath qui enveloppe la fleur des palmiers et ne tombe qu'au moment de son complet épanouissement, acquiert la proportion colossale d'un mètre et demi à deux mètres de longueur, offrant l'apparence d'une ample coupe. Il est si dur, si ligneux, que les négresses l'emploient souvent en guise de baignoire pour leurs enfants.

Si les arbres procurent des lits et des langes aux nouveau-nés, ils donnent aussi des linceuls et des cercueils aux défunts!

Les Guaraounos, qui habitent au sud des Guyanes, enveloppent leurs morts avec de volumineuses feuilles de palmier, avant de les livrer à la terre; les Guarauras, des bords de l'Orénoque, agissent différemment : ils les déposent dans des sarcophages d'écorce détachée de l'arbre par longs morceaux qui rassemblés sont maintenus aux extrémités comme une bourriche, par de grosses lianes. Le pavillon du Venezuela, à l'Exposition universelle de Paris, en 1889, possédait un de ces cercueils.

Indien de la Colombie se servant d'une feuille en guise d'ombrelle.

Les Sioux mettent les corps dans des couvertures de laine, pour les exposer ensuite au milieu d'une forêt sur quatre pieux élevés au-dessus du sol de 2 à 3 mètres. Lorsque la pluie a pourri l'échafaudage, tout s'écroule et les loups qui rôdent aux environs, dévorent les restes humains.

Ces anciennes tribus ont aussi la coutume d'enfermer les défunts dans des boîtes décorées de fourrures et surchargées de toutes les choses qui leur étaient personnelles pendant la vie, telles que rames, canots, patins, arcs et flèches, pipe et tabac, sans oublier ce qui pourrait être nécessaire pour le dernier *grand voyage*, c'est-à-dire des provisions de bouche, des couleurs décoratives et des lunettes à neige. Ce dernier objet, un des plus précieux du bagage d'un Peau-Rouge, est formé de deux planchettes concaves en bois de cèdre unies par une courroie; il s'applique sur les yeux et s'attache derrière la tête. Une fente allongée, pratiquée au centre de chaque planchette, permet de voir sans être gêné par l'éclat de la neige.

Cimetière indien.

Quelques familles indiennes cousent les cadavres dans des nattes de jonc et les suspendent soit au milieu d'un baobab, soit aux plus hautes branches d'un cèdre ou les cachent simplement sous un amas de feuilles.

Aucun peuple ne peut être comparé aux Péruviens pour le soin qu'ils prenaient des morts. C'est dans des grottes naturelles ou creusées artificiellement, appelées *cuevas*, situées souvent à cent ou deux cents mètres au-dessus des vallées et à une distance aussi considérable du rebord des principaux plateaux, qu'ils transportaient les cadavres de leurs frères, n'ayant d'autre souci que de les dérober, dans ces retraites inaccessibles, aux yeux des mortels, et de les abriter contre l'humidité, les attaques des bêtes féroces et la curiosité impie.

Les Panchés, dont la capitale aujourd'hui disparue était à 1250 mètres d'altitude et qui habitent encore au pied des Cordillères orientales, suivaient cet usage. M. Edmond André, chargé d'une mission française, 1875-1876, dans un article publié par le *Tour du Monde*, nous communique ses impressions à ce sujet.

« Nous suivions l'arête du *Cerro d'Anvila* dont le sommet a reçu le nom de *picacho de la Guacamaya* (pic du perroquet), à cause de sa conformation étrange en bec crochu. Notre ascension fut longue et pénible, elle ressemblait à celle du Vésuve : un pas en avant, deux en arrière. Nous cheminions dans un sentier incliné de 40 degrés, lorsqu'un rocher surmonté de deux croix nous arrêta : « La Cruz de Mayo ! » dirent les péons. Cette « Croix de mai » se composait de poteaux grossièrement réunis, encastrés dans l'interstice de deux roches. Quelques fleurs séchées par le vent violent de ces hauteurs et une série de nœuds formés avec des feuilles de palmier, divisées en lanières, témoignaient de la piété des fidèles qui avaient escaladé ces pentes escarpées, pour y attacher leur ex-voto. « Cette place est consacrée, ajoute l'un de nos guides en se signant ; chaque année, le 3 mai, jour anniversaire de la fête des sépultures chez les Panchés, les indiens du voisinage viennent en foule, prier pour leurs ancêtres enterrés dans le Cerro ». Près de là, en effet, est un antique cimetière aujourd'hui en grand désordre où, parmi quantité de restes humains, se retrouvent des débris de ficelles de pita, finement tordues dont les parents ornaient les lèvres flétries de leurs morts, suivant la coutume encore existante parmi les indigènes du Choco. On n'y voit aucun des objets que les anciens Péruviens déposaient près des momies et en si grande abondance dans les *huacas* de l'Équateur.

D'après le récit d'un missionnaire anglais de l'Amérique du Nord, les indigènes de l'archipel de la Reine-Charlotte, connus sous le nom de Haidads, font usage d'arbres entiers, en guise de cercueil. Quand un homme vient à mourir, on abat un pin, on le creuse et on y met son corps ; le tronc, ensuite soigneusement refermé, est planté tout droit, devant la porte de sa hutte, en prenant soin de placer celui qui l'occupe à la hauteur de plusieurs mètres au-dessus du sol. S'il s'agit d'un personnage considérable, on fait choix pour lui d'un des plus beaux arbres de l'endroit, qu'on orne de sculptures et qu'on plante dans la porte même de son ex-habitation, de manière qu'une partie du cercueil fasse saillie à l'intérieur. On ne peut dire que ces corps soient enterrés, puisqu'ils se dressent parfois à quinze mètres de hauteur. Certains arbres renferment souvent cinq ou six personnes.

Le décès d'un enfant, en Colombie, donne lieu à une cérémonie aussi touchante que poétique. Les parents déposent le petit être qu'ils ont perdu sur un véritable matelas de roses et, durant quatre jours, les membres de la famille et les amis viennent le parer de fleurs, se livrant à des danses funéraires accompagnées de chants psalmodiés, comme pour endormir le bébé et faciliter son passage dans le pays du bonheur.

A Rio-Janeiro, ceux qui suivent le convoi mortuaire d'une fillette pauvre, tiennent, tous sans exception, un bouquet à la main qu'ils déposent pieusement sur sa tombe, au cimetière, triste séjour de l'égalité !

En Nouvelle-Hollande, dès qu'un homme rend le dernier soupir, les voisins vont chercher des branches d'arbres, des herbes, du gazon et de la mousse et le placent sur cet amas de verdure, puis ils l'enveloppent dans de grandes feuilles assujetties avec des courroies de cuir et, empaqueté de la sorte, le portent en terre.

Autrefois, à Java, lorsqu'on brûlait les corps des principaux dignitaires, la femme que l'époux avait préférée devait être jetée vivante dans le bûcher. C'était ornée de guirlandes que la pauvre victime était conduite au supplice.

Sur les rives lointaines, comme sur les nôtres, se ressentent les mêmes douleurs, et c'est aussi par une marque extérieure que s'accuse le regret de la perte d'un ami.

Les Bakotas, qui habitent près des rives du Zambèze, s'entourent en signe de deuil, la tête, la poitrine, les bras et les jambes de feuilles de palmier et ne les quittent que lorsqu'elles tombent sèches ou pourries.

Les noirs du haut Oubanghi (Afrique centrale), attachent une botte de paille à leur ceinture et les femmes une poignée de fétus sur leur front.

Les perles blanches nommées *baïacas* chez ces sauvages, servent à confectionner des couronnes funéraires. Elles sont la seule monnaie du pays; pour une cuillerée à café, on obtient quatre œufs; pour deux, une poule; pour quinze, une chèvre.

Les jeunes négresses sont assez jolies et d'une grande coquetterie, comme nous l'avons dit plus haut. Elles portent de faux cheveux dont elles se font une longue natte très lourde, ramenée sur le devant de l'épaule droite. Quelques feuilles de bananier leur servent de jupe.

Plus intéressants sont les Boubous, travailleurs et surtout batailleurs à l'excès, ce qui les fait craindre de tous leurs voisins; pour ceux-ci le Boubou c'est le diable, et quand on en signale à 1 kilomètre à la ronde, tout le monde se sauve. Lors d'une expédition française qui leur avait fait subir des pertes nombreuses, les indigènes d'Abiras jetaient dans les pirogues des vainqueurs des vivres à profusion, chose si difficile à se procurer, en criant : « *Fara n'gougou Boubous coui* ». (Les Français sont forts, les Boubous sont morts.)

Nous savons déjà que les hommes de l'âge de pierre étaient portés dans leur sépulture sur des brancards de feuillages.

Dans l'antiquité, les plantes font toujours partie des funérailles.

L'amarante, emblème de l'immortalité, était particulièrement consacrée aux morts; ce fut sur un lit de ces fleurs que reposa le corps d'Achille avant d'être livré aux flammes.

Homère orne les gazons des Champs-Élysées de l'odorante asphodèle, plante vouée aux mânes et à Proserpine, reine du sombre empire. Selon une superstition populaire, les trépassés suçaient ses racines. Apparaissant à chaque printemps sur sa bulbe cachée, cette fleur était pour l'antiquité l'emblème de la résurrection éternelle.

En général, le défunt était placé sur des roseaux, la tête couronnée d'olivier, de laurier, de peuplier blanc, de lis ou de roses suivant son âge, son sexe, sa situation sociale et les honneurs qui lui étaient dus. Quand la crémation avait achevé son œuvre, les cendres étaient recueillies dans une urne et mises dans un tombeau entouré d'arbres spéciaux au pied desquels on semait de l'ache, des jacinthes et des narcisses. Les assistants se retiraient après avoir fait les libations d'usage avec des coupes entourées de violettes, d'anémones et de pothos.

Souvent, aussi, en signe d'affectueux souvenir, on répandait des

Funérailles à l'époque de la Pierre polie.

fleurs sur les tombes. Alexandre rendit cet hommage au monument qui renfermait les restes du plus grand des héros grecs, et Néron, regretté du peuple malgré ses vices, eut longtemps le sien couvert de roses nouvelles.

A Rome, on se couronnait de noir cyprès, arbre dédié à Pluton, pour assister aux funérailles d'un parent. Des branches de pins et des tiges de papyrus enflammées éclairaient la marche du cortège qui s'avançait au son des flûtes funèbres pour lesquelles on ne devait employer que le buis et le sapin. Des mets particuliers, tels que fèves, laitues et lentilles, étaient offerts aux assistants.

De tout temps, les nations civilisées eurent recours aux plantes pour glorifier les dieux et parer leurs temples. Dans l'Inde, chaque divinité brahmique a sa fleur propre. Celle du manguier est offerte à Vichnou, qui est quelquefois couché sur une feuille de figuier. Des marchands stationnent à l'entrée des pagodes et vendent aux fidèles les bouquets dont ils ont besoin pour leurs dons. Des racines odorantes, du nard mélangé de benjoin et d'aloès, sont brûlés sur les autels.

Il est d'usage, en extrême Orient, avant de célébrer un mariage, d'offrir aux dieux présidant au bonheur conjugal, des corbeilles pleines de fleurs.

En Égypte, le lotus qui symbolisait le nord de la contrée, comme le papyrus en représentait le sud, était la plante divine par excellence. Elle devait cette distinction à la forme orbiculaire de ses feuilles, image de la perfection, aux yeux des anciens. Surnommée l'Épouse du Nil, elle signifiait, pour les Arabes, l'inondation du fleuve et la fertilité de la terre.

La nymphéacée sacrée joua un rôle immense dans les monuments égyptiens : les colonnades des temples de Thèbes et de Philæ, qui semblent défier les siècles, en sont décorées. Partout Isis se montre entourée de ses fleurs, elles forment son sceptre et sa parure inséparables. Les suivantes de la déesse se coiffaient de tiges de lotus ainsi qu'on le voit sur les peintures du temps.

Les Égyptiens figuraient le soleil levant par ce nénuphar parce qu'ils s'imaginaient que l'astre du jour sortait comme lui du sein des ondes. Osiris est habituellement couronné de lotus; on en tressait des colliers pour les dieux, les pharaons et les reines.

Jusqu'au XVIIe siècle, on l'avait considéré, quoique originaire de l'Inde, comme propre au Delta et on lui donnait, dans l'antiquité, le nom de lis du Nil ou de fève d'Égypte. Il y croissait en abondance et presque à l'état spontané du temps d'Hérodote, mais il en disparut avec la religion qui l'avait probablement introduit. Les pauvres gens se nourrissaient de ses racines et faisaient du pain avec ses graines.

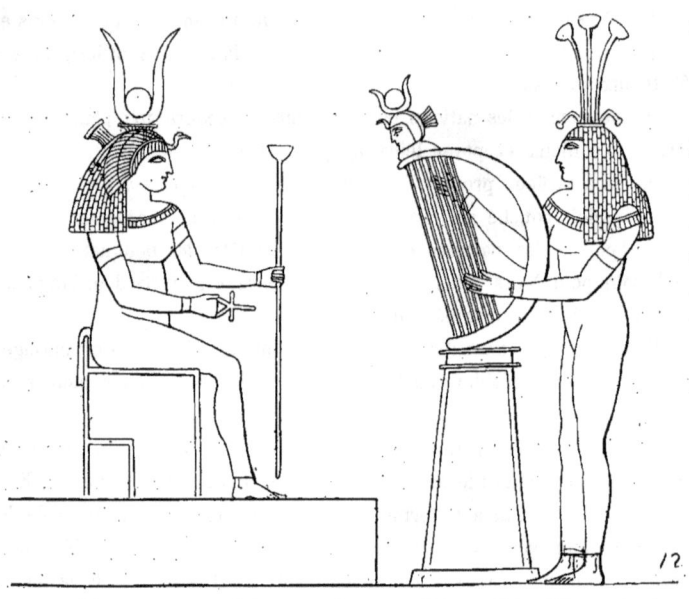

Isis avec son sceptre de lotus.   Suivante d'Isis coiffée avec des tiges de lotus.

Strabon dit que c'était un délice de se promener sur les lacs couverts de fleurs aquatiques, en s'abritant du soleil avec leurs belles feuilles, ainsi qu'on le fait aujourd'hui avec celles du dattier. Elles étaient de la grandeur des chapeaux thessaliens, et tenaient lieu de coiffures, de plats et de verres.

On connaissait trois espèces de lotus : le bleu, employé pour honorer les divinités; le rouge, que l'on ne retrouve qu'au Japon, personnifiant l'abondance et servant de siège à Brahma, privilège qu'il devait à son origine du sein des eaux, considérées par les sectaires comme le principe de toutes choses ; enfin, le blanc, plus commun, utilisé par le peuple.

Les jours de fête, les femmes sortaient coiffées *à la lotus* tenant à la main des bouquets naturels ou artificiels, qui recélaient des cassolettes et des flacons d'odeur.

Chez les Hébreux, les guirlandes de feuillages au dehors des maisons signifiaient : fête et joie ; c'est pourquoi, lors de l'entrée du Christ à Jérusalem, pendant les fêtes de Pâques, toutes les rues étaient pavoisées et jonchées de verdure. Chacun portait des palmes à la main.

Les prêtres juifs avaient des couronnes de roses pendant les sacrifices et les femmes ornaient leur ceinture et leur tête de bouquets de henné.

La rose, aimée des Orientaux, fut chantée dans les poèmes arabes dont le plus beau, le *Gulistan*, est attribué à Saadi.

C'est dans la vallée de Cachemire qu'elle atteint sa perfection, et à Ghazepour, sur les bords du Gange, que se trouve le centre de la fabrication de l'eau dite : de rose. D'après Homère, à l'époque du siège de Troie, on savait déjà préparer une sorte d'huile de ce nom et l'on cultivait cette fleur avec abondance, pour en extraire le parfum. Rhodes, dont le nom signifie « l'île des roses », était célèbre par ce commerce. Le secret des alchimistes se perdit sans doute, puisque le médecin arabe Avicenne passe pour l'avoir retrouvé au xe siècle.

Égyptienne coiffée *à la lotus,* et tenant un bouquet contenant des cassolettes.

Saladin, à son arrivée à Jérusalem, fit laver le parvis de la mosquée d'Omar (bâtie sur l'emplacement du temple de Salomon), avec des seaux pleins de cette eau précieuse. Elle fut employée en si grande quantité, qu'il fallut deux cents chameaux pour l'apporter de Damas.

Mahomet II, après la prise de Constantinople, ordonna de purifier de la même manière Sainte-Sophie. La princesse Nourmahah fit beaucoup mieux, elle remplit d'eau de rose un bassin sur lequel on lança une barque qui la portait accompagnée du grand Mogol. Ce fut pendant cette promenade que l'on découvrit une essence de rose plus subtile encore qui s'était formée à la surface du lac artificiel. Cette histoire ne ressemble-t-elle pas à celles des Mille et une nuits?

Les Grecs vouèrent à la rose un culte tout particulier et les philosophes eux-mêmes ne la dédaignèrent pas à l'occasion. Socrate, assistant à la comédie d'Aristophane, *les Nuées*, dans laquelle le poète comique le persiflait, se contenta d'applaudir comme les autres; mais, à la sortie du théâtre, il effleura, avec le bouquet qu'il tenait à la main, le visage d'Aristophane; et comme celui-ci reculait mécontent, le maître lui dit : « Faites pour ces fleurs ce que je viens de faire pour votre pièce : supportez l'égratignure en raison du parfum. »

Presque toutes les divinités païennes sont représentées avec des couronnes dont la première, dit Tibulle, fut tressée à la campagne par un enfant qui la destinait aux gardiens de son foyer.

Nous savons, grâce à des découvertes récentes, que cet usage remonte aux légendes de Ninive, car les savants ont pu acquérir depuis peu de précieux renseignements en traduisant les inscriptions murales des édifices, les cylindres d'argile retrouvés dans les fondations des palais et les tablettes en terre durcie composant la bibliothèque d'Assur-Bani-Pal dans sa résidence royale de Kajoundjik.

L'un de ces documents qui énumère les ornements d'Istar, déesse de la beauté, très en honneur dans la cité assyrienne, nous renseigne en même temps sur le degré d'opulence des femmes de cette époque.

« Lorsque cette mère inconsolable de la perte de son fils, entreprend d'aller aux enfers pour le réclamer à la Mort, elle est obligée de franchir les sept portes qui défendent son antre; à la première, le gardien lui enlève la *grande couronne qui parait son front;* à la seconde, il lui ôte ses boucles d'oreilles; à la troisième, son collier; à la quatrième, sa ceinture de pierres précieuses; à la cinquième, les bagues de ses doigts; à la sixième, les anneaux qui entourent ses bras et ses jambes; à la septième, sa tunique brodée d'or et ses voiles transparents. »

Un dicton assyrien, puisé aux mêmes sources, nous apprend que, sur les bords du Tigre, l'homme qui réussissait dans la vie était considéré comme

ÉCORCES D'ARBRES, FEUILLAGES ET FLEURS. 197

né coiffé. « Si une femme met au monde un enfant ayant une coiffe sur la tête, le bon augure entrera à son aspect dans sa maison. » Voilà, certes, un proverbe qui a fait bien du chemin pour arriver jusqu'en France.

La langue italienne, plus généreuse encore, dit : *nato vestito* « né habillé ».

Jupiter, le maître des dieux de Rome, portait une couronne de fleurs de toutes les saisons indiquant la suprématie de sa puissance. Cérès avait la sienne composée d'épis mûrs, emblème des moissons. Hercule était couronné de feuilles de peuplier ; les naïades, de nénuphars et de glaïeuls ; les dieux marins, de roseaux ; les muses, de roses blanches ; les génies protecteurs du foyer, de noyer ; Saturne, de figues

Cérès.
(Peinture de Pompéi.)

nouvelles. Le casque de Minerve est souvent couronné de myrte. La Fable rapporte que la déesse guerrière s'orna ainsi des fleurs qu'elle avait cueillies avec Proserpine dans la plaine d'Enna, en Sicile, le jour où cette dernière fut enlevée par Pluton. Des courses aux flambeaux étaient instituées à Corinthe, en l'honneur de Minerve Hellotis, à qui on offrait des couronnes de myrte. Bacchus, dont la tête est souvent entourée de pampres, adopta le lierre après son voyage dans l'Inde, à cause de sa vertu merveilleuse pour dissiper l'ivresse.

Bacchus couronné de lierre.
(D'après une peinture de vase antique.)

Alexandre, avant de quitter l'Asie, en fit faire des coiffures pour tous ses soldats et revint triomphant dans son royaume, semblable au dieu des vendanges. Dès lors, cette plante qui resta attachée au thyrse de Bacchus, surmonta pendant plusieurs siècles le casque des Thraces, en souvenir de leur conquête.

Les couronnes passèrent bientôt des divinités aux prêtres qui les servaient, puis aux particuliers qui offraient des sacrifices et même aux victimes qui étaient immolées. Cette mode exista dans d'autres pays et Tacite la mentionne dans son histoire de la Germanie ancienne; c'est enguirlandés de roses et de feuillages que les brebis, les génisses et les boucs étaient offerts aux dieux. L'usage s'en étendit encore, et arriva à l'abus. Il fut de rigueur, à Rome, de porter trois couronnes pendant les festins de gala : l'une, sur le haut de la tête; la seconde, sur le front; la troisième, flottant sur le cou, et descendant jusqu'à la poitrine; on les croyait bonnes à rafraîchir le cerveau et à dissiper les fumées du vin, quoique le médecin Callimaque ait prouvé que leurs parfums troublaient plutôt les esprits.

La bouquetière Glycère, célèbre par son talent dans l'assemblage des fleurs, savait en rehausser l'harmonie des nuances et marier habilement leurs odeurs. Elle fut si experte en son art, qu'elle lutta avec avantage contre le peintre Pausias qui jouissait cependant, d'une grande réputation pour les reproduire avec ses pinceaux.

Horace, dans ses satires contre les ridicules des hommes, mentionne l'habitude qu'avaient ses concitoyens de se parer pour les divertissements. « Vous êtes trop vaniteux, dit-il, et vous ne feriez pas comme ce jeune débauché qui, s'étant trouvé par hasard aux leçons d'un philosophe parlant sur la tempérance, rougit tellement de son état, qu'il enleva peu à peu les couronnes et les fleurs de ses vêtements. »

Nous savons, du reste, que les choses se passaient de même, trois mille ans avant notre ère, dans la vieille Égypte et les détails suivants attestent le luxe de ses habitants : les convives, aussitôt entrés, ayant à peine eu le temps de saluer leurs hôtes, étaient entourés d'esclaves qui couronnaient leurs cheveux et ornaient leur cou de guirlandes de fleurs; d'autres les couvraient de parfums, leur versaient du vin dans des coupes d'or, d'argent ou de bronze et leur offraient des fruits. Pendant qu'ils se rafraîchissaient ou se reposaient sur des fauteuils confortables et élégants, les amis se reconnaissaient entre eux et commençaient par groupes, des entretiens pleins d'animation. Au dehors une douce musique remplissait l'air, se mêlant aux parfums des plantes sans cesse renouvelées. La lyre, la harpe,

Sacrifice religieux chez les vieux Germains. (D'après une gravure du XVIIe siècle, suivant le texte de Tacite.)

la cythare, le tambourin, la flûte, simple ou double, mariaient leurs accords savants. La musique était la passion des Égyptiens. Les musiciens et les danseuses étaient des corporations dont on payait très cher le concours pour embellir les fêtes. L'arrivée du festin interrompait les divertissements et la conversation. Des serviteurs apportaient des petites tables basses toutes servies, autour desquelles les convives se groupaient assis à terre — ou, si les tables étaient plus élevées, sur des sièges. Des pièces de viande, des oiseaux d'eau, des poissons, des légumes, des fruits, surtout des raisins, des dattes et des figues formaient les principaux éléments du repas.

Les couteaux et les fourchettes étaient inconnus ; les cuillers, seules en usage, servaient à prendre la soupe.

On mangeait donc avec les doigts et à même le plat, mais des esclaves placés derrière les invités, leur passaient à chaque instant des serviettes pour s'essuyer la bouche et les mains. Les époux étaient placés l'un à côté de l'autre, car en aucune circonstance, ne fût-ce que pour une minute, on ne séparait, en Égypte, le mari de la femme.

Aux grandes panathénées célébrées tous les cinq ans à Athènes, on donnait une couronne d'or aux personnages de distinction et une d'olivier aux autres assistants.

Démosthènes ayant reçu la couronne d'or, Eschyle, jaloux, voulut faire annuler ce don, mais le grand orateur obtint gain de cause en prononçant son beau *Discours sur la Couronne*, resté le chef-d'œuvre du genre oratoire.

La mode de cette parure, imaginée vraisemblablement dans le principe pour abriter la tête contre les ardeurs du soleil, fut introduite à Rome par les Grecs. Virgile fait remonter jusqu'à Énée l'usage de ceindre de laurier le front du vainqueur ; on trouve, dans les Géorgiques une allusion à cette origine. « Ainsi font nos Latins, fils exilés de Troie. C'est à qui, dans les jeux bachiques, récitera des vers ; les rires éclatent ; on met sur son visage des masques hideux *faits d'écorces d'arbres* et toute la troupe joyeuse, invoquant le dieu du vin va suspendre en son honneur, au faîte des pins, ses *guirlandes*, ses *couronnes* et ses *mobiles images*. »

Les lutteurs triomphants recevaient une couronne de persil et leurs maisons étaient décorées de chêne et de laurier.

Dans les fêtes publiques, les couronnes de roses étaient l'accompagne ment habituel de la toilette des citoyens : le peuple les recevait de la main des édiles. Il n'était pas rare de voir dans les festins une pluie de ces suaves pétales tomber sur les convives ; c'est ainsi, dit-on, que furent asphyxiés sur l'ordre d'Héliogabale plusieurs jeunes patriciens, ses amis et ses compagnons de plaisir, qui, dans un moment de gaieté, avaient osé le plaisanter.

Les Romaines portaient en outre, dans les réunions, des couronnes et des colliers de fleurs naturelles ; rarement la même parure servait deux fois ; elles l'envoyaient, de préférence, à des amis privilégiés, comme don gracieux, ayant souvent un langage mystérieux et galant ; elles mettaient parfois autour de leur poignet un *orvet*, dit serpent de verre, petit reptile inoffensif, d'une forme élégante et d'une couleur métallique, atteignant 40 centimètres de longueur et ayant l'épaisseur d'un de nos crayons. Tranquille sur le bras, il pouvait aisément donner l'illusion d'un bijou en bronze.

Romaine, parée de fleurs, d'après un buste antique.

Les roses de Campanie et de Milet étaient les plus estimées de l'Italie ; l'hiver ne mettait pas obstacle à leur commerce ; on les importait aussi d'Égypte. Néron dépensa, à l'occasion d'un divertissement qu'il donna sur les bords de la baie de Baïa, cinq cent mille francs de notre monnaie, seulement pour enguirlander les rives et les bateaux.

Aux fêtes de Pan, instituées par Romulus, le jour de la fondation de la grande cité, les bergers se rendaient à Rome de toutes parts, couronnés d'olivier et de romarin, ce dernier ayant la vertu de purifier les étables. Les frères Arvales, prêtres de Cérès, avaient la tête ornée de branches d'if et de chêne vert, retenues par des bandelettes blanches. Lorsque les consuls allaient offrir un sacrifice, ils tenaient à la main des palmes d'olivier ; des joncs étaient jetés sur les routes qu'ils parcouraient.

Au temps de Pline, les Romains avaient, à eux seuls, plus de couronnes que tous les autres peuples réunis, bien qu'à cette époque ils ne connussent que les récompenses militaires. On fit des lois nouvelles rendant la couronne Civique semblable, comme honneur, à la couronne Suprême de la Grèce qui était décernée dans le temple de Jupiter. La ville de celui qui l'avait reçue faisait une brèche à ses murailles pour montrer son allégresse et laisser passer le char du vainqueur suivi d'un nombreux cortège d'admirateurs. L'heureux citoyen digne de cette marque distinctive pouvait la porter journellement; tout le monde se levait quand il entrait dans une assemblée, même les sénateurs. L'exemption des impôts lui était accordée, ainsi qu'à son père et à son grand-père. Manlius Capitolinus l'obtint six fois, Dentatus, quatorze. Cette couronne était composée de myrte; l'arbre de ce nom fut, paraît-il, rapporté du Péloponèse et le premier qu'on ait planté sur les places publiques à Rome. La fable raconte que deux myrtes qui se trouvaient de chaque côté de la porte du temple de Quirinus avaient une vertu prophétique; l'un s'appelait patricien, l'autre plébéien; longtemps le premier, plein de vigueur, eut la prédominence sur le second, puis, le plébéien, d'abord chétif, prit le dessus et fleurit à son tour, tandis que le patricien tomba de stérilité et d'épuisement, semblable au corps majestueux du Sénat, qu'il représentait.

Les Romains, en concluant la paix avec leurs ennemis après la guerre causée par l'enlèvement des Sabines, se parèrent les uns et les autres de branches de myrte qu'ils échangèrent en signe de concorde.

Postumius Tubertus, vainqueur dans un combat, l'an de Rome 251, fut le premier qui, honoré de l'ovation militaire, marcha couronné de la plante de Vénus, ayant triomphé sans répandre de sang. Marcus-Valérius, aïeul maternel du second Scipion l'Africain, porta deux couronnes dans la même circonstance, l'une de myrte, l'autre de chêne vert. Cette dernière, chargée de glands, s'accordait aux soldats qui avaient sauvé la vie à un camarade. Elle devint, plus tard, la récompense des jeux Capitolins. La couronne la plus difficile à obtenir était celle de graminées, donnée au libérateur d'une ville assiégée. Elle devait être d'herbes et de gazon arrachés sur les lieux où l'armée avait été en péril. Cincinnatus la mérita deux fois.

La couronne triomphale, faite de feuilles de laurier, était décernée au général en chef après une victoire éclatante; plus tard, cette simple récompense fut remplacée par une couronne d'or massif.

Jules César est généralement représenté la tête laurée.

Ne peut-on, à ce propos, s'écrier avec le poète antique : « O mœurs éternellement admirables, n'accordant que l'honneur pour prix des grands exploits et déclarant qu'il n'est pas permis de protéger son semblable en vue du gain ! »

Auguste, après avoir porté la couronne de myrte, adopta, pour cacher sa calvitie précoce, celle de laurier, exemple qui fut suivi par les membres de sa famille et tous ses successeurs.

César couronné de laurier.
(D'après un camée antique.)

Le laurier d'Auguste, ainsi qu'on l'appelait, avait une origine prétendue divine. Un jour que Livie Drusilla, fiancée de l'empereur, était assise dans son jardin, un aigle, planant dans les airs, laissa tout à coup tomber dans son giron une poule blanche qu'il avait enlevée et qui tenait en son bec une branche de laurier. Les Aruspices ordonnèrent de planter ce rameau et d'en prendre un soin religieux, ce que l'on fit dans la maison de campagne des Césars, située à quelques lieues de la ville sur les bords du Tibre. Il y forma bientôt un bosquet magnifique qui fournit exclusivement, dans la suite, les couronnes des empereurs et des héros.

Pacifique par excellence, il était consacré à Apollon ; Pausanias nous apprend que le principal prêtre du Dieu solaire s'appelait Laurier, à cause de la couronne composée de ses feuilles, qu'il portait toujours comme attribut de ses fonctions.

Cet arbuste qui indiquait, chez les anciens, la trêve entre belligérants, était planté devant les portiques des temples et les palais des riches ; les messagers chargés d'annoncer une victoire en paraient la pointe de leur javelot ainsi que les tablettes renfermant de bonnes nouvelles ; la poupe des vaisseaux en était ornée pour conjurer la colère des dieux et l'on en couvrait ceux qui mouraient victorieux sur le champ de bataille.

Précieux pour différentes maladies, les statues d'Esculape, protecteur de la médecine, étaient souvent décorées de ses verts rameaux. Tibère s'entourait de lauriers en pied, quand un orage éclatait, dans l'espoir d'éloigner la foudre.

Néron étant allé en Grèce disputer le prix de la lutte et du chant aux athlètes et aux artistes, en revint avec dix-huit cents couronnes que les Grecs lui avaient facilement accordées dans l'espoir d'être exemptés d'impôts.

Une simple gerbe de sauge, suspendue au-dessus des maisons, devait, selon la superstition romaine, éloigner le *mauvais œil*, c'est-à-dire la fièvre.

Les Druides entouraient leur tête vénérable de branches de chêne. Cet arbre était, pour eux, le symbole de l'Être suprême qu'ils honoraient. Ils avaient également une grande vénération pour le gui qu'ils assimilaient à l'humanité. Les longs rameaux verts de ce parasite, les touffes jaunes de ses fleurs enlacées à l'arbre dépouillé, offrant seules, pendant l'hiver, l'image de la vie au milieu d'une nature morte, représentaient pour eux l'immortalité de l'âme. Ils le croyaient semé sur le chêne par une main providentielle et présageaient, dans son union avec l'arbre sacré, le rapport direct entre Dieu et sa créature. Les prêtres le cueillaient au printemps, le sixième jour de la lune, avec une faucille d'or et le recevaient dans leur manteau blanc, puis ils immolaient des victimes en priant les dieux de protéger ceux qui les servaient.

Druide couronné de chêne.

Le gui croissait surtout dans les sombres forêts de l'Armorique; on lui supposait des vertus bienfaisantes contre tous les poisons. Dans la vieille Gaule, il était distribué au peuple le premier jour de l'année, aux cris de : « *Au gui, l'an neuf!* » Virgile le compare au rameau d'or que cherchait Énée d'après les ordres de l'oracle.

En Angleterre, pour fêter *Christmas*, on suspend dans chaque maison, au plafond de la salle commune, un bouquet de gui.

Femme bulgare coiffée de buis.

Nous savons que le trèfle fut choisi pour blason de l'Irlande par saint Patrick qui voyait dans la division de ses folioles, l'emblème de la Trinité.

Une vieille chanson bretonne nous apprend que :

« On donnera à la plus belle
Un bouquet de pimprenelle. »

Ce présent modeste ne doit peut-être ici sa place qu'à sa pauvre rime, quoique les femmes bulgares n'aient pas une parure plus luxueuse dans leurs cheveux, puisqu'elles se contentent d'y placer des rameaux de buis.

Les Roumaines emploient aussi cette plante pour garnir leur chapeau imitant un panier; la mode, il est vrai, donne une large revanche à leur vanité en permettant de surcharger le costume des fêtes d'une masse de bijoux en rapport avec la fortune personnelle de chacune. — Les vierges gauloises posaient leur voile sur une couronne de verveine; les jeunes Franques préféraient le genêt vert. Aujourd'hui, nous avons adopté les fleurs de l'oranger, dans quelques cantons des Alpes et des Pyrénées, l'edelweise jouit du même honneur. Cette marguerite cotonneuse qui se montre à une altitude de 2.000 mètres, et, de préférence souvent au bord des précipices, a causé plus de morts tragiques que les plus dangereuses excursions aux cîmes des glaciers.

Femme roumaine en costume de fête.

A Rio-Janeiro, comme en France, la couronne d'oranger orne le front de l'épousée, mais le lendemain de la cérémonie nuptiale, elle est déposée aux pieds d'une statue de la Vierge devenue célèbre par cette coutume et qui se trouve dans l'église de *Santa Maria della gloria,* de sorte que, depuis longtemps déjà, la voûte et les murs de la chapelle sont complètement tapissés de fleurs blanches, qui produisent un effet poétique et charmant.

Le myrte, avec ses petites boules blanches, a été choisi en Autriche pour embellir la toilette de la fiancée; en Toscane, ce sont les suaves calices du jasmin.

Grecque de Corfou en costume de mariée.
(D'après une photographie.)

Coiffure de mariée en Palestine.
(Atlas de l'abbé Filion.)

Dans l'île de Corfou, la jeune fille dans ses plus beaux atours place, sur le côté droit de son visage, une énorme touffe de fleurs blanches, tandis qu'en Palestine, modestement cachée sous un tissu léger, elle entoure son petit chapeau, de forme particulière, de branches de grenadier ou d'olivier.

Les Juives de Jérusalem portent le jour de leur mariage, des boutons de citronnier et des fleurs de toutes couleurs et de toutes provenances.

Aux temps antiques de Rome, si le mari avait une couronne, l'épouse en avait deux : l'une en fleurs naturelles, l'autre en fleurs artificielles enrichies d'or et de pierres précieuses, selon sa position financière.

Les Écossaises, sous Jacques III, entremêlaient leurs longues nattes de guirlandes de lierre et les Highlanders ajoutaient à la plume d'aigle de leur toque, une branche de houx.

Nos ancêtres asiatiques avaient l'habitude de prendre leurs repas assis sur des bottes de paille et joignaient souvent à leur coiffure des feuilles ou des morceaux d'écorce. Un reste de ces vieilles coutumes se retrouve chez les Istriens, d'origine slave, dont la petite calotte, posée coquettement sur le haut de la tête, est toujours embellie d'un bouquet de lupin et chez les Bretons qui aiment tant à entourer leurs grands chapeaux ronds de rubans et de fleurs champêtres : lointain souvenir des mœurs primitives.

Rien, en effet, n'est exagéré dans cette supposition, car la Bretagne, extrême limite de la Gaule, fut le refuge des populations celtiques refluant devant les invasions conquérantes. Aucune province ne nous transporte par son histoire à des âges plus reculés; aucune ne nous fournit des restes plus grandioses d'époques inconnues. Ses traditions, ses énormes monuments de pierre, le type de ses habitants, leur ténacité aux vieilles coutumes, leurs superstitions remontant, malgré la victoire du christianisme, au temps des Druides, et jusqu'à son ancien idiome, dur, pauvre, mais énergique et encore usité, tout concourt à prouver l'antiquité de cette race.

Sur le territoire occupé jadis par les Venètes, puissante tribu maritime des Gallo-Kimrys, se dressaient les quatre mille pierres de Carnac, plantées en terre, malheureusement sans nom et sans inscription : manifestation gigantesque et bizarre d'un peuple oublié. La légende, moins embarrassée que les savants, les désigne comme une armée de géants pétrifiés par saint Cornely, premier évêque de Vannes et depuis, son patron vénéré.

L'île de Sein, ou plutôt *Sena*, qui avait un collège druidique, est à deux lieues des côtes de la Bretagne, en face la pointe du Raz; là, habitaient les neuf prêtresses vouées au dieu gaulois Teutatès. Selon la croyance populaire, elles rendaient des oracles, commandaient aux tempêtes, et prédisaient l'avenir. Une fois par an, elles descendaient sur le continent et venaient, parées de fleurs, couronnées de lierre, assister à des fêtes mystérieuses prescrites par les rites de leur religion.

Les Bretons avaient autrefois des costumes aussi pittoresques que divers.

ÉCORCES D'ARBRES, FEUILLAGES ET FLEURS.

Chaque localité avait le sien et il était facile de reconnaître à quel canton tel ou tel paysan appartenait. Mais ils disparaissent peu à peu, et il ne restera bientôt plus que le chapeau des hommes et que le simple bonnet des femmes. Il est vraiment curieux de voir les formes différentes que peut affecter, pour le même usage, un petit morceau de tissu. Certaine coiffe féminine a l'envergure de celle des sœurs de Saint-Vincent-de-Paul, tandis qu'une autre n'est pas plus large que la main.

Un des plus bizarres de leurs travestissements est celui des paludiers de Batz, bourg situé au milieu de marais salants, aux bords de l'Atlantique, dans le département de la Loire-Inférieure. Il est du XVIe siècle et tellement spécial au pays qu'on ne le retrouve nulle part en France.

Autrefois, dans les Vosges, aux environs de Remiremont, le premier dimanche de mai, avant la grand'messe, les jeunes filles se tenaient sur les chemins qui menaient des villages voisins à

Paludiers du bourg de Batz en costume de mariage.
(D'après une photographie.)

l'église paroissiale, pour attacher au chapeau des premiers garçons qu'elles rencontraient une petite branche de laurier; ceux-ci devenaient alors, pour toute l'année, les cavaliers servants de celles qui la leur avaient donnée.

La fête de la rosière, si célèbre sous les Mérovingiens et qui tire son nom de la couronne de roses décernée à l'héroïne, fut instituée au Ve siècle par saint Médard, évêque de Noyon, pour encourager la sagesse de ses pénitentes. Désirant perpétuer cette fondation, il attribua, sur son fief de Salency, une redevance annuelle de 25 livres, destinée à doter la jeune fille reconnue la plus méritante.

Pantin doit l'établissement de la même fête à Marie d'Angleterre, femme de Louis XII.

En 1640, Louis XIII, séjournant au château de La Varenne, près Paris, envoya son cordon bleu à la rosière de Pantin en disant qu'ayant assez longtemps servi à la valeur, il devait récompenser la vertu.

Saint Dominique, vers 1208, inventa le Rosaire, ainsi nommé parce qu'on disait autant d'*Ave* en honneur de la Vierge Marie, qu'il y avait de roses dans la couronne.

Tous les vendredis, saint Louis, roi de France, donnait aux princesses de sa famille, *des chapels d'églantine en ressemblance de la sainte couronne d'épines de Notre Seigneur*. Dans toutes les fêtes nationales ou particulières, on prit, au XIIIe siècle, l'habitude de porter, sur la tête, des guirlandes de fleurs que nos pères appelèrent *chapels*. On les variait suivant la saison. Il y eut des *chapels* de roses, de violettes, de bleuets, de marguerites, de lierre, de gazon ou de mousse. Cette mode dura assez longtemps pour qu'il se constituât à Paris une corporation nouvelle, celle des chapeliers de fleurs.

Français du XVe siècle, avec son chapel de fleurs.
(D'après un jeton de la Bib. Nat.)

C'étaient des jardiniers jouissant de plusieurs immunités parce que leur industrie avait été établie, au début, pour le service du roi et de la noblesse. Cette coiffure appartenait indifféremment aux deux sexes; on en trouve un exemple dans le roman de Perceforêt où l'auteur, décrivant un festin, dit : « Chacun et chacune avaient sur *son chief un chapel de roses.* »

Les partisans du duc de Bourgogne, ennemis des Armagnacs, se réunissant à l'église Saint-Eustache, le 9 juin 1488, avaient une rose rouge sur le côté de leur chaperon pour montrer ostensiblement leur opinion et se reconnaître entre eux.

Lors de la formation du code des marchands, par Étienne Boileau, les orfèvres occupaient la première place parmi les maîtres de métiers et faisaient partie des six corps privilégiés. Ils avaient le droit exclusif de promener, sur leurs épaules, la châsse de sainte Geneviève ou, un cierge à la main, de précéder celle de saint Marcel. Ils portaient aussi le dais sur la tête du roi, lors de son joyeux avènement dans sa bonne ville de Paris et devaient être, pour ces cérémonies, couronnés de roses. Cet usage existait encore sous Louis XIII, car une gravure du XVIIe siècle les représente avec leur parure d'honneur.

Une fête assez plaisante a lieu au printemps dans les Alpes styriennes. Le soir du dimanche de *Lætare*, filles et garçons tressent des couronnes d'herbes sèches et, la nuit venue, de leurs bras vigoureux, les lancent enflammées dans l'espace, lisant dans leurs paraboles ignées qui embrasent l'air : les secrets de leurs destinées ménagères pour l'année; les capricieux rébus de leurs félicités futures; des présages de successions, de bonne ou de mauvaise récolte, de paix ou de guerre.

Ces divertissements s'appellent les fêtes du feu.

Pour terminer ce chapitre sur les plantes, nous rappellerons l'anecdote de Camille Desmoulins au Palais-Royal, en août 1789. Ce républicain, après une harangue au peuple,

Maître orfèvre paré de sa couronne de roses pour précéder la châsse de saint Marcel lors de la procession annuelle, à Paris.

l'un de ses titres de gloire, cueillit une feuille verte de marronnier, et la mit à son chapeau en signe de ralliement. Tous les arbres furent bientôt dépouillés par ses auditeurs; mais, le lendemain, la cocarde tricolore remplaçait cet emblème trop éphémère dont la couleur, qui est celle de l'espérance, avait séduit l'ardent propagateur des idées nouvelles.

Ce qui précède montre toutes les ressources que l'homme sut tirer du règne végétal, pour la parure et le costume. Cependant, si les fleurs, les feuilles et les écorces d'arbres peuvent suffire, dans les pays chauds à voiler la nudité ou à embellir la toilette, il faut reconnaître que ce serait un luxe souvent impossible à se procurer sous les climats glacés, et une bien faible protection contre les intempéries des saisons.

Inutiles sous certaines latitudes, nuisibles même dans les régions torrides où ils peuvent engendrer des maladies cruelles, les vêtements sont d'une absolue nécessité pour tous ceux qui sont exposés aux vents du nord ou aux pluies froides des zones tempérées.

Sans nous préoccuper des nations civilisées qui, ayant recours aux raffinements de l'art et de l'industrie pour s'habiller, ne rentrent pas dans notre étude, nous citerons seulement, après avoir parcouru l'histoire ancienne, quelques peuples septentrionaux de l'Europe, de l'Amérique et de l'Asie, forcés d'adopter des habits chauds et confortables pour supporter la vie dans les tristes parages où le destin les a fait naître ; ils emploient, pour cela, les dépouilles des bêtes qu'ils tuent à la chasse et celles des animaux domestiques qu'ils élèvent près d'eux.

C'est probablement ainsi qu'agirent les demi-sauvages préhistoriques de l'Europe, avant de connaître le moyen de feutrer la laine ou de filer l'herbe des champs, lorsque le refroidissement de la température les obligea à se couvrir. Nous nous efforcerons de le prouver dans le chapitre suivant.

CHAPITRE IV

PEAUX DE BÊTES EMPLOYÉES COMME VÊTEMENTS.

Esquimaux préparant des peaux.

CHAPITRE IV

PEAUX DE BÊTES EMPLOYÉES COMME VÊTEMENTS.

Sommaire. — Dépouilles d'animaux converties en vêtements par les hommes préhistoriques. — Leur rôle dans les rites funéraires et les religions égyptienne, grecque et romaine. — Préparation des marocains à Babylone. — Avantages des fourrures pour les chasseurs et les gens exposés aux hasards de la vie des champs. — Subterfuges auxquels elles se prêtent. — Corsets des Circassiennes. — Peau humaine employée par les Scythes. — Origine du surnom *reges pelliti* donné aux chefs Francs. — Ordonnances royales sur le droit de porter de la martre, du petit gris et de la zibeline. — Costumes des Esquimaux, des Lapons et des Groenlandais. — Industrie des habitants des régions polaires. — Services que leur rendent le chien et le renne. — Éléments de la toilette d'un élégant au Kamtchatka. — Emploi des fourrures en Afrique, en Chine, dans l'Inde et au Japon. — Lois bouddhiques relatives au cuir.

Poursuivis et domptés par l'homme qui leur disputa pied à pied la possession du sol, les animaux devaient le secourir dans sa détresse en lui procurant une nourriture succulente, des vêtements chauds et des instruments de travail.

Les os d'oiseaux et de quadrupèdes retrouvés dans les cavernes des époques de la pierre, prouvent que la chasse était l'une des occupations favorites des premiers habitants de la terre, et l'on en peut déduire qu'après avoir dépecé les bêtes et mangé leur chair, ils en utilisaient les dépouilles afin de se préserver du froid. On pense aussi qu'employées d'abord à l'état naturel, les peaux furent, dès l'industrie naissante, réunies par des coutures pour en augmenter la dimension ou leur donner diverses formes ; en outre, les préhistoriques s'en servirent dans leurs rites funéraires, car ils couchaient les morts sur des peaux de bœufs avant de les confier au tombeau.

Ces dernières coutumes, ou d'analogues, se reproduisent chez plusieurs populations anciennes.

Les grands prêtres d'Ammon, dont l'insigne spécial consistait en une peau de léopard, la tête passée sur l'épaule gauche et le reste tombant sur la poitrine, comme ils sont représentés dans les antiques nécropoles égyptiennes, étaient déposés dans leur sépulcre, revêtus de cette même peau. Lorsque les Argonautes arrivèrent chez les Bébryces, ils aperçurent, suspendus aux arbres où le vent les heurtait les uns contre les autres, des corps humains renfermés dans des sacs de cuir velu. Les femmes, ne méritant pas cet honneur, étaient enterrées pour marquer leur servitude et leur infériorité.

Homme de l'époque de la Pierre taillée.

Voici encore d'autres exemples à l'appui de ce qui précède. Jadis les Indiens de l'Amérique du Nord, issus de la race autochthone, étendaient les cadavres sur la peau d'un buffle ou d'une chèvre immolée en expiation et mettaient entre les mains des défunts les rognons de l'animal sacrifié; ce morceau friand était destiné à apaiser les chiens qui gardaient les chemins que devaient parcourir les hommes avant d'arriver au séjour des heureux. Aujourd'hui, les Quilingués de la vallée de Calounga enterrent leurs morts, soigneusement enveloppés dans une toison apprêtée; les Esquimaux, au contraire, après les avoir assis sur une peau d'ours ou de renne, les portent au sommet d'un monticule et les surchargent de cailloux. D'après Crantz, ils placent, près de la tombe des enfants, une tête de chien, espérant, dans leur croyance naïve, que l'âme de cet animal, habile à retrouver sa route, pourra guider les ignorants bébés vers le pays des esprits.

Les monuments figurés des religions païennes nous ont conservé le souvenir des luttes soutenues par les hommes des âges héroïques contre les animaux et des services qu'il surent en tirer.

L'Égypte, entre autres, montre Osiris avec une tête de taureau, parce que ce roi, inventeur des instruments aratoires, apprit à ses sujets l'agriculture et le travail de la vigne. Ce fut un moyen d'indiquer son identification avec le bœuf, principal agent du labourage, qu'on adora ensuite sous le nom d'Apis. Si la déesse Isis est représentée avec une tête de génisse ou avec deux cornes au lieu de diadème, c'est que la digne épouse d'Osiris, ayant trouvé l'orge et le blé, enseigna à son peuple l'ensemencement de la terre.

Anubis et Macédo, princes belliqueux et hardis, tout dévoués à leur souverain, apparaissent, l'un avec une tête de chacal ou de chien, signe de fidélité, l'autre avec une tête de loup, emblème de son féroce courage dans les combats.

Ammon, personnifiant la multiplication des troupeaux, a une tête de bélier et Pacht, déesse justicière, prend la forme d'une lionne pour punir les méchants.

Mais le sens symbolique de ces représentations ne tarda pas à se perdre ; ce qui n'était d'abord qu'un attribut devint l'essence même de

Isis, divinité égyptienne.
(Bronze du Musée du Louvre.)

la divinité. On adora le chacal, le serpent, le crocodile, le bœuf, et des autels leur furent élevés ; à moins, cependant, que l'origine de la religion de Memphis ne doive être attribuée à la terreur que les animaux avaient inspirée aux habitants primitifs. Qui donc pourrait sonder l'âme de ces lointains ancêtres ? Les Égyptiens eux-mêmes expliquaient assez mal la source de ces mythes et leurs croyances étant réduites en corps de doctrines, ils imaginèrent que les dieux s'étaient métamorphosés en bêtes

Osiris et Anubis.

quand, chassés du ciel par d'autres puissances supérieures, ils cherchèrent un refuge sur la terre.

Si nous nous tournons vers la mythologie grecque, nous y trouvons le témoignage des combats livrés par les premiers hommes contre les animaux. Le culte accordé aux héros qui avaient conquis la terre, n'est en réalité qu'un hommage rendu aux efforts des générations colonisatrices.

Bacchus, assimilé dans le panthéon des Hellènes à l'Osiris égyptien, n'est-il pas quelquefois représenté sous les traits d'un taureau, ou, comme

Hercule, paré de la peau du lion de Némée, combattant l'hydre de Lerne.
(D'après une pierre gravée.)

vainqueur de l'Inde, paré d'une peau mouchetée de panthère? Hercule ne porte-t-il pas la dépouille du lion de Némée, en mémoire de son triomphe sur ce monstre?

Les fourrures servirent donc de trophées et de parures. Le poète grec Nonnos qui florissait vers la fin du IV⁵ siècle, nous dit, dans ses *Dionysiaques*, en dépeignant les bacchantes qui accompagnèrent Bacchus dans l'Inde : « L'une place sur sa poitrine l'enveloppe tigrée d'un léopard, l'autre se fait un vêtement de la peau des faons montagnards, ou emprunte sa robe à un cerf élégant; une troisième entoure sa tête d'un bandeau de vipères ou retient ses cheveux sous du lierre parfumé, celle-là, sur les pentes des montagnes où paissent les bœufs, saisit la peau d'un taureau indompté, déchire son cuir de ses ongles cruels, et se pare de sa dépouille toute crue ».

La Junon Sospita ou Lanuvienne, déesse du Latium d'où son culte se répandit chez les Romains, est représentée, ainsi qu'on le voit sur un denier de la famille Procida, avec une lance, un bouclier et l'égide en peau de chèvre qui l'enveloppe et recouvre sa tête. Elle prit, chez ce peuple, un caractère absolument guerrier, que justifia la destinée de Rome, où la religion et la politique ne furent jamais séparées.

Junon lanuvienne, divinité du Latium, représentée avec l'égide en peau de chèvre.
(Peinture de vase antique.)

Les poètes qui s'emparèrent des idées mythologiques attestent à leur tour la place importante des fourrures dans les modes primitives. Pindare parlant de Jason qui arrivait à la cour de Pélias, son oncle, s'exprime en ces termes : « Bientôt paraît celui qu'a prédit l'oracle ; sa main est armée d'un javelot, son regard est terrible. L'habit des Magnésiens dessine la vigueur de ses membres et la peau de lynx jetée sur son dos, le défend contre les pluies glacées de l'hiver ».

Virgile cite, dans l'*Énéide* des coutumes, semblables se rapportant à la toilette féminine : « Vénus s'est armée de l'arc léger des forêts ; élevant la voix, elle s'adresse à Énée et lui dit : « Holà ! jeune homme, n'as-tu pas vu quelqu'une de mes compagnes errante « en ces lieux, couverte de la peau d'une gazelle, comme les Tyriennes et « activant par ses cris, la fuite d'un sanglier ? »

L'histoire fait suite à la mythologie et fournit des preuves plus frappantes encore sur l'usage des fourrures aux temps lointains.

Adam et Ève travaillant après le péché, l'agriculteur Caïn et ses enfants, le berger Abel, Jacob, Ésaü, David, saint Jean dans le désert, ont tous des toisons pour vêtements.

220 LES PARURES PRIMITIVES.

Les peuples venus du fond de la Chaldée qui, sous le nom d'Hycsos, envahirent l'Égypte deux mille ans avant notre ère, n'étaient vêtus que de peaux de bœufs. Leurs chefs, possesseurs de nombreux troupeaux, prirent le titre de Rois-Pasteurs et ne furent chassés de Memphis que deux cent soixante ans après s'y être établis.

Le mot Hycsos a été formé par les Grecs en réunissant la dénomination de la tribu Shous avec celui du chef Hyc, auquel elle obéissait.

Porte-enseigne romain couvert d'une peau de tigre.
(Bas-relief antique.)

Diodore de Sicile raconte que les guerriers des premiers âges se paraient de dépouilles animales, parmi lesquelles celles des grands fauves étaient surtout honorables. « Affublé de la sorte, dit-il, l'homme ayant sa tête protégée sous le mufle de la bête, dont les pattes, nouées sur la poitrine, laissaient flotter librement la peau par derrière, devait avoir un aspect fantastique. »

D'après l'*Iliade*, dans la première rencontre qui eut lieu sous les murs de Troie, le beau Pâris, armé de son arc et de ses javelots, se couvre d'une peau de léopard, pour provoquer l'illustre Ménélas, et Dalon, espion troyen, surpris et tué par Diomède, était vêtu d'une peau de loup.

Voici le récit d'Homère sur ce fait d'armes :

« Les Troyens se doutant d'une attaque soudaine, promettent une récompense magnifique à celui qui serait assez audacieux pour s'approcher du camp des Grecs. Dalon se présente et, couvert d'une peau de loup, part aussitôt. Ulysse et Diomède, qui venaient également de partir dans le but de pénétrer dans la ville assiégée pour s'emparer des chevaux du roi Rhésus, dont la possession devait assurer la victoire, aperçurent l'espion ; ils s'écartent du chemin et se cachent parmi les cadavres. L'imprudent Troyen les dépasse d'un pied rapide... Quand il est éloigné de toute la longueur d'un sillon tracé par des mules plus promptes que des bœufs à traîner la pesante charrue dans un champ, les deux guerriers courent sur lui et n'en sont plus éloignés que de la portée d'un trait. Dalon s'arrête en entendant leurs pas, mais les reconnaissant pour deux ennemis, il prend la fuite. Diomède et Ulysse, s'élançant à sa poursuite avec furie tels que des limiers à la dent meurtrière exercés à la chasse, lui coupent la retraite et Diomède l'ayant atteint... aussitôt sa tête roule dans la poussière. »

On cherchait évidemment à terrifier son ennemi avant de le combattre. Les hauts casques en métal surmontés de crinières hérissées, de têtes d'animaux, de cornes de buffles, de bois d'élans ou de cerfs, n'ont pas d'autre but. C'était la coiffure de guerre des Huns, des Scythes, des Germains, des Romains et des Gaulois. Cette mode subsista longtemps car les Thraces d'Asie, au Ve siècle, portaient encore des peaux de renard sur la nuque et leurs bonnets de combat, quoiqu'en métal, étaient ornés de mufles de panthère, d'oreilles de bœufs et de grandes cornes.

Mort de Dalon, espion Troyen. (D'après une pierre gravée.)

Les Celtes mettaient sur leur tunique un manteau de laine grossière ou une toison. Ils marchaient à l'ennemi au son d'une trompette dont le pavillon représentait un fauve couronné de fleurs.

Dix-huit siècles avant le siège de Troie, les pauvres de la Phocide avaient des tuniques en peau de truie dont l'invention était due à Pélasge. Les Lyciens adoptèrent le cuir de cheval pour le même usage.

Tel était encore le costume des Amazones, à l'époque de la prise d'Ilion. Plusieurs bas-reliefs antiques l'attestent et Quintus de Smyrne le mentionne dans ses descriptions. « Les assiégés, n'ayant plus Hector pour les défendre, n'osaient franchir les murailles de la ville. Cependant un secours imprévu leur arriva. Penthésilée, reine des guerrières de la Scythie, accourait avec une armée des bords du Thermodon prêter son aide au malheureux Priam. Il lui fait servir un repas somptueux comme des rois puissants le font apprêter sous de verts feuillages pour célébrer leurs victoires. La jeune héroïne ranime le courage des Troyens, et, s'avançant hardiment contre Achille, elle répand la mort parmi les combattants. Les Grecs ont l'épée suspendue au côté par le baudrier et se servent de la lance. Seule,

Guerriers germains vêtus de peaux d'animaux.
(Suivant le texte de Tacite et d'après une gravure de 1631.)

Penthésilée coiffée de la mître phrygienne et vêtue d'une tunique de peau, frappe avec la hache des Amazones ».

D'origine celtique, les Helvètes, premiers habitants de la Suisse, à laquelle ils ont laissé leur nom, affrontaient des froids cruels, protégés par les fourrures que leur procurait la chasse au prix de mille dangers. Accoutumés à une température des plus rigoureuses, les Suèves, qui se baignaient en tous temps dans l'eau glacée des torrents, avaient pour unique vêtement des dépouilles d'animaux dont l'exiguïté laissait leur corps à peu près nu.

Préférant les pelleteries aux étoffes de laine, les Huns portaient une sorte de camisole confectionnée avec la peau d'un rongeur, l'hermine, appelée alors rat de Babylone et qui se débitait surtout dans la capitale de l'Assyrie, voisine de l'Arménie. On lui donna, dans la suite, le nom de ce dernier pays, qui s'appelait autrefois Herminie. Saint Jérôme fait allusion à ces animaux dans une épitre et en vante l'odeur agréable.

Les Babyloniens passent pour avoir imaginé le mélange de l'hermine et du petit gris, connu au moyen âge, sous la dénomination de *vair*, fourrure très recherchée à cette époque. Le vair n'était donc composé que de morceaux de peau d'hermine et d'une belette appelée *gris*, artistement taillés en triangles et rapprochés les uns des autres de manière à présenter le dessin de cloches renversées. Il y avait le petit vair et le grand vair, selon la dimension des morceaux.

La préparation du maroquin formait une des branches importantes du commerce de Babylone.

Ce secret, qu'elle posséda seule pendant l'antiquité, fut transporté en Espagne par les Arabes ; Cordoue, devenue célèbre par l'industrie des cuirs, au temps de Charlemagne, en approvisionnait toutes les contrées occidentales. C'est du nom de cette ville, d'ailleurs, que vient le mot cordonnier, c'est-à-dire fabricant de cordouans. Toulouse et Montpellier parvinrent, dans la suite, à faire d'aussi bons maroquins que Cordoue.

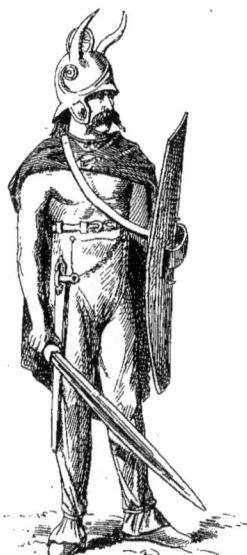

Guerrier gaulois avec un casque orné de cornes.
(Type du Musée d'artillerie.)

Les peuples chasseurs conservèrent, jusqu'à une époque très avancée de la civilisation et malgré la connaissance des tissus, l'habitude de se couvrir de peaux de bêtes, préférant ce genre de vêtement à tout autre plus luxueux. Peut-être les employèrent-ils dans certains stratagèmes propres à leur divertissement, comme cela s'est pratiqué dans quelques pays.

En Floride, par exemple, à l'essai de la colonisation, vers 1564, les Indiens, pour tuer les cerfs, se cachaient sous la peau d'un de ces animaux, puis, marchant à quatre pattes et imitant leur allure lorsqu'ils se dirigent vers les sources pour se désaltérer, parvenaient à s'en rendre maîtres sans danger. Les Africains adonnés à la chasse des autruches ne se dissimulent-ils pas sous la forme d'un de ces gigantesques oiseaux, simulant avec le bras passé dans la peau du cou, les mouvements du bipède picorant dans le sable et faisant entendre le cri d'appel qui leur est particulier. Trompées par l'apparence, d'autres autruches accourent

Chasseur couvert d'une toison.
(D'après une peinture murale antique.)

pour partager la bonne aubaine et se livrent sans défense à l'ennemi qui les guette. De nos jours, les coureurs de rennes s'affublent de la peau d'un de ces quadrupèdes, et si les Arméniens attirent les timides gazelles, c'est en empruntant de pareils déguisements, car sans ce subterfuge il leur serait impossible de surprendre la vigilance et l'agilité de ces charmants mammifères qui vivent en bandes nombreuses dans les vallées du Caucase. Leur cuir sert à confectionner les corsets des Circassiennes. Ces justaucorps incommodes, si étroits que la respiration des jeunes filles en est presque gênée, doivent se garder jusqu'au jour du mariage. Ils compriment la poitrine et les hanches de celles qui les portent et empêchent de grossir : une taille mince et droite étant considérée comme une grande beauté pour la femme. Les savants voient là une analogie avec le plastron en peau de chèvre des Lybiennes qui, selon Hérodote, fut l'origine de l'égide de Minerve, les cordons qui servaient à l'attacher ayant été transformés en serpents par les poètes.

Chasseur de la Floride, caché sous une peau de cerf.

Outre les chasseurs, les gens exposés aux hasards de la vie des champs portaient également des fourrures. Un bas-relief grec témoigne de cette vieille coutume et du soin qu'on avait des images des dieux. On y voit un jeune paysan, ceint d'une toison, puiser de l'eau dans un vase pour laver le visage d'un Hermès.

Les bergers antiques, couverts de peaux de chèvres, ont pu même donner lieu, originairement, à la forme que les satyres prirent dans la mythologie.

« Ces derniers, amis et serviteurs du dieu conquérant, étaient plus habiles à épuiser à longs traits le vin des larges amphores qu'à faire manœuvrer les bataillons; lions loin de la mêlée, lièvres dans le combat, les uns se revêtaient dans l'armée de Bacchus de peaux de bœuf toutes brutes, les autres se fortifiaient sous les peaux hérissées des fauves ; ceux-ci s'entouraient de la formidable enveloppe des panthères, ceux-là s'armaient des plus longues massues ; tantôt ils passaient autour de leurs reins des peaux de cerfs aux bois rameux ; sur leurs tempes, autour du front, s'allongeaient les pointes aiguës de leurs cornes ; de rares cheveux croissaient sur leur tête raboteuse et venaient finir à leurs sourcils tortueux. Quand ils marchaient, les vents ailés soufflaient contre leurs oreilles et le long de leurs joues velues ; une queue de cheval qui s'étendait sur leur dos, s'arrondissait autour des reins et se dressait en l'air. » (Nonnos).

Berger athénien avec son vêtement de peau de chèvre.
(D'après une photographie.)

Théocrite nous en donne une nouvelle preuve, lorsque voulant désigner un pasteur il s'écrie : « Il avait sur son corps la dépouille d'un bouc aux poils rudes et épais, d'où s'exhalait une odeur de fraîche pressure ».

Après avoir chanté les mœurs des Lydiens, Virgile remarque que bien différentes sont celles des hommes vivant sous les zones hyperboréennes : « Les troupeaux séjournent dans les étables et leurs gardiens, heureux et oisifs, habitent des grottes souterraines, se préservant des vents du Nord par des peaux de bêtes. »

C'est encore aujourd'hui la principale pièce du costume des pâtres de nos montagnes. « La vie voyageuse des bergers est un des caractères pittoresques du Midi... Ces nomades portent tout avec eux ; compagnons des étoiles, dans leur éternelle solitude, demi-astronomes et demi-sorciers, ils continuent la vie asiatique, la vie de Loth et d'Abraham au milieu de notre occident... En France, les laboureurs redoutent leur passage et les resserrent en d'étroites routes. C'est aux Apennins, aux plaines de la Pouille ou de la campagne de Rome, qu'il faut les voir marcher dans la liberté du monde antique. Le berger espagnol, plus farouche que le nôtre, a lui-même l'aspect d'une de ses bêtes avec sa peau de mouton sur le dos et aux jambes son abaréa de peau velue de bœuf qu'il attache avec des cordes. » (Michelet, *Histoire de France*, tome XI.)

Les fourrures, aux époques anciennes, étaient fréquemment employées pour faire des tentes et des voiles de vaisseaux. On raconte que Sapor, roi de Perse, ayant montré à son petit-fils, Adarsès, tout jeune encore, un superbe pavillon en peaux d'hermines diversifiées avec art, présent des Babyloniens, lui demanda son opinion ; l'enfant répondit aussitôt : « Quand je serai roi, j'en aurai un plus exquis, il sera établi en peaux d'hommes..... » Précoce instinct de cruauté qui faisait pressentir le caractère du futur tyran.

Ajoutons qu'au siècle dernier un savant possédait des livres reliés en peau humaine, et que, pendant la Commune, un bibliophile anglais voulait acheter, au prix de l'or, le cadavre d'une pétroleuse pour employer sa peau à la reliure d'un ouvrage sur les devoirs de la femme. Il ne put, à son grand regret, contenter son désir.

De même que les Indiens d'Amérique, les Scythes scalpaient les vaincus dont ils suspendaient la chevelure aux brides de leurs chevaux. Plus ils en avaient, plus ils étaient dignes d'estime. Les uns cousaient ensemble des dépouilles humaines et s'en confectionnaient des manteaux ou des selles de cheval ; les autres, se contentaient d'écorcher les mains des ennemis morts, ayant soin d'en conserver les ongles et les faisaient servir à la décoration de leurs carquois. Les guerriers de distinction se servaient des crânes des vaincus comme de coupes à boire, après les avoir fait doubler d'or ; les soldats, moins somptueux, les revêtaient simplement de cuir de bœuf sans apprêt. Tous, pendant la nuit, se reposaient sur des toisons.

Julien l'Apostat couchait sur des tapis de fourrure, et les Gaulois, abrités sous des cabanes en branchages ou en pierres cimentées d'argile, toujours prêts à changer de lieu au moindre danger, dormaient sur des pièces de feutre ou des peaux naturelles.

Cet usage remonte très loin. L'épopée de l'Inde consacrée aux actions héroïques de Rama, en fait mention. « Le prince méritait la victoire par sa générosité et son courage ; par malheur, il céda à un mauvais mouvement en tuant une innocente gazelle dont la douce fourrure était destinée à la couche de sa bien-aimée Sita ». Le coupable paya cher sa faute, son épouse disparut et ce fut pour la retrouver qu'il entreprit ce fameux voyage, fécond en péripéties, qui sont le thème du grand poème épique le *Ramayana* attribué à Valmiki, le plus ancien des poètes indiens.

Diomède, vainqueur de Mars, au siège de Troie, sommeillait au milieu de son camp sur la dépouille d'un taureau, et Ulysse, déguisé en mendiant, passa la nuit à la porte de son palais, enveloppé dans la peau d'un bœuf immolé la veille pour le festin des Prétendants.

En 1825, un explorateur traversant le village d'Onakésa, au Canada, y remarqua des habitudes semblables. Soixante indigènes, vivant d'une manière quasi primitive, habitaient des cabanes en écorces d'arbres; celle du chef, d'une seule pièce, avait sept mètres de long sur cinq de large. Deux des côtés de la chambre exhaussés d'un plancher, étaient couverts d'herbes odorantes sur lesquelles étaient étendues des peaux d'animaux qui servaient de siège pour les repas ou de lit pendant le sommeil.

L'emploi des fourrures comme vêtements donna lieu, dans nos contrées, à la création d'un mot spécial : *pellicium*, désignant tout à la fois l'habit et sa substance, comme *laina* était chez les anciens Belges le nom du manteau national et celui du tissu dont il était confectionné.

Les compagnes de nos ancêtres que les chroniqueurs dépeignent passant une grande partie de leurs journées à folâtrer dans l'eau avec leurs enfants, portaient dans leur intérieur un jupon en peau de mouton. Ce ne fut que beaucoup plus tard qu'elles adoptèrent des modes compliquées et excellèrent, il faut le reconnaitre, dans l'art si difficile d'ajuster le peplum et les robes talaires des Romaines.

Les chefs Francs, se couvraient de dépouilles d'animaux et furent surnommés pour cette raison *reges pelliti*. La coutume s'en conserva pendant les premiers siècles de notre monarchie et l'on voit même mentionné, dans les capitulaires de Charlemagne, un camail en martre ou *chatte de Pannonie*, destiné aux gens de la maison impériale. Le grand Empereur aimait à mettre sur sa large poitrine un justaucorps en peau d'agneau ou de loutre, ce qui lui procura même l'occasion de donner à ses courtisans une sévère leçon d'économie.

« Un jour que les seigneurs avaient été conviés à une chasse royale à laquelle ils assistèrent en habits somptueux, garnis de plumes et de galons d'or, survint, en pleine forêt, un terrible orage qui mit bientôt leurs belles toilettes en piteux état. Le maître exigea cependant qu'ils reparussent le lendemain à la cour avec les vêtements de la veille et, leur montrant sa tunique de loutre nette et propre, il en fit le sujet d'une sage réprimande contre le luxe mal entendu et l'abus des richesses. »

Charlemagne pensait comme le poète latin Lucrèce, qui, 900 ans auparavant, déplorait l'abandon des fourrures et le reprochait à ses concitoyens.

« Les peaux de bêtes, dit-il, sont déchues, on les méprise ; l'or et la pourpre tourmentent maintenant de mille soucis la vie des humains. A nos yeux la faute est grave ; sans toison, le froid eût été un épouvantable supplice pour le corps nu des enfants de la terre ; mais pour nous, quel mal y aurait-il à nous passer de tissus d'or ; pourvu qu'ils soient capables de nous garantir, qu'importe la grossièreté des vêtements, le but est atteint ! »

Un pareil oubli se manifesta en Gaule à l'apparition des modes romaines et les fourrures, délaissées assez

Soldat franc avec un justaucorps en fourrure.
(Type du Musée d'artillerie.)

longtemps par les peuples qui les avaient le plus recherchées, ne reparurent qu'après les croisades ; des relations directes s'étant établies alors entre l'Europe et l'Asie, les pelleteries précieuses affluèrent en France et y furent reçues avec une telle frénésie que les artisans qui s'en occupaient, créèrent des corporations puissantes et plus nombreuses que ceux des métiers répondant aux besoins indispensables de l'existence.

Les personnes trop pauvres pour acheter des fourrures de grande valeur se rabattaient sur celles d'agneau, de lièvre, de lapin, de chien ou de chat.

Les sommes énormes inscrites sous leur nom, dans les comptes royaux, donnent un aperçu du succès fou dont elles jouirent à ce moment. Seules ou mélangées avec diverses étoffes coûteuses, elles prirent toutes les formes et furent vulgairement désignées sous le terme de *pannes*, vieux mot français qu'on appliqua aussi à des tissus peluchcux et par conséquent moins chers, imaginés pour imiter les poils d'animaux.

La vogue s'en généralisa à un tel point, que le gouvernement fut obligé de statuer celles qui convenaient aux différentes classes de la société. Philippe le Bel défendit aux bourgeois et bourgeoises de sa bonne ville de Paris de porter *hermine*, *vair* ou *martre*, tandis qu'il ordonna aux nobles de border leurs vêtements de *zibeline* et de *petit-gris*. Ce roi fit son entrée à Toulouse, lorsqu'il visita le Midi, monté sur un char doublé de ventres d'hermines dont le nombre s'éleva à trois cent seize.

Philippe le Long, son fils, paya dans le second trimestre de l'année 1316, une somme énorme pour se faire faire un seul vêtement qui exigea 6.164 peaux de petit-gris et Jeanne de Bourgogne, sa femme, possédait un *mantel Almant* garni de cuisses de lièvres norwégiens avec un peliçon de ventres de lapins épurés, d'un prix fabuleux.

Les fourrures furent de rigueur partout et en toutes saisons. On les représenta jusque dans les armoiries des seigneurs et les blasons des villes. Les ducs, sous Louis XIV, jouissaient encore du droit d'avoir chez eux un dais monté sur une estrade avec baldaquin doublé d'hermine. Cette blanche dépouille du rat de Babylone, qui cut le privilège d'orner le manteau des rois et des grands dignitaires de France, est restée attachée à la toge de nos magistrats et à celle des docteurs en droit.

Vers la fin du xive siècle, un changement s'opéra tout à coup dans le goût du jour : les pelleteries, qui occupaient alors le premier rang dans la toilette, durent céder la place à la broderie. Ce travail délicat, connu cependant de toute antiquité, n'avait pas encore été apprécié en France ; mais, à partir de ce moment, il remplaça définitivement l'ancienne mode et alla toujours en se perfectionnant. On fit, pour en orner les vêtements, les mêmes dépenses qu'on avait faites naguère pour les fourrures, et l'on raconte que Marie de Bourgogne, fille de Charles le Téméraire, portait le jour de son mariage avec Maximilien, une robe ayant les jupes si longues et si chargées de broderies, de perles, de pierreries, de fils d'or et d'argent, qu'elle fut obligée de les relever à deux mains pour alléger sa marche, es pages chargés de ce soin ne pouvant y suffire.

Avant cette époque, Louis, frère de Charles VI, avait fait broder sur les manches d'un de ses pourpoints de fête, les notes de musique d'un *lai* populaire qui nécessitèrent 568 perles fines de grande valeur, — fantaisie digne d'un prince léger et peu soucieux des malheurs de son peuple.

Reste-t-il une parcelle de ces merveilles? Hélas! rien que le souvenir d'un luxe ou d'une vanité puérile. Combien plus durable est la plus petite œuvre de l'esprit : le temps et les éléments ne peuvent la détruire, témoin ce charmant rondeau de Charles d'Orléans qui, parvenu jusqu'à nous dans toute sa fraîcheur, tient à notre sujet par l'allusion qu'il renferme.

> « Le temps a laissé son manteau
> De vent, de froidure et de pluie,
> Et s'est couvert de broderie
> De soleil luisant, clair et beau. »

Cette étude sur les peaux de bêtes transformées en vêtements serait incomplète, si nous omettions de nommer quelques-uns des peuples les employant actuellement dans leur costume et dont les moyens d'existence se rapprochent des mœurs primitives.

Les Esquimaux qui, semblables aux aborigènes de la Scandinavie, vivent sur les bords des grands fleuves des terres arctiques, depuis le Labrador jusqu'au détroit de Behring, confectionnent tous leurs vêtements avec des fourrures et des cuirs.

Leurs maisons d'hiver rappellent les allées couvertes de l'âge de pierre, ce sont des huttes creusées dans la neige. Ils y restent des mois entiers, au milieu de débris d'animaux, sans chercher à se préserver des miasmes putrides qui s'en échappent et seraient mortels si le froid n'en rendait les effets moins funestes.

Lorsque la saison le permet, ces malheureux s'occupent de pêche; mais leur principal travail, est la chasse du phoque ; si elle manque, ils sont privés de toutes les choses nécessaires à la vie et risquent de mourir de faim. En effet, la chair de l'amphibie des mers glaciales les nourrit ; sa graisse les éclaire et les réchauffe ; ses dents deviennent des engins de pêche, sa peau est convertie en vêtements, en canots ou en tentes qu'on dresse pendant la belle saison sur les montagnes.

Les oiseaux de mer, surtout les pingouins, sont leur seconde source d'alimentation. Ils bravent tous les dangers pour recueillir les œufs de ces volatiles qui les déposent dans des nids construits sur les cimes escarpées des falaises. N'ayant pas essayé de dompter le renne, quand par hasard les Esquimaux en prennent un, ils le tuent, en dévorent la chair crue et boivent le sang encore chaud.

Jeune Esquimau se préparant à la pêche.

L'habillement des deux sexes ne diffère que par des détails; il se compose : 1° d'une double jaquette en peau de phoque s'arrêtant à mi-cuisse et munie d'un capuchon à son extrémité supérieure; 2° de culottes attachées au-dessus des genoux par des courroies; 3° de bottes taillées dans la plus forte partie d'un cuir de morse, rendu imperméable et montant très haut pour cacher les nœuds de la culotte. D'autres chaussures sont en peau de poisson. Les bas de renne ne se mettant que quand il fait très froid, on a recours dans l'usage journalier, aux bas tressés avec les herbes des marécages. Les peaux d'esturgeon servent à fabriquer des manteaux pour les jours de grésil. Avec les intestins des veaux-marins, sont faites des espèces de chemises que revêtent les danseuses; ce costume, tout de luxe, offre peu de solidité et si, par un mouvement brusque, la femme le déchire, ce qui est aisé, car il est rendu encore plus délicat par la transpiration, toute l'assistance éclate de rire.

En hiver, ces demi-sauvages mettent un pardessus confectionné avec des peaux d'oiseaux, la plume tournée à l'intérieur. Le lièvre polaire, le renard et l'ours leur fournissent les éléments d'habits chauds dont les parties sont réunies par des nerfs de renne ou des boyaux finement découpés.

Esquimau se préparant pour la chasse.

Malgré la grossièreté des aiguilles, les coutures, ornées de petites bandes de cuir colorié et de perles en verre, sont solides et régulières. Il faut ajouter que ces vêtements fourmillent de vermine.

Séparés du monde civilisé par un boulevard de neige, les trois quarts de l'année, les Esquimaux ont trouvé un précieux allié dans le chien, chargé par la Providence d'alléger leur misère. Nageant admirablement, actif, courageux, cet animal qui combat son ennemi jusqu'à l'épuisement de ses forces, semble représenter la race canine indigène des régions hyperboréennes.

Quelquefois tout blanc, plus généralement blanc avec la tête noire, il a le museau allongé, les oreilles petites, élevées et pointues. L'aspect perfide de ses yeux et la dimension de son corps le rendent si semblable au loup, qu'on a été tenté de le faire descendre de ce carnassier. Le signe distinctif de l'espèce est une fourrure rude et hérissée à l'extérieur en cachant une autre douce, belle et chaude.

Les Esquimaux élèvent un grand nombre de ces fidèles serviteurs qui, toujours soumis à de rudes travaux, maltraités, peu soignés, sont peut-être les plus misérables des créatures; aussi, leur caractère s'en ressent-il : voleurs à l'excès, ils sont querelleurs, vindicatifs et méchants entre eux.

Beaucoup deviennent, pendant l'hiver, de précieuses bêtes de somme pouvant porter chacun 30 à 40 livres. A la belle saison, ceux que leurs maîtres ne veulent pas nourrir, sont abandonnés en liberté et vont chercher pâture à leur fantaisie. Ce n'est qu'au retour des froids que les chiens, par une admirable preuve d'attachement et d'instinct, réapparaissent pour rejoindre leurs ingrats propriétaires, semblant leur dire: « Vous avez besoin de nous, nous voici ». A cette époque, ils commencent à chasser le renne, le veau marin ou l'ours; leur ardeur est si vive que, lorsqu'ils sentent une proie, tous s'emportent, méconnaissant la voix du maître et ne la quittent qu'épuisés ou vainqueurs.

Seuls agents de locomotion dans ces cruelles régions du nord, ils se laissent atteler et font de si grands efforts pour tirer, qu'ils se blessent parfois jusqu'au sang ou se déboitent les articulations sans pourtant s'arrêter.

Les traîneaux ornés de clochettes dont le son active la marche des coursiers, contiennent d'ordinaire une personne avec son bagage et ses provisions; mais, si les circonstances l'exigent, trois personnes y trouvent place. Quatre à douze chiens attachés deux à deux peuvent parcourir de sept à huit milles par heure; ils sont attelés au moyen de bretelles assez semblables à celles que portaient autrefois les commissionnaires tirant des voitures à bras; ces bretelles sont assujetties à une courroie fixée au traîneau par l'autre bout.

Ayant la tâche d'entraîner les autres, un vieux chien choisi parmi les meilleurs, est mis à la tête de la troupe; d'une docilité parfaite, d'une sagacité extrême, il reconnaît son chemin sur la neige épaisse, à travers les sentiers escarpés, au milieu de la tempête et de la nuit la plus noire.

Le cocher lui commande par la voix et, à la rigueur, avec un long fouet si difficile à manier qu'on doit s'y exercer dès l'enfance.

Ce dernier moyen est même rarement employé, car les chiens esquimaux, attentifs à remplir leurs devoirs et intraitables, sont peu disposés à supporter les corrections.

L'un d'eux est-il atteint par le fouet? Aussitôt il mord son voisin qui

Traîneau esquimau attelé de huit chiens.

se venge sur le suivant et ainsi jusqu'au dernier; cette suite de ricochets, on le comprend, peut devenir dangereuse pour le voyageur; le mieux est de les laisser faire, ils triompheront certainement des obstacles et arriveront sans accident à leur destination.

On ne les entend jamais aboyer; une sorte de hurlement mélancolique et rauque est tout ce qui sort de leur gorge. Ils dorment en plein air, dans des excavations qu'ils se creusent sous la neige, laissant à peine le bout de leur museau à découvert.

D'après une ancienne croyance, les chiens esquimaux, si intelligents, avaient à l'origine le don de la parole; si on ne les entend plus, c'est à cause d'une offense que leur susceptibilité n'a jamais oubliée : « Un jour, ayant demandé à des voyageurs ce qu'ils venaient chercher dans leur contrée et n'en ayant pas reçu de réponse, ils se fâchèrent jurant de ne plus faire usage du langage humain. Ils sont restés fidèles à leur serment, mais toujours curieux, ils accourent au-devant des étrangers et témoignent de mille façons le désir de connaître leurs desseins. »

La peau du chien est employée en couverture et en vêtement; les intestins découpés deviennent des fils solides pour la couture ; la chair, assez désagréable au goût, peut fournir à l'occasion une nourriture saine et substantielle.

Les naturels d'un village russe situé en face l'île de Besborough, les Aléoutiens, sont plus grands et plus robustes que les Esquimaux du Labrador, néamoins ils les rappellent beaucoup à différents points de vue.

Leur costume auquel contribuent l'écureuil, la loutre, la martre, le phoque, l'ours blanc et le renne, se compose de culottes, de fortes chaussures et d'une seule tunique courte, coupée carrément pour les hommes et arrondie pour les femmes. A cette tunique est adapté un capuchon en peau de loup dont les longs poils, rabattus sur le visage de la personne, ont le double avantage de l'abriter contre le vent glacé du nord et de préserver les yeux du reflet perfide de la neige. Les gants des hommes, faits en peau de chien, ne comptent pas moins de 60 centimètres de longueur. Leurs bonnets, leurs flèches et leurs arcs sont confectionnés avec les dépouilles de poissons séchées et une massue pareille à celle des hommes préhistoriques, fabriquée avec un os de renne, est leur arme favorite.

Le Groenland, découvert par l'Islandais Eric Randa (982), est habité par une race semblable à la précédente et soumise à des coutumes identiques. Pour se couvrir, cette population utilise les divers animaux qui hantent leurs parages, tels que : le lièvre blanc polaire, l'ours gris ou noir, le renne, le veau marin et quelques oiseaux.

Les gens soucieux de leur toilette font border et garnir leurs habits de bandes rouges ou bleues.

Depuis que les explorateurs ont importé dans ces pays le drap et la toile, on y voit des tuniques d'étoffe venir se joindre à celles de fourrure.

Le costume de mer avec lequel les pêcheurs plongent à de grandes profondeurs, est d'une pièce unique formant jaquette, culotte, bas et souliers. Sur le devant se trouve un trou qui permet de laisser entrer autant d'air qu'il est nécessaire pour se soutenir sur l'eau et cette ouverture n'étant bouchée que par une cheville, on peut facilement augmenter ou diminuer le volume de ce singulier ballon nautique, selon qu'on veut monter ou descendre.

Ici, c'est la peau des petits rennes mort-nés, plus souple que celle des adultes, qui sert à confectionner des gants pour les deux sexes.

Les femmes, en relevant par derrière leur large jupe, l'attachent au cou pour former une sorte de sac et y placer leurs jeunes nourrissons âgés même de quatre ou cinq ans qui, tout nus, s'ébattent dans ce souple berceau.

Au Kamtchatka, les fourrures sont tout à la fois un objet de luxe et de première nécessité. Un élégant de distinction doit porter du renne, du loup, du bélier, du renard, du chien de terre et de mer, de la marmotte, beaucoup de veau marin, des pattes d'ours noir ou blanc et des plumes de divers oiseaux; bref, plus de vingt espèces de bêtes concourent à parer un de ces tributaires de la Russie d'Asie qui, ne subsistant que de pêche et de chasse, paie ses impôts en nature.

Les Tchouktchis, peuplade du nord de la mer de Behring, emmaillottent leurs enfants, jusqu'à douze ans, dans des robes de fourrure très étroites et très épaisses qui les font ressembler à des sacs ambulants; ils peuvent donc, ce qui leur arrive souvent, faire les plus grandes chutes sans en ressentir aucun mal.

Au nord-ouest de la Sibérie, demeurent sous des *yourtes* ou cabanes portatives, les ichthyophages Ostiaks, considérés comme les aborigènes de cette province. Une tunique de cuir, sans couture, percée d'un trou pour laisser passer la tête et descendant jusqu'aux genoux, est la principale partie de leur ajustement que termine un long pantalon recouvert à moitié par de hautes bottes massives. Quand la saison devient trop rigoureuse, ils mettent une seconde robe, appelée *parka*, par-dessus la première; faite de peaux de vieux rennes dont les poils compacts donnent plus de chaleur que celle des jeunes, elle les enveloppe entièrement, n'ayant que des petites fentes pour les yeux, la bouche et les oreilles.

Un des produits les plus importants des terres sibériennes est la fouine; elle y acquiert une grandeur exceptionnelle et une rare beauté. Fléau des étables et des poulaillers, audacieuse, rusée, affamée de **carnage**, avide de sang, elle immole vingt victimes pour une et ne craint pas de s'attaquer aux porcs et aux chiens. On ne peut la chasser qu'en hiver et les trappeurs partent quelquefois au nombre de quarante, faisant tous partie de la même compagnie; arrivés aux lieux qu'elle fréquente, ils tendent des pièges élevés au-dessus du sol ou creusés dans la terre. Traquée sans espoir de merci, elle finit toujours par succomber et sa dépouille ira réchauffer les mains frileuses d'une Parisienne, parer les épaules d'une belle Espagnole ou servir de descente de lit, ornée de perles de Riga et de galons d'or, à une blonde fille du Nord.

Les Samoyèdes, autre tribu des bords de l'Océan arctique, dans la Russie d'Europe et la Russie d'Asie, vivent misérablement sous des tentes de peau; ils ont un accoutrement qui, pour le plaisir des yeux, est composé de fourrures de toute espèce, aux nuances choisies rapportées avec soin et agrémentées de broderies rouges, bleues ou blanches.

Simple et chaude, leur grande pelisse ou *maltza*, possède de longues manches qu'ils laissent ballantes, préférant tenir les bras en dessous pour les mieux abriter; mais elle ne brille pas, il faut le dire, par la propreté et souvent elle offre des solutions de continuité qui deviennent l'occasion de divertissements singuliers : glissant en *tapinois* derrière son camarade, un petit Samoyède, *né plaisant*, passe son doigt dans un des trous que présente sa maltza, en général, à l'entournure des épaules, et le chatouille avec amitié; celui-ci, surpris, bondit en riant aux éclats et cherche à son tour s'il pourra user de représailles envers un autre compagnon de misère.

Les enfants ne sont pas seuls à avoir de ces *trous à caresses*, comme ils les appellent, les adultes, tout aussi insouciants, donnent lieu à des jeux semblables.

Il n'y a pas que les hommes du nord de l'Asie qui aient besoin de vêtements de fourrure pour se garantir contre des froids rigoureux; nous pouvons en juger d'après le costume des paysans Thibétains, et ce n'est pas sans raison, car le Thibet ou *Terre des neiges*, situé au centre de cette vaste partie du vieux continent, est une contrée montueuse et glacée.

Parmi les villages les plus élevés, il faut nommer Gartok placé à 4.500 mètres d'altitude. Les principaux animaux domestiques qu'on y élève sont des chevaux, des yacks ou bœufs à longs poils, des moutons, des porcs et des chèvres aux toisons soyeuses qui fournissent le *pashm* ou duvet de cachemire.

La Russie a toujours approvisionné les marchés européens de nombreuses et belles pelleteries. Les anciennes chroniques du pays, en parlant d'un prince guerrier, n'oublient jamais d'indiquer la quantité de peaux de martres ou de renards qu'il prélevait sur chaque feu. D'ailleurs, dans l'origine, les Slaves russes fixaient le prix des choses à l'aide de peaux d'animaux dont quelques-unes étaient estimées 2.000 francs. Celles de martre devinrent même leur seule monnaie courante, leur seule valeur représentative, jusqu'au XIII siècle où parurent les véritables monnaies, appelées kopecks. Comme il était difficile de porter des peaux entières sur soi, on y substitua le museau seul de l'animal, ou mieux encore des

Paysan du Thibet.

morceaux de cuir de la grandeur d'un pouce ayant l'estampille du gouvernement, au moyen desquels on retirait ensuite de ses magasins des peaux entières.

Le mot russe *kouni* (argent), signifie au propre : museau ou peau de martre (Karamsine, *Histoire de l'Empire russe*).

Les différentes empreintes des monnaies de cuir étaient : un crochet, des étoiles, un quadrupède, une tête d'homme ou d'animal, des fleurs, etc. Le moine Rubruquis dans sa mission en Tartarie, vers 1253, atteste l'existence de ces coupons de cuir. Lorsqu'on commença, sous le règne de Pierre Ier (1689), à battre de la petite monnaie, les morceaux de cuir représentèrent des fragments de kopecks. En 1700, ils furent mis définitivement hors cours,

Les Écossais, manquant d'argent, furent obligés, pendant nos guerres sous Jean Ier et Charles VI, de recourir à cet expédient. Leurs petits morceaux de cuir étaient percés au centre par un clou de métal.

Rappelons, à ce sujet, un fait intéressant. Au xie siècle, une comtesse d'Anjou acheta un recueil d'homélies, au prix de 200 brebis, d'un muid de froment, d'un de millet et d'un de seigle, auxquels elle ajouta encore un certain nombre de peaux de martres.

Au Moyen Age, il y avait peu de gens sachant écrire. Quarante notaires ou écrivains étaient occupés dans les foires de Champagne et de Brie à dresser les factures et les contrats de vente pour aider au trafic commercial. Voici comment on inscrivait les transactions : on faisait autant de copies sur une même feuille de parchemin qu'il y avait de contractants; dans l'intervalle laissé entre ces copies, on traçait un signe quelconque : une lettre de l'alphabet, une sentence, souvent le nom d'une personne présente ; on coupait la peau par le milieu des caractères et on la distribuait aux intéressés — comme on fit depuis des billets de banque. C'est ce qu'on appelait : *chartes parties*.

On sait que la factorerie d'York, située à l'embouchure du fleuve Nelson, près de la baie d'Hudson, est l'entrepôt général du commerce de la Compagnie anglaise où de nombreux chasseurs apportent le fruit de leurs fatigues. L'équipement de ces hommes intrépides, approprié au rude métier qu'ils ont embrassé, se compose d'un pantalon en peau d'élan, d'un veston avec capuchon se relevant sur la tête pour empêcher la neige de mouiller le cou et de mocassins en buffle. Une couverture qui fait l'office de manteau, est serrée à la taille par une ceinture de cuir d'où pendent un briquet, un couteau à dépecer et une hache.

Des souliers de neige appelés raquettes, parce qu'ils ressemblent aux raquettes du jeu de paume, sont l'article indispensable de la garde-robe de tout habitant des zones polaires. Le voyage pédestre serait impossible sans cet appareil d'invention indienne ; grâce à lui, l'homme glisse à travers la neige durcie aussi vite qu'un patineur sur la glace la mieux unie. Ces souliers se composent d'un cadre où sont fixées, à quelque distance l'une de l'autre, deux barres transversales qui consolident le tout; sur ce cadre est étendu un filet en lanières de daim ou en cordes de boyaux ne laissant libre qu'un espace approprié à peu près au pied qui doit le

Trappeurs du nord de l'Amérique.

chausser. Les raquettes représentent une surface de 1 m. 20 à 1 m. 80 de longueur, sur 65 à 70 centimètres de largeur et pèsent au minimum deux livres. Il faut une grande habitude pour s'en servir aussi efficacement que les courageux trappeurs du *pays des fourrures*. Cet immense territoire si justement nommé, pourrait contenir quinze fois la France; il possède des vallées immenses coupées par des lacs et des rivières souvent gelés, des montagnes, des déserts sans fin, des prairies et des forêts couvertes de neige pendant neuf mois de l'année. Habité par quelques misérables tribus d'indiens aborigènes et par dix mille blancs, environ, il sert de parc à une grande variété d'animaux sauvages ne se plaisant que là et qu'on ne rencontre sur aucun autre point du globe. Plus de six mille Francs-Canadiens et Bois-Brûlés (métis) poursuivent toute l'année le bison, l'ours noir ou gris, le cariacou, l'élan, les loups gris, noirs, blancs, fauves et mouchetés, le renard argenté, vendu au poids de l'or, le lièvre polaire, le glouton, le castor, l'antilope, la martre, le blaireau, le vison, le rat musqué, la marmotte, la belette, l'hermine, le petit chien des prairies et d'autres animaux dont les dépouilles sont si prisées par les principales nations du monde.

La Compagnie d'Hudson dont la première charte, signée par Charles II, le 3 mai 1669, nomme le prince Rapert gouverneur, est concessionnaire de l'exploitation des fourrures sur tout le territoire au-dessus du 50ᵉ parallèle; elle a obtenu de la Russie la liberté de naviguer sur le fleuve Stikive, moyennant une contribution annuelle de 2,000 peaux de loutre, soit 400,000 francs de notre monnaie, la valeur de chaque peau n'étant jamais inférieure à 200 francs.

Au nombre des tribus qui fournissent le plus à l'Association anglaise, il faut citer les Indiens-Castors, pauvres diables au corps débile et amaigri par les privations, qui vivent sur les bords du lac de l'Esclave. Leur séjour est donc situé près du cercle polaire, et le gibier, en raison de l'éloignement des centres populeux, y abonde ; aussi font-ils annuellement une grande provision de peaux qu'ils échangent contre des armes, des outils, des denrées de toutes sortes dont ils ne peuvent plus se passer, ayant contracté, à la suite des relations avec les Européens, des besoins qui les mettent sous leur dépendance.

Une autre population nomade de l'Amérique septentrionale ne s'occupant également que de chasse, est celle des Indiens Peaux-Rouges surnommés les Nobles sauvages, à cause de leurs vertus simples et viriles. Ils couchent sous des wigwams ou huttes de branchages et poursuivent sans cesse le bison qui leur fournit la nourriture et le vêtement. Accompagnant cet animal dans ses migrations du Nord au Sud et du Sud au Nord, ils ont donné raison au dicton populaire : « Où est le bison est l'Indien ». Ils forment à eux deux toute la poésie des savanes.

La chasse est pour l'indigène des prairies non seulement une nécessité, mais une suprême jouissance. Naturellement insouciant, il satisfait sa passion sans s'inquiéter du lendemain et poursuivra sa proie jusqu'à ce que le dernier quadrupède lui ait livré sa peau.

Alors, 300,000 hommes privés de moyens d'existence mourront de faim, ou deviendront le fléau de la civilisation qui les entoure.

La chair du bœuf sauvage, après avoir été séchée au soleil, peut rester des années entières sans s'altérer ; la peau garnie de ses poils, s'appelle *robe*. Les plus belles servent de manteaux, de couvertures et de lits. Celles qui sont jugées inférieures sont ébarbées, épilées et réservées à la protection des huttes.

Indien Sioux avec son grand manteau de cuir, orné de peintures historiques.

Les Sioux portent souvent de grands manteaux en peau de bison, le poil en dedans, afin de montrer le cuir sur lequel sont représentés leurs hauts faits accomplis à la chasse ou à la guerre.

A première vue, il semble y avoir entre les anciennes peuplades de l'Amérique, un air de parenté : même épiderme couleur brique, même visage glabre ou soigneusement épilé, mêmes cheveux longs, noirs, plats et tombant en deux nattes sur leurs épaules, avec la petite queue dite *à scalper*, qu'ils laissent flotter sur la nuque par un esprit chevaleresque ; cependant, l'œil exercé de l'observateur reconnaît à quelle tribu appartiennent ces hommes qui tous se font graver sur le corps le *totem* ou blason ; chaque famille, se supposant descendue de quelque animal, adopte pour armoiries la représentation de son origine supposée, qui n'est peut-être qu'une allégorie.

Squaw ou femme Siou.

Les tombeaux sont décorés du totem des défunts, car le sauvage ne se sépare jamais du signe qui a servi à le distinguer pendant sa vie aventureuse et joué un rôle dans toutes les solennités où il a pris part.

Au nombre des objets de luxe de ce peuple, on peut citer les boucles d'oreilles, d'une grande apparence surtout dans la parure des femmes ; la pochette à tabac, le fourreau au scalpel et la pipe de terre rouge, appelée *calumet*.

Les costumes de guerre et de fête sont très compliqués ; tout en peau de bison, ornés de plumes d'aigle disposées de diverses manières, de queues de loups ou de renards et de bandes de cuir teintes en rouge, ou en bleu, ils donnent un air fantastique à ceux qui s'en affublent.

Le bouleau à papier, commun au nord de l'Amérique, rend aux habitants les plus signalés services. Véritable don du ciel pour ces latitudes, il atteint jusqu'à 60 mètres, hauteur exceptionnelle dans la végétation des terres arctiques, puisque les arbres décroissent à chaque degré qui approche le pôle, au point de n'avoir plus qu'à peu près la taille des groseillers de nos jardins. L'écorce de ce bouleau sert à construire de légères pirogues qui transportent, sur les rivières ou les lacs de l'intérieur, des milliers d'Indiens. On en fait aussi des tasses, des seaux, des paniers, des chaudrons dans lesquels on parvient à avoir de l'eau bouillante en y jetant l'une après l'autre, dès qu'elles se refroidissent, de grosses pierres rougies au feu.

L'aimable conteur américain, Washington Irwing, assure que les indigènes voient dans les abeilles les précurseurs de la race blanche, comme les buffles annoncent l'apparition du Peau-Rouge : « A mesure, dit-il, que cette industrieuse mouche vole en avant, l'Indien et son compagnon s'éloignent et finiront certainement par s'éteindre ».

Introduite aux États-Unis par les étrangers européens, cette *amie des fleurs* a envahi, depuis, les vastes forêts du nouveau continent, construisant sa ruche dans de vieux troncs d'arbres ou des creux de rochers.

L'abeille sauvage se rencontre rarement à une grande distance de la frontière ; elle a toujours précédé la civilisation venue des bords de l'Atlantique et la tradition peut même préciser l'année où elle a traversé le Mississipi pour la première fois.

Bougainville rapporte que l'habillement des Patagons, en 1766, était celui des riverains de la Plata. Il consistait en une culotte de cuir très courte et en un grand manteau tombant jusqu'à terre, dont la partie destinée à recouvrir les épaules était rejetée en arrière, de sorte que, malgré la rigueur du froid, les hommes restaient presque nus. Ils avaient aux pieds des bottines de peau de cheval ouvertes par derrière et, autour des jarrets, des cercles de cuivre larges de cinq centimètres et demi. Leurs chevaux et leurs petits chiens buvaient l'eau de la mer pour se désaltérer, l'eau douce étant très rare sur la côte.

Non loin de la Patagonie, se trouve la Terre de Feu, contrée composée d'îles montagneuses, stériles et couvertes de neige, découverte par Magellan en 1522, et qui doit son nom aux feux attribués à des restes de volcans que le navigateur y aperçut pendant la nuit.

Les naturels, dont les mœurs se rapprochent de celles des premiers hommes de l'âge de pierre, sont d'une puanteur insupportable. Leur vêtement, à peine de la dimension d'un mouchoir, se compose de mauvaises peaux de phoque ou de loutre qu'ils passent d'un côté à l'autre de leur corps, suivant la direction du vent.

Les femmes, vraiment hideuses, transportent sur leurs dos les petits enfants pliés en deux dans la peau qui leur sert de couverture, s'occupant, ainsi chargées, aux plus rudes travaux ; ce sont elles qui voguent dans les légères pirogues d'écorce d'arbre et prennent soin de les entretenir au point d'aller à la nage, malgré le froid, jusqu'aux *goémons* ou *ports*, situés assez loin du rivage, pour retirer l'eau qui y est entrée.

Occupant la zone boréale de l'Europe et se trouvant, par conséquent, sous un ciel tout aussi inclément, les Lapons sont comparativement beaucoup moins malheureux, grâce au chien qui leur rend les mêmes services qu'aux Esquimaux et surtout au renne qui remplit chez eux, le rôle de la vache, de la chèvre, du mouton et du cheval des pays privilégiés. Ils aiment cet animal avec la plus vive tendresse et voient en lui leur principal trésor : employant sa chair comme nourriture et son sang comme boisson, ils font avec son lait d'excellents fromages et avec ses os des instruments de travail ou de guerre ; sa peau leur sert à se vêtir et à protéger la hutte ; ses fibres sont transformées en fils et en cordes.

Le renne est de la grandeur d'un veau de deux ans et lui ressemble par le pied et le museau ; le reste du corps a quelque rapport avec la biche, bien que ses jambes soient encore plus fines. Élégant et charmant dans ses allures, il perd, comme le cerf, tous les ans ses bois qui repoussent avec une ramure nouvelle.

Cet animal seul, a rendu habitables les cruelles contrées arctiques, car, sans lui, les plus simples notions de la civilisation y seraient inconnues. Sobre, robuste, il se nourrit, pendant l'hiver, d'un lichen blanc qu'il sait trouver en fouillant la neige avec ses cornes et en le déterrant avec ses pieds ; en été, il vit de boutons d'arbres et de feuilles, la conformation de sa tête l'empêchant de brouter l'herbe.

Les Lapons qui ont un grand nombre de rennes les laissent aller sans gardien, pendant la belle saison, vers les montagnes aux glaces éternelles dont l'atmosphère convient à leur tempérament. Une marque faite au départ aide à les reconnaître au retour, et jamais ils ne manquent à l'appel à l'époque des froids.

D'une agilité extrême, ce quadrupède peut parcourir, attelé à un traîneau, 25 à 30 lieues par jour, sans autre rafraîchissement qu'une boule de neige ramassée en courant. Une corde attachée à la racine de ses andouillers et jetée diversement sur son dos par le conducteur, suffit pour le diriger ; son pied sûr et léger, le maintenant à la surface de la neige sans jamais enfoncer, lui permet de gravir les plus hautes collines et de les descendre d'un pas égal.

Traîneau lapon attelé d'un renne.

Quand la faim le tourmente, il se débarrasse du traîneau et va à la recherche de sa plante favorite pour revenir aussitôt repu ; fatigué, il se repose un moment sur la terre, puis reprend sa course avec ardeur. Si son maître voulait le forcer à marcher lorsqu'il a besoin de repos, il deviendrait inflexible et se ferait tuer plutôt que d'obéir.

Quelquefois, il a des moments de mauvaise humeur et se retourne en colère contre le Lapon ; dans ce cas, celui-ci se fait un rempart de son *pulka* ou traîneau et attend que le renne soit calmé pour se remettre en route.

Les traîneaux sont garnis de fourrures et de lits de plumes ; on peut y voyager aussi commodément que dans la meilleure voiture.

Les pasteurs ont souvent des troupeaux de 8,000 têtes et leur fortune s'évalue par la quantité de bétail qu'ils peuvent élever, comme naguère celle des patriarches hébreux se comptait par le nombre de béliers ou de chameaux paissant dans les plaines de la Mésopotamie.

Le palais du roi de Suède, à Stockholm, possède le portrait d'un renne resté célèbre par son courage et sa vigueur. Conduit par un officier chargé de dépêches importantes, il parcourut la distance incroyable de 800 milles anglais, en 48 heures et expira de fatigue à l'arrivée. Cet événement se passa en 1609.

Les rennes sauvages des fjelds de la Norvège et de la Sibérie septentrionale sont plus grands et plus membrés que ceux des races domestiques. Ils émigrent deux fois par an, au printemps et à l'automne. Pendant la belle saison, ils quittent les forêts qui les ont abrités contre les rigueurs de l'hiver et vont dans les plaines, près de la mer, chercher les brises fraîches et les mousses qu'ils aiment. Ils évitent, par ce changement, leurs cruels ennemis, les moustiques, et surtout l'*aëstre*, sorte de gros taon qui dépose ses œufs dans la peau de ces pauvres bêtes avec une prévoyance toute maternelle, car les larves y éclosent et s'y développent; mais elles font naître des foyers de suppuration fort douloureux et parfois mortels pour l'animal qui leur a servi de berceau et de nourrice.

La chair du renne est savoureuse; sa langue, fraîche ou fumée, est servie sur les tables des riches de Saint-Pétersbourg, de Moscou et de Tobolsk; sa graisse, qui remplace aisément le beurre en Russie, est recueillie pour être expédiée, dans des petites vessies rappelant les œufs d'autruche.

Les Lapons dont le nom vient du Finnois *Lapu* et signifie exilés, gens du bout de la terre, sont, en général, petits de stature. Les enfants, enveloppés dans d'épaisses fourrures, ressemblent à des patriarches et les vétérans pourraient être pris pour des enfants, si leur grosse figure et leur physionomie empreinte de force n'indiquaient leur âge.

Ils ont, dans le langage et les habitudes, des rapports avec les Finnois, quoique les différences qui existent entre eux soient considérables. Il faut en déduire que les premiers descendent d'une race aborigène et les seconds d'ancêtres asiatiques qui, dans les siècles obscurs de l'antiquité, sont venus s'établir dans le nord de l'Europe.

Depuis un temps très reculé, les deux familles se sont mélangées; néanmoins les Finnois purs sont restés plus grands, plus énergiques et plus adroits dans les exercices du corps et le travail manuel que les descendants de la race autochthone. Ils semblent être d'une nature supérieure.

Cette population, au nombre de 25 à 26,000, est disséminée dans le nord de la Russie, de la Finlande et de la péninsule Scandinave. On la divise en trois grandes catégories d'après son genre de vie : les nomades, pasteurs de rennes ; les pêcheurs, nomades aussi par suite de leur industrie, et ne se déplaçant que dans une zone peu étendue ; enfin, les sédentaires, établis sur les bords de l'Océan glacial comme pêcheurs, ou, dans l'intérieur des terres, comme colons.

Lapon en costume d'été.

Ils ont deux sortes d'habitations, la tente et la hutte, toutes deux construites d'après le même principe : des montants réunis en croix au sommet et reliés par une traverse forment la charpente sur laquelle s'appuie la grosse toile ou les feuillages recouverts de tourbe et d'écorce de bouleau ; des peaux de rennes qui tapissent l'intérieur servent à la fois de siège et de lit pour la famille ; la fumée du foyer s'échappe par une ouverture faite au toit et peut, par son épaisseur, servir de rideaux. Quelques feuilles d'arbre ou des peaux de poissons, préparées à cet usage, y tenant lieu de carreaux et préservant des vents coulis, donnent à la hutte un aspect sombre et triste et empêchent de voir au dehors.

Pour abréger les longues soirées d'hiver, il y a des hommes dont le métier consiste à aller de maison en maison, conter des histoires et chanter des ballades.

Tous les ans les pasteurs viennent établir leurs demeures sur la mer glacée de Saint-Pétersbourg, suivis de leur bétail qu'ils vendent ou échangent contre de l'eau-de-vie, du tabac, des gros draps, du cuivre, du fer, du soufre, des aiguilles, des couteaux, des ciseaux, des haches et des peaux de bœufs. Nomades par nécessité à cause de leurs troupeaux que le brusque changement de température pourrait détruire, ils errent de pâturage en pâturage occupant à la saison froide les plaines de la basse Laponie et, durant les chaleurs, les pentes des montagnes où se trouvent des mousses abondantes et une douce température.

Quoique doux et hospitaliers, les Lapons sont, en général, peu affectueux pour leur famille; les petits enfants seuls, obtiennent leur sollicitude. Le sexe du bébé est désigné sur son berceau par diverses décorations. Si c'est un garçon, on y suspend un arc, des flèches et une lance, emblèmes de ses futures occupations; si c'est une fille, on y attache des pattes, des ailes et des becs d'oiseaux, pour lui inspirer de bonne heure des idées de travail, de diligence et de prudence. Ces habitants des terres polaires ont pour habits d'hiver un large pantalon,

Laponne portant son enfant.

une tunique de peau de renne, couverte de son poil, et par-dessus une sorte de sac attaché au cou et s'arrêtant au genou; il est assujetti sur les hanches par une ceinture ornée de petites sonnettes. Leurs gants et leurs bottes sont également en fourrure. Le bonnet qu'ils mettent en hiver n'est pas moins étrange : fait d'une peau d'oiseau garni de ses plumes, il est placé de façon que la tête du volatile dépasse le front de l'homme, comme une visière, et que les ailes retombent sur les oreilles qu'elles cachent entièrement.

Ainsi vêtus, ils ressemblent à leurs bêtes et c'est sans doute ce qui a fait dire aux historiens anciens qu'il y avait au nord de l'Europe des êtres aussi velus que des animaux. Une robe confectionnée avec des dépouilles d'oiseaux marins et par conséquent plus légère, les garantit

252 LES PARURES PRIMITIVES.

en été des atteintes des moustiques, dont le nombre est considérable.

Soit en marchant, soit en travaillant, les deux sexes ont toujours la pipe à la bouche ; une bourse qui contient un couteau et une fourchette est suspendue à leur cou. Leur physionomie peu gracieuse s'est attirée l'épigramme suivante : « Après le singe, aucun être ne se rapproche autant de l'homme que le Lapon ». Cette opinion est exagérée, car sans être ni beaux ni élégants, ils sont moins laids que beaucoup d'autres habitants de la terre.

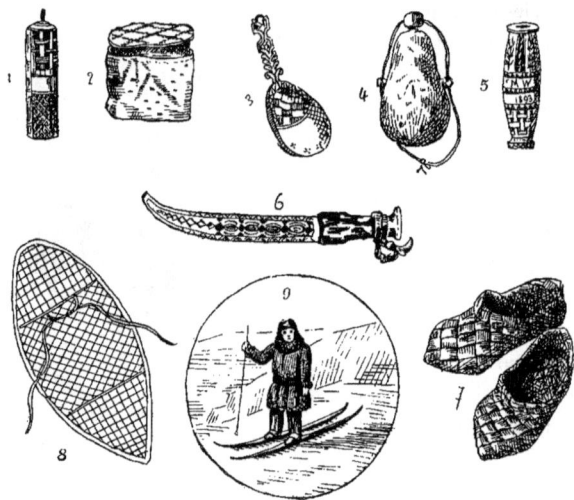

1. Boîte d'allumettes en os de renne. — 2. Boîte en écorce de bouleau. — 3. Cuiller en os de renne. — 4. Bouteille en bois de bouleau pour conserver le sel. — 5. Manche de couteau en os de renne. — 6. Couteau avec sa gaine en os de renne. — 7. Chaussures en écorce de bouleau. — 8. Raquettes pour voyager dans la neige. — 9. Lapon chaussé du skie.

Les femmes filent des nerfs d'animaux, les tricotent et s'en font des chemises aussi rudes que les cilices de nos chartreux. Elles brodent et ornent avec goût le bas de leurs pantalons et de leurs jupes avec des lamelles d'étain fort déliées. Quoiqu'ayant les mains noires naturellement et mal faites, elles quittent peu leurs moufles, même pour manger ou dormir.

La boisson ordinaire du pays est la neige fondue. Le lait de renne conservé dans des vessies est par sa rareté un breuvage de luxe, les femelles n'en fournissant qu'une très petite quantité. Les Lapons russes boivent surtout du café léger, du thé, ou à défaut, une infusion de *spirée olmaire*, dite *reine-des-prés*.

Ce peuple est assez adroit et il fait une foule d'objets usuels soit en bois, soit en os, qui ne sont pas dépourvus de goût. Lorsque le Lapon est chaussé du *skie*, patin norvégien, il peut franchir cent lieues en une journée ; il s'en sert avec une adresse merveilleuse et en descendant les montagnes, court avec une vitesse égale à la rapidité d'une flèche lancée avec violence. Cette chaussure consiste en une légère planchette qui a près de deux mètres de longueur, sur trente centimètres de largeur. Plus usitée dans le Finmark que partout ailleurs, elle était anciennement un des signes caractéristiques des indigènes du pays, surnommés pour cette raison : *skidfinming* ou *Finnois au skie*.

Un traîneau ou un tronc d'arbre creux est le cercueil ordinaire des morts, qui, enveloppés dans des peaux recouvertes de grands morceaux d'écorces de bouleau, sont déposés à l'intérieur d'une caverne naturelle scrupuleusement arrosée d'eau-de-vie, comme nous le ferions avec de l'eau bénite.

Variée autant que généreuse dans ses productions, la nature offre des exemples nombreux de la connexion qui existe entre les besoins des diverses sociétés humaines et les caractères de certains animaux. Si la Laponie possède le renne, le Groenland a le courageux chien esquimau, l'Inde le docile éléphant et l'Afrique le sobre dromadaire ou chameau à une bosse, surnommé le navire du désert. Cet animal qui relie les deux points opposés de l'immense Sahara, est considéré par l'Arabe comme un ami dévoué sans lequel il ne pourrait ni voyager, ni commercer, ni subsister. Faisant soixante kilomètres par jour, il porte, avec son conducteur, plus de six cents kilogrammes. Sa laine est convertie en tissus imperméables qui servent à confectionner des vêtements et des couvertures de tentes et en grosses cordelières qui retiennent le burnous sur la tête du Bédouin et de l'Arabe.

Le sol africain nourrit bien d'autres animaux, les uns dangereux et carnassiers, les autres inoffensifs et herbivores.

Parmi ceux-ci, il faut citer la girafe, ruminant disproportionné qui peut, grâce à la longueur de son cou, atteindre la cime des palmiers, tandis que son corps tacheté se confond avec l'ombre des feuilles sur le sable ; elle semble créée pour orner les forêts et les solitudes de cette partie du vieux monde. Sa jolie robe sert à faire des boucliers ou des courroies en la coupant par bandes minces, depuis le sommet de la tête jusqu'à l'extrémité des membres inférieurs. Ses tendons deviennent des fils pour coudre les cuirs, ses filaments d'excellentes cordes d'instruments de musique, en particulier, celles de la *rhababa*, guitare aux sons monotones, chers aux naïfs musiciens de ces régions. Les crins de la queue des éléphants sont utilisés de la même manière.

Si nous suivions par la pensée les ardents martyrs de la science qui souvent paient de leur vie la conquête de quelques lieues de terrain, nous trouverions au centre de l'Afrique plusieurs tribus ennemies de toute civilisation qui malgré la chaleur de leur climat, font usage des dépouilles d'animaux dans leur costume. C'est ainsi que le nègre du Bertat attache par derrière, à sa ceinture, une toison de mouton noir à courte laine et se coiffe d'un haut bonnet en peau de singe, surmonté d'une large plume d'autruche. Le collier qui orne son cou est typique ; il rappelle le *torques* des Gaulois : non fermé, mais très juste, il est en fer et ne peut jamais s'ôter. La décapitation seule peut le séparer du corps.

Nègre du Bertat avec son bonnet en peau de singe et son collier de fer.

Le capitaine Speke raconte que les naturels de Bandawarogos, province située non loin des sources du Nil blanc, étaient vêtus de peaux de vache non tannées et que les princes de la famille régnante portaient comme marques d'honneur, des dépouilles de chats-pards, nouées autour des reins. Le roi, grand jeune homme taillé en hercule, avait la chevelure coupée ras à l'exception du milieu de la tête où, de l'occiput au front, elle dessinait un relief pareil à une crête de coq. Un large collier de perles au cou, des bracelets aux bras, des bagues de bronze à chaque doigt, même aux orteils et des guêtres en verroteries aux jambes, composaient son costume léger, correct et élégant. Son mouchoir était une fine écorce d'arbre pliée en quatre et il tenait à la main une écharpe de soie

Famille de Bédouins au repos dans le désert. (D'après une photographie).

brodée d'or, derrière laquelle il abritait à tout instant un large sourire et qui lui servait à s'essuyer les lèvres après avoir bu le vin de bananier que lui versaient les femmes de sa cour.

Sur les bords de la baie de Soldanha vivent les plus immondes créatures de la terre. A la malpropreté de leur corps ils joignent, par un raffinement inimaginable, les onctions d'une pommade qui ressemble à de la bouse de vache et qu'ils composent avec le jus de certaines plantes. Leur chevelure laineuse, enduite de cette affreuse pâte, a l'aspect d'un amas d'herbes écrasées. Ils ont sur les épaules des petites peaux d'animaux sauvages et au bas du ventre une queue de chat-tigre. Une grande plaque d'ivoire poli, fixée sur le haut du bras droit, et une douzaine de cercles de cuivre, ornant les poignets jusqu'au coude, sont les emblèmes du commandement. Il y a quelques années, des marins de passage leur ayant cédé un vieux chaudron de cuisine, ces sauvages s'en emparèrent avec des démonstrations enthousiastes et le découpèrent pour s'en fabriquer des bijoux. Détail révoltant : ils prennent, pour se parer, les boyaux des bêtes qu'ils ont tuées pour leur nourriture et s'en font des colliers qui pendent tout le long de leur poitrine ce qui, joint à l'horreur du spectacle, répand une odeur infecte.

Dinka paré de queues d'animaux et de bijoux en cuir d'hippopotame.

Les Dinkas du haut Sennaar, visités par Livingstone, sont peu vêtus, il est vrai, mais ils se parent de queues de vache et de chèvre et portent sur la tête une petite calotte faite avec la peau de ce dernier animal munie de son appendice en guise de plumet. Des lanières tressées en cuir d'hippopotame sont employées à la confection des ornements recherchés, comme le collier de l'indigène représenté ci-dessus. En général, les bijoux des hommes consistent en d'épais anneaux de fer à la partie supérieure des bras ou en une série de bracelets formant brassard du coude au poignet. Les oreilles sont percées en plusieurs endroits pour supporter des anneaux de fer ou des bâtonnets dont les pointes sont ferrées.

Les Cérébrantes, leurs voisins, ne sont pas moins pittoresques. Une douzaine de grandes plumes sombres garnissent leurs cheveux et des peaux de léopard ou de singe, blanches et noires, couvrent leur dos. De grandes clochettes en métal retenues à un ceinturon et tombant sur les jambes, résonnent sans cesse d'une façon désagréable et deviennent étourdissantes, quand les hommes, en se livrant au plaisir de la danse, se tordent dans les contorsions les plus ridicules. Pour mettre le comble à l'exaltation que leur procure cet exercice, ils poussent des sons discordants dans une corne d'antilope, imitant tout à la fois le cri de la chouette et le braiement de l'âne.

Galla, avec son bandeau royal en peau de léopard.

Les Gallas, population des frontières de l'Abyssinie, scalpent leurs ennemis à l'instar des Peaux-Rouges américains, et se font des trophées de lambeaux humains. Ils suspendent à leur taille une grande quantité de petits sabots de chèvres réunis par des cordes qui, au moindre mouvement, s'entrechoquent et font entendre un bruit sec qui les charme; les chefs ont comme insigne de leur pouvoir une lanière de peau de léopard placée sur la tête en diadème et les guerriers portent, au bras, autant d'anneaux d'ivoire qu'ils ont tué d'ennemis. Leur large collier est formé de coquillages.

Dans les plaines du Zambèze, les nègres Louinas, éleveurs de bestiaux par excellence, ne vivent que de lait frais ou caillé et de quelques patates. Très industrieux, ils fabriquent eux-mêmes leurs ustensiles de ménage, leurs armes et prennent surtout le plus grand soin à façonner leurs cuillers ; cela se comprend : le lait étant la base d'alimentation de ces pasteurs, s'ils n'ont guère besoin de couteaux, ils ne peuvent, du moins, se passer de cuillers ni de vases.

Une certaine élégance se fait remarquer dans leur costume ; celui des femmes se compose d'un jupon de peau de vache, allant à peine aux genoux, d'un mantelet du même genre qui couvre les épaules, d'un épaisse ceinture, de colliers et d'anneaux aux bras et aux jambes.

La grande famille Cafre éparse sur la

Femme Louina vêtue de peau de vache.

Chef cafre portant le manteau royal.

côte sud-est de l'Afrique australe, depuis Quiloa jusqu'à la baie d'Algoa, n'est pas à dédaigner dans une étude sur la parure primitive.

Les femmes de haute condition, dans ces tribus sauvages, ont des bagues aux mains et aux pieds ; une quantité inouïe de beaux grains de verre enfilés sur une soie d'éléphant ornent leur cou ; des bracelets entourent l'avant et l'arrière des bras et sont quelquefois si nombreux qu'on peut en compter soixante-quinze sur une seule personne. On les fait en nerfs

260　LES PARURES PRIMITIVES.

de queue de girafe, recouverts d'un fil de cuivre extrêmement fin ; les femmes du peuple se contentent d'anneaux fabriqués avec de l'herbe ou des fibres de dattier habilement tressées ou tordues : elles ne sauraient s'en passer. Les plus élégantes suspendent aux anneaux des jambes des petites clochettes qu'elles agitent en marchant, de manière à ne pas laisser passer inaperçue cette partie luxueuse de leur toilette.

Chef zoulou en grand costume de guerre.
(D'après le type authentique appartenant au musée de Lyon.)

La pièce essentielle du costume des hommes est un manteau qui descend au gras de la jambe et se ferme avec une courroie sur la poitrine ; en voyage, ils le suspendent à un bâton posé sur l'épaule. Les chefs et les favoris sont les seuls qui s'habillent de peaux de léopard ; tous ceux que l'on tue leur appartiennent.

Un couteau affilé, enfermé dans sa gaîne, est toujours joint au collier des hommes.

Leur coiffure est très variée : c'est une affaire de goût personnel ; cependant, la plus répandue consiste en une touffe de longs cheveux au sommet de la tête, à laquelle ils ajoutent une queue d'animal et des vessies de lièvres

Les guerriers conservent le souvenir d'un ennemi tué par eux, en se faisant à la cuisse une incision ineffaçable. Ces cicatrices s'accumulent comme des signes d'honneur, après chaque victoire.

Au nord-ouest de la colonie de Port-Natal, habitent les Zoulous dont la conformation du corps est signalée comme une des plus parfaites de l'humanité.

Quoique s'occupant d'agriculture et d'élevage de troupeaux, ils sont toujours prêts à combattre. Le bracelet militaire et les anneaux des jambes des chefs, se font soit avec des boyaux, soit avec du cuir découpé, conservant une longue touffe de poils. Ces parures peuvent être des trophées de chasse, mais le plus souvent ce sont des récompenses décernées aux plus braves. Le bonnet est ordinairement en peau de loutre garni de petites plumes de poule et surmonté de deux plumes de vautour. Le manteau des officiers, en peau de buffle, est garni à la hauteur du cou d'une fine fourrure disposée en boudin.

L'insigne du roi, sur ce vêtement d'usage général, consiste en un double parement en peau de léopard décorant le devant. Le plastron est une réunion de diverses fourrures ou une petite peau de mouton.

Quant au bouclier qui peut couvrir le corps entier des soldats, il est en cuir de buffle.

Nous ne parlerons pas davantage des modes où, pour tant de pays, les fourrures tiennent une place importante, mais nous ne pouvons passer sous silence celles de la Chine, puisque cette contrée, trop longtemps fermée aux étrangers, leur permet aujourd'hui d'apprécier ses mœurs et ses coutumes.

Le peuple de cet ancien empire qui occupe au milieu de l'Asie un territoire si étendu, a trouvé moyen de réduire à leur plus simple expression les frais du logement, du vêtement et de la nourriture. Industrieux dans les plus petites choses, il n'y a pas un fétu de paille qu'un Chinois ne sache laver, filer, mettre à profit et vendre avec bénéfice. La soie, élément principal de son costume, car l'insecte qui le produit vit en liberté sur les arbres des forêts, n'exclut pas l'usage des peaux de bêtes.

Un des livres de l'Orient, le Cheou-li, les mentionne au sujet des vêtements d'apparat de l'Empereur : « Pour offrir un sacrifice, y est-il dit, le fils du ciel prendra une robe noire en peau d'agneau nouveau-né.

« Aux solstices d'hiver, il ajoutera à cette robe un manteau tissé d'or avec la figure du dragon symbolique. Lorsqu'il présidera le tir de l'arc, il donnera en récompense aux plus adroits, des peaux de tigre, d'ours et de léopard. En automne, le chef préposé à la garde-robe du souverain, livrera aux ouvriers corroyeurs, les pelleteries nécessaires pour doubler les habits qui doivent être distribués pendant l'année, aux ministres, aux généraux et aux préfets de l'État. »

L'empereur vient-il à mourir? son corps et le char qui le transporte à sa dernière demeure sont surchargés des plus belles fourrures du monde.

Dans l'Inde, les étudiants en théologie, divisés en trois ordres, ont des insignes particuliers représentés par des peaux d'animaux. Le jeune brahman porte une tunique de chanvre recouverte de la dépouille d'une gazelle ; le kchatriya, prêtre de seconde année, une robe de lin et une peau de cerf; le vaishya qui appartient à la troisième classe, est vêtu de laine et d'une peau de bouc.

Au Japon, jusqu'en ces derniers temps, les idées religieuses interdisaient de manger de la chair de bœuf, de boire du lait de vache et de mettre des souliers de cuir; or, il y a peu d'années, lorsqu'un grand Daïman (gouverneur de province) voulut faire chausser ses troupes à l'européenne, il fut forcé, pour trouver des ouvriers cordonniers, de conférer la noblesse à tous ceux qui exécuteraient ce travail, considéré comme impur.

Actuellement encore les habitants se contentent de pantoufles de paille, qui servent à peine un jour, et ne coûtent presque rien. On en achète une provision pour quelques sous de notre monnaie. Les porteurs de Cango et de Norimon ont toujours un certain nombre de ces chaussures au-dessus du toit de leur petit véhicule et s'arrêtent fréquemment pour ôter de leurs pieds celles qui sont usées et les remplacer par des neuves. Les routes sont jonchées de ces épaves et l'on en voit dans les environs des temples des centaines abandonnées par les pèlerins.

Comme ces pantoufles protègent mal le pied, beaucoup de marcheurs leur préfèrent des souliers en bois montés sur des patins qui ressemblent assez aux petits bancs de nos théâtres.

Les lois bouddhiques relatives au cuir ne concernent sans doute que les races bovines, puisque dans le Niphon, les chasseurs, pour garantir leurs jambes à travers les broussailles, ont adopté des bottes de peau de daim ou de chèvre, d'une coupe originale; sans semelles, ce sont à proprement parler de véritables bas qui, lorsqu'on veut les mettre, doivent au préalable, tremper vingt-quatre heures dans l'eau pour les assouplir et pouvoir y passer les jambes dont elles prennent la forme en séchant.

CONCLUSION

Si, en terminant cette étude sur les parures primitives, nous voulions conclure comme le poète qui, de chacune de ses fables, extrait une moralité, la tâche serait large et il y aurait, pour un rhéteur, matière à dialogue. Cependant, sans sortir des limites de notre sujet, nous pourrions jeter un regard en arrière et récapituler les faits sur lesquels nous avons passé si rapidement, malgré leur importance, car, dans ce nouveau voyage autour du monde entrepris sans sortir de notre chambre, que de siècles ont vécu, que de pays ont été visités, que de métamorphoses se sont opérées!

Nous avons assisté à l'apparition de l'homme sur la terre. Faible, au milieu de tout un peuple d'êtres gigantesques, il supplée aux forces physiques qui lui manquent, par l'intelligence. Se créant d'abord des instruments grossiers, il les perfectionne de jour en jour; vainqueur des animaux, on pourrait dire aussi des végétaux qui lui disputent la possession du sol, il se taille dans l'épaisseur des forêts un domaine dont il recule sans cesse les bornes. Il ne reste pas isolé dans le temps, le résultat des peines du père reste acquis au fils; chaque génération lègue à celle qui la suit ses conquêtes et ses progrès et celle-ci, plus forte de ce bagage, participe elle-même au développement et à l'achèvement de l'œuvre commune.

Telle, la fourmilière qui grandit chaque jour!

C'est ainsi qu'après des essais multiples, souvent infructueux, puis peu à peu couronnés de succès, nous trouvons aujourd'hui toutes naturelles, les admirables découvertes de l'industrie et des arts qui nous entourent.

L'homme, dès la première heure de son existence, n'a pas songé exclusivement à l'utile, il a recherché l'agréable et c'est une des marques de son essence supérieure que ce besoin du superflu. Il se pare, et dans le désir de dompter la nature, il s'attaque à son propre corps ; il en modifie l'aspect ; obéissant à un sentiment instinctif qui le pousse à ne pas rester stationnaire : de sorte que l'histoire de la parure apporte, elle aussi, un témoignage éclatant de la loi du progrès. On y constate les efforts qu'il fit pour satisfaire aux exigences de la vie matérielle, pour flatter son amour-propre, s'embellir et plaire ; or, de ses besoins et aussi de ses faiblesses, naquit un grand bien : la nécessité du travail !

En comparant le sauvage préhistorique, décoré de ses bijoux en os, en pierres ou en coquilles, à l'heureux Européen dont les modes luxueuses et compliquées sont si loin du point de départ, on a le droit de se demander où s'arrêtera le mouvement qui, selon Aristote, est lui-même le moteur d'une suite infinie d'autres mouvements.

Qui a opéré ces miracles ? Qui a fait sortir l'homme de son ignorance primitive ? Qui lui a fourni les moyens de satisfaire ses désirs ? Le travail, oui ; le travail qui non seulement est un devoir, mais aussi un bienfait, puisqu'il est pour nous une source de vie, de distraction, de lumières et de bonheur.

FIN

TABLE DES MATIÈRES

	Pages.
Préface.	IX
Introduction.	1

CHAPITRE PREMIER.

BIJOUX PRÉHISTORIQUES. — TATOUAGES. — PEINTURES CORPORELLES.

Ornementation primitive. — Bijoux en os, en coquillage et en pierre, retrouvés dans les cavernes préhistoriques, les tombeaux anciens et les cités lacustres. — Du goût de l'homme pour la parure à travers les âges. — Tatouage chez les peuples de l'Antiquité. — Tatouage moderne en Europe, en Asie, en Afrique, en Amérique et en Océanie. — Tatouage religieux et populaire. — Peintures corporelles au Nouveau-Monde, chez quelques tribus africaines et océaniennes, en Chine et au Japon. — Traces des mêmes coutumes chez les Mèdes, les Juifs, les Égyptiens, les Grecs, les Romains et les Gaulois. 29

CHAPITRE II.

DÉFORMATIONS ET MUTILATIONS AU POINT DE VUE DE L'ESTHÉTIQUE.

De l'esthétique et de ses diverses manifestations dans les cinq parties du monde. — Déformation des pieds en Chine. — Compression du crâne chez les Omaguas du Brésil et les Conibos au Pérou. — Écrasement du nez aux Indes. — Mutilation des lèvres au Brésil, au Zambèze et dans l'Afrique centrale. — Ornements des joues au Groenland. — Décoration du nez en Amérique, en Asie et en Océanie. — Perforation des oreilles en Patagonie, aux Indes, au Malabar, à l'île de Pâques, à Santa-Cruz et au Japon. — Cumul des bijoux au Venezuela. — Extraction des dents en Australie; leur coloration en Annam, à Malacca, à Ceylan et en Afrique. — Teinture et dimension des ongles aux Philippines, en Chine, à Siam et en Barbarie. — Développement factice des jambes chez les Caraïbes; grosseur phénoménale des femmes du Karagoué. — Hommes et femmes à queues. — De la coiffure. — Enduits et ornements bizarres de la tête en Abyssinie, au Soudan, au Pérou, au Kamtchatka, etc. — De la barbe, des cils et des sourcils. — Bijou frontal aux îles Salomon. 77

CHAPITRE III.

RÔLE DES ÉCORCES D'ARBRES, DES FEUILLAGES ET DES FRUITS DANS LE COSTUME ET LA PARURE.

Usage des plantes dans les dogmes religieux : chez les Grecs, les Romains, les Hindous, les Perses et les Égyptiens. — Végétaux employés comme nourriture et premiers vêtements. — Rôle des feuillages dans la toilette des Canaques, des Iquitos du Pérou et de diverses peuplades américaines et océaniennes. — Ornements floraux à Tahiti. — Linge de table, chaises, assiettes, parapluies et ombrelles en feuillage. — Le chrysanthème au Japon. — Le bambou en Chine et le talipot à Ceylan. — Berceaux de mousse, langes, habits de deuil, linceuls en feuilles et en écorces d'arbres. — Fleurs employées dans les funérailles antiques. — Couronnes des Anciens. — Le lotus en Égypte, la rose en Grèce, le myrte à Rome, le chêne et le gui dans la religion druidique. — Invention du rosaire. — Chapeaux de fleurs au moyen âge. — Parures des mariées 145

CHAPITRE IV.

PEAUX DE BÊTES EMPLOYÉES COMME VÊTEMENTS.

Dépouilles d'animaux converties en vêtements par les hommes préhistoriques. — Leur rôle dans les rites funéraires et les religions égyptienne, grecque et romaine. — Préparation des marocains à Babylone. — Avantages des fourrures pour les chasseurs et les gens exposés aux hasards de la vie des champs. — Subterfuges auxquels elles se prêtent. — Corsets des Circassiennes. — Peau humaine employée par les Scythes. — Origine du surnom *reges pelliti* donné aux chefs Francs. — Ordonnances royales sur le droit de porter de la martre, du petit gris et de la zibeline. — Costumes des Esquimaux, des Lapons et des Groenlandais. — Industrie des habitants des régions polaires. — Services que leur rendent le chien et le renne. — Éléments de la toilette d'un élégant au Kamtchatka. — Emploi des fourrures en Afrique, en Chine, dans l'Inde et au Japon. — Lois bouddhiques relatives au cuir 215

CONCLUSION 263

FIN DE LA TABLE.

Paris. — Typ. du MAGASIN PITTORESQUE (E. Best).

CHEZ LES MÊMES ÉDITEURS

XAVIER MARMIER
De l'Académie française

CONTES DES GRAND'MÈRES

Un beau volume grand in-8, illustré par Mucha de 46 dessins dans le texte et de 10 compositions hors texte, tirées en glyptographie.

Broché	12 fr.
Relié en toile rouge avec plaques or, argent et noir, tranches dorées, biseaux. .	15 fr.
Reliure d'amateur.....................................	16 fr. 50
Il a été tiré de cet ouvrage dix exemplaires, sur papier du Japon, broché.......	50 francs.

HOLLANDE ET HOLLANDAIS D'APRÈS NATURE
Par H. DURAND

Un volume grand in-8, illustré de 130 gravures, d'après les documents les plus récents. Broché........ 12 francs.

La ville de Rotterdam. — Excursion à Dordrecht. — Delft et « Vieux Delft ». — La Haye et Scheveningen. — Leyde et Harlem. — La ville d'Amsterdam. — Le Musée d'Amsterdam. — Autour d'Amsterdam. — Courses sur le Zuyderzée. — Promenade en Frise. — Leeuwarden, capitale de la Frise. — Les Étapes du retour.

Broché..	12 fr.
Relié toile rouge, plaques en couleur, tranches dorées............	15 fr.
Reliure d'amateur.....................................	16 fr.

LA MARINE (Croquis humoristiques)
MARINS ET NAVIRES, ANCIENS ET MODERNES
Par SAHIB

Un magnifique volume in-4 illustré de 200 gravures dans le texte et de 8 aquarelles hors texte. Broché .... 7 fr.

Saint Mathurin. — L'Éléphant. — Le Loup de mer. — L'amiral Pingouin. — Le commandant Itadeau. — Égyptiens et Phéniciens. — Le Romulus. — Le Normand. — Blockhaus du commandant. — Caravelle de Christophe Colomb. — La Pipe. — Galériens. — La Belle Poule — D'Estaing, La Pérouse, Villaret-Joyeuse, Dupetit-Thouars, Decrès. — Vaisseau de ligne. — Les Pontons. — Nelson. — La Caronade. — Tourelle blindée. — École navale, le Borda. — Bordachien et Polytechnicien. — Les Lieutenants de vaisseau. — Torpilleur. — Transatlantique. — La Maistrance. — Le Cabestan. — Les Mousses. — Le Carré. — Dominique. — Le Brassé carré. — Le Marsouin. — L'Artillerie de marine.

Relié en toile rouge, avec plaques or, noir et blanc, tranches dorées, biseaux . .	10 fr.
Demi-chagrin, plats toile, tranches dorées....................	11 fr.
Reliure d'amateur, tête dorée, coins	12 fr.

Il a été tiré de cet ouvrage 45 exemplaires sur papier du Japon, numérotés à la presse. Prix broché, 50 fr.

MES AVENTURES DE CHASSE
Par Ch. DIGUET

Un volume grand in-8° jésus, illustré de 45 gravures dans le texte, de 18 gravures hors texte, d'après les dessins de Jules Didier, et précédé d'un portrait de l'auteur. Broché .... 7 fr.

Premières armes en Saint-Hubert. — Serpolet et Serpolette. — Le bon coin. — Le Rouge-gorge. — Un drame dans la neige. — L'Écharpe de M. le Maire. — Un coup de fusil. — Braconnier sans le vouloir. — Pauvre commandeur. — Hallali. — L'Ombre. — Les cinq lièvres de la Toussaint. — Le sac à plomb du docteur Mossler. — Un chasseur bien méritant. — Mésaventures de Jonathan. — Le Crabe. — Les méfaits d'un cyclone. — Petite maison, grand repos. — Confidences d'un lapin.

Cartonné avec plaques en couleur, tranches dorées .... 10 fr.

L'ALSACE ET LES ALSACIENS A TRAVERS LES SIÈCLES
Par C.-E. MATTHIS

Un volume grand in-8 colombier, illustré par l'auteur de 45 gravures dans le texte, de 16 grandes compositions hors texte tirées à part, et de 4 chromo-typographies imprimées en six couleurs. Broché. **15 fr.**

Relié en toile rouge avec plaque or, argent et noir, tranches dorées, biseaux. 20 fr.
Relié en demi-chagrin, tranches dorées. . . . . 21 fr.
Reliure amateur, tête dorée et coins. . . . . 21 fr.

Il a été tiré de cet ouvrage, 10 exemplaires sur papier du Japon, numérotés à la presse. Broché. . . . **50 fr.**

ÉDOUARD LABOULAYE
De l'Institut

Contes Bleus
Quatrième édition

Un volume in-8 raisin, illustré de plus de 200 gravures dessinées par Yan' Dargent, gravées par les meilleurs artistes. . . . . **10 fr.**

Yvon et Finette. — La Bonne femme. — Poucinet. — Contes Bohêmes. — Les Trois citrons. — Pif-Paf, ou l'art de gouverner les hommes.

Cartonné toile pleine rouge, tranches dorées. . . . . 13 fr.
Relié demi-chagrin, plats toile, tranches dorées . . . . 13 fr. 75
Plats papier, tête dorée, coins. . . . . 14 fr. 50

Nouveaux Contes Bleus
Quatrième édition

Un volume in-8 raisin, illustré de 120 grav. dessinées par Yan' Dargent, et d'un magnifique portrait gravé sur acier. . . . . **10 fr.**

Contes islandais. — Zerbin le Farouche. — Le Pacha berger. — Perlino. — La Sagesse des nations ou les Voyages du capitaine Le Jean. — Château de la vie.

Cartonné toile pleine rouge, tranches dorées. . . . . 13 fr.
Relié demi-chagrin, plats toile, tranches dorées. . . . . 13 fr. 75
Plats papier, tête dorée, coins. . . . . 14 fr. 50

Derniers Contes Bleus

Un volume in-8 raisin, illustré de 149 dessins par H. Pille et Scott, et orné de 10 eaux-fortes hors texte, dessinées par H. Pille, et gravées par H. Manesse, ainsi que d'un portrait de l'auteur, gravé sur acier. . . . . **12 fr.**

Gagliuso ou la bonne chatte. — Le Loup et la Chèvre. — Voyages et Aventures d'un conte bleu. — Le Mensonge et la Vérité. — Les Trois vœux. — Petit homme. — Le pauvre Hans. — La Fille du soleil. — Les Trois brus. — L'Écrevisse. — Fragolette. — La Toison d'or. — Le Jardin mystique. — Les Trois merveilles. — La Nuit de Saint-Marc.

Cartonné toile pleine, avec plaque, tranches dorées. . . . . 15 fr.
Relié en demi-chagrin, tranches dorées . . . . 15 fr. 75
En demi-chagrin, tête dorée, coins. . . . . 16 fr. 50

IL A ÉTÉ TIRÉ DE CET OUVRAGE

50 exemplaires sur papier du Japon, numérotés à la presse, ornés d'un tirage *avant la lettre* de toutes les eaux-fortes, ainsi que d'une suite de gravures avec la lettre. . . . . 100 fr.
25 exemplaires sur papier Watman, numérotés à la presse, avec eaux-fortes avant et après la lettre . . . . 75 fr.
25 exemplaires sur papier de Hollande, numérotés à la presse, avec eaux-fortes avant et après la lettre. . . . . 50 fr.

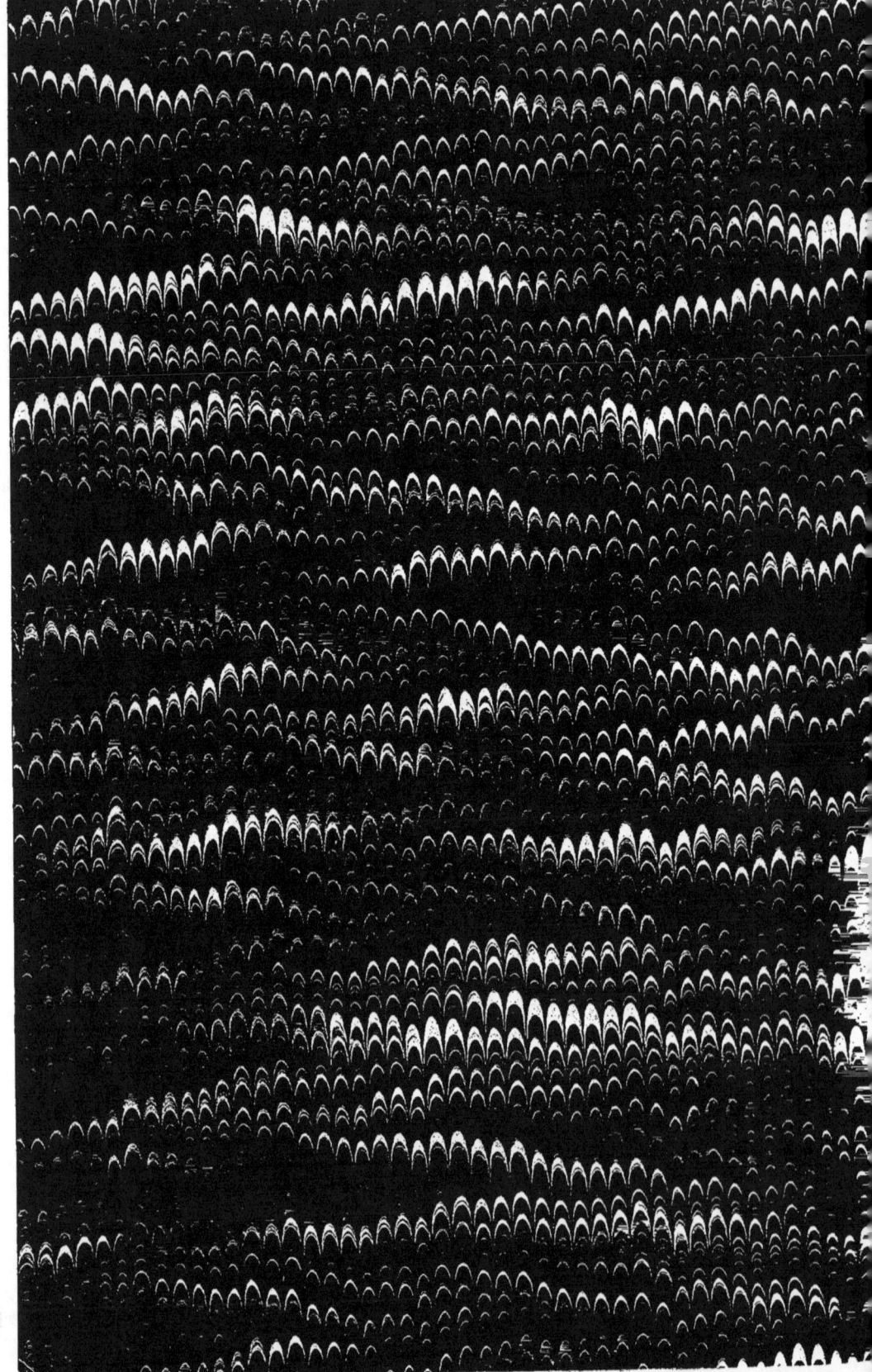

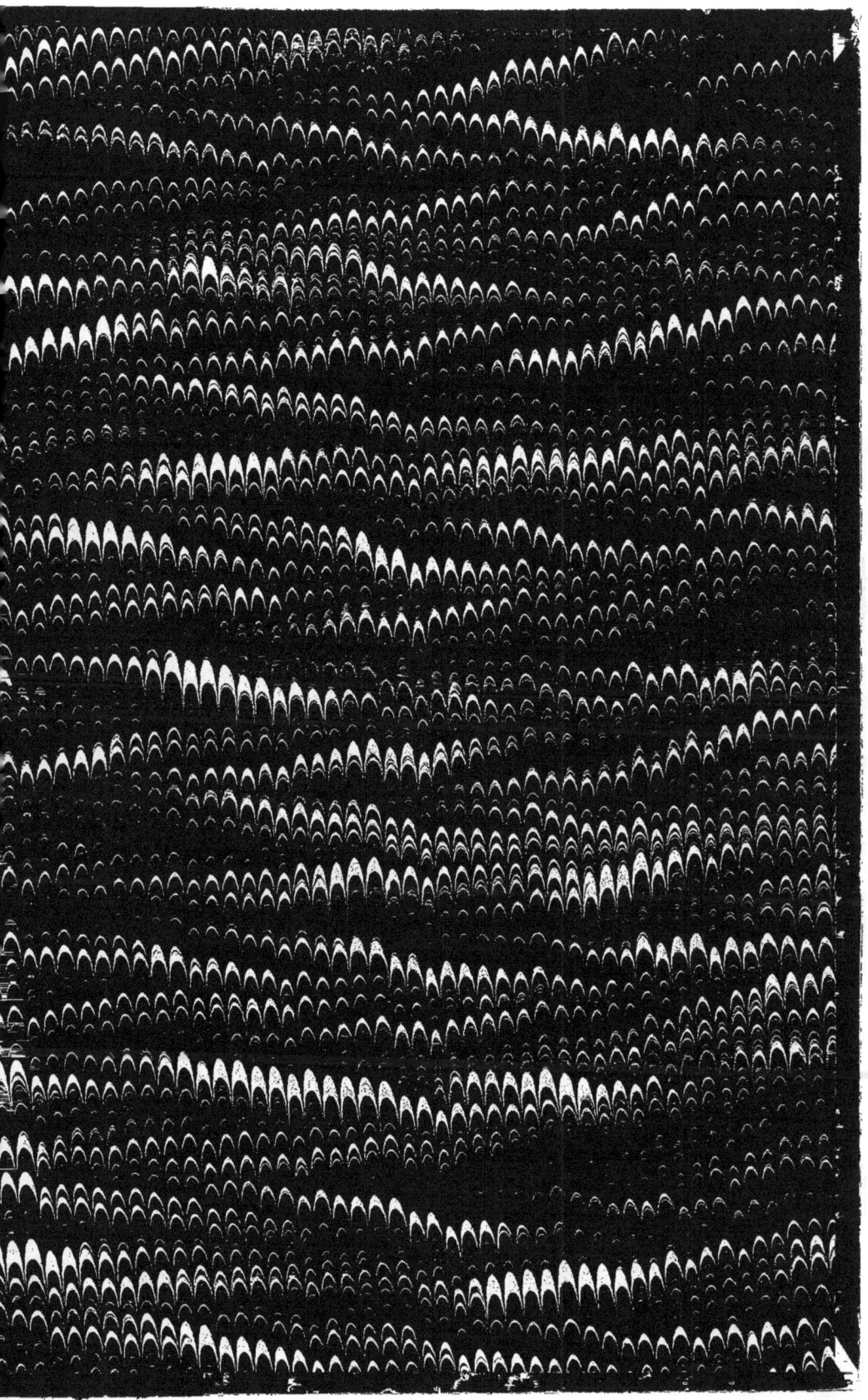